Korean Grammar in Use

中文版

初级

活学活用韩语语法

Korean Grammar *in Use* 初级 中文版

活学活用韩语语法

著作人	安辰明、李炅雅、韩厚英
翻译	郑丹丹
初版发行	2012年6月
第九次印刷	2025年9月
发行人	郑圭道
编辑	李淑姬、徐智儇、丁熙淑
封面设计	尹智映
内部设计	咸东春
校对	卢鸿金
插图	Wishingstar
配音	金成坤、丁玛丽、于海峰

DARAKWON

地址：韩国京畿道坡州市文发路211, 邮编：413-120
电话：02-736-2031, 传真：02-732-2037
(销售部 分机：113~114, 编辑部 分机：201~204)

ISBN : 978-89-277-3095-8 18710
　　　 978-89-277-3075-0 (set)

http://www.darakwon.co.kr
http://koreanbooks.darakwon.co.kr

可登录DARAKWON网站查阅其他出版物及书籍介绍并免费下载MP3音频。

Korean Grammar in Use 初级 中文版

活学活用韩语语法　安辰明、李炅雅、韩厚英

序言

　　한국어를 가르치면서 학생들로부터 한국어가 어렵다는 이야기를 많이 듣습니다. 한국어는 다른 외국어와는 달리 어미와 조사가 상당히 많고 복잡하여 한국어를 오래 배운 고급 학습자들도 문법·문형을 종종 틀리는 것을 보게 됩니다. 의미는 비슷한데 뉘앙스에서 조금 차이가 나 어색하게 사용하거나 의미는 맞게 사용했는데 제약이 있어 비문을 만들기도 합니다. 그래서 학생들로부터 문법을 따로 공부할 수 있는 책이 있느냐는 질문들을 많이 받아 왔습니다. 1급부터 배운 수많은 문법들을 한눈에 볼 수 있는 책, 한국어의 비슷비슷한 문법들이 어떻게 다른지 설명하고 있는 책을 구하고 싶어 했습니다. 그러나 외국인을 위한 한국어 교재는 대부분 통합 교재이고 외국인 학습자들이 쉽게 한국어 문법만을 공부할 수 있는 책은 찾아볼 수 없었습니다. 그래서 문법 공부를 심도 있게 하고 싶은 학생들은 한국인을 대상으로 하는 책을 보는 경우도 있지만 이러한 책들은 복잡한 문법 설명과 예문으로 한국인조차 이해하기가 쉽지 않은 실정입니다. 이런 학생들의 상황에 대해 교사로서 항상 미안하고 안타까운 마음이 들었습니다.

　　본 교재는 이러한 마음에서 출발하였습니다. 본 교재에서는 한국의 대학 기관과 학원에서 가르치고 있는 교재의 1~2급에 나오는 문법들을 정리하여 초급 한국어 문법을 한눈에 볼 수 있게 하였습니다. 쓰임과 의미가 비슷한 문법들을 서로 비교해 놓아 학습자들이 혼동하는 문법 항목들을 쉽게 찾아볼 수 있도록 하였습니다. 이를 통해 학생들은 의미가 비슷한 문법 항목들을 정리할 수 있는 동시에 한 가지 상황에 대해 다르게 표현하는 것을 배울 수 있을 것입니다. 또한 문법의 뜻은 알아도 문법적인 제약을 모르고 사용해 어색한 문장을 만드는 경우가 많기 때문에 '문법적인 주의'를 요하는 부분도 책에 첨가하였습니다.

　　그동안 한국어 문법을 어려워했던 많은 학생들이 이 책을 통하여 한국어 문법에 좀 더 쉽게 접근할 수 있었으면 합니다. 더불어 본 교재를 공부하면서 학생들이 한국어를 좀 더 자연스럽고 다양하며, 정확하게 구사할 수 있게 되기를 바랍니다. 또한 학생들 못지않게 한국어 문법을 가르치는 것에 어려움이 많은 교사들 역시 이 책을 통해 수많은 문법 사항을 정리하고 비교하는 데 도움을 받을 수 있기를 진심으로 바랍니다.

　　끝으로 사명감을 가지고 좋은 한국어 교재 편찬에 열심을 다하는 다락원의 한국어출판부 편집진께 감사의 말을 전하고 싶습니다. 여러 가지 쉽지 않은 일이 많이 있었을 텐데 본 교재가 나오기까지 꼼꼼하게 신경을 써 주신 것에 감사를 드립니다. 또한 이 책의 번역을 맡아 주신 정단단 씨와 책에 대해 여러 가지 조언을 해 준 학생들과 친구들에게도 고마움을 전합니다.

저자 일동

　　在教授韩语的过程中我们听到很多学生反映韩语很难学。韩语同其他外国语相比，词尾和助词非常多，并且十分复杂，即使是学习韩语时间较长并已经达到高级的学生，在使用过程中也会时常出现语法及句型错误。有时因为意思相近但使用习惯稍有差异而造成不通顺，有时虽然意思正确，但因实际运用中有所限制也会造成错误的产生。因此很多学生询问是否有专门对语法进行讲解的书籍。学生们希望找到一本全面涵盖从1级开始学习的语法，以及详细讲解相似的语法究竟区别在哪里的书籍。但以外国人为对象的韩语教材大部分属于综合性教材，很难找到仅以语法学习为主的书籍。所以很多希望深层次学习语法的外国学生只能参考以韩国人为对象而出版的书籍，但是此类书籍往往因为包含着复杂的语法说明和例句，甚至连韩国人读起来都吃力。因此作为教师，对于学生面临这样的困境，我们常感到抱歉和遗憾。

　　这本教材的编写就是在这样的状况下起步的。本教材综合整理了韩国大学的语言学习机构以及学习班所使用的教材中出现的1~2级的语法，全面涵盖了初级韩语语法。并且将写法和意义相似的语法进行相互比较，方便学生能够轻松找到容易混淆的语法点。据此，学生在整理意思相近的语法点的同时还能够学习到针对同一种状况可以使用的多种表达方式。此外，虽然知道语法的含义，但因为实际运用中有所制约，容易出现句子不通顺的情况，所以本教材中还附有语法使用中的注意事项。

　　我们希望这本书能够使长期以来学习语法时感到诸多困难的学生们更加轻松地掌握语法。此外也期盼通过对本教材的学习，学生们更加自然、多样、准确地使用韩语。与此同时，也真切希望本教材能够对教授韩语语法的教师们在整理和对比语法点时提供参考。

　　最后，我们对肩负使命感，将满腔热忱投入到韩语教材编写当中的DARAKWON韩国语出版部全体编辑表示衷心感谢。感谢全体编辑人员克服种种困难，使教材能够顺利出版。此外，对负责本书翻译的郑丹丹和对本书提出各种建议的学生朋友们也表达真诚的谢意。

著者群

소제목 (예) N때, A/V–(으)ㄹ때

'N'은 '명사', 'A'는 '형용사', 'V'는 '동사'를 가리키고, 'A/V–(으)ㄹ때'로 표기될 경우, 형용사와 동사와만 결합하는 것을 의미한다. 종종 동사만 결합되는 것에 형용사를 결합하기도 하여 오류를 만들기도 하는데, 그러한 것들을 틀리지 않게 하기 위해 결합 정보를 표시한 것이다.

도입 예문

목표 문법 학습 전 그림과 함께 제시된 문장 속에서 먼저 목표 문법의 의미를 추측할 수 있는 부분이다. 목표 문법이 잘 드러나면서 실생활에서 사용하는 문장으로 구성되었고, 대화의 맥락을 함축하여 제시된 그림을 통해 어렵게 느끼는 문법에 보다 쉽게 접근할 수 있다.

语法重点

문법에 대한 일반적인 지식과 문법적 제약을 학습하는 부분으로 문법 사용 시 범하는 오류를 줄일 수 있다. 학생들이 틀리기 쉬운 활용 방법이 자주 사용하는 품사(명사, 동사, 형용사)와 함께 표로 제시되었다.

• ○는 맞다는 것을 의미하고, ✕는 틀리다는 것을 의미한다.

---

03 못 V–아/어요 (V–지 못해요)

저는 수영을 **못해요**.
(= 저는 **수영하지 못해요**.)
我不会游泳。

오늘은 술을 **못 마셔요**.
(= 오늘은 술을 **마시지 못해요**.)
我今天不能喝酒。

저는 노래를 **못 불러요**.
(= 저는 노래를 **부르지 못해요**.)
我不会唱歌。

语法重点

表述主语不具备做某事的能力或由于外界原因无法实现主语的希望时使用。相当于汉语的"不会/不能"。在动词前面使用"**못**"，或者在动词词干后使用"**–지 못해요**"。

(参考: 请参照第6课 "能力与可能性" 的01 "V–(으)ㄹ 수 있다/없다"。)

못 + 가다 → 못 가요　　　　　　　　가다 + **–지 못해요** → 가지 못해요
못 + 요리하다 → 요리 못해요 (○)　못 요리해요 (✕)

基本形	못 –아/어요	–지 못해요
타다	못 타요	타지 못해요
읽다	못 읽어요	읽지 못해요
숙제하다	숙제 못해요	숙제하지 못해요
*쓰다	못 써요	쓰지 못해요
*듣다	못 들어요	듣지 못해요

* 不规则变形

2. 否定表达方式　65

| 크리스마스 때 | *살다 | 살 때 | *붓다 | 부을 때 |
| 휴가 때 | *만들다 | 만들 때 | *덥다 | 더울 때 |

* 不规则变形

对话

Track 088

A 몇 살 때 첫 데이트를 했어요?
B 20살 때 했어요.

A 초등학교 때 친구들을 자주 만나요?
B 아니요, 자주 못 만나요.

A 이 옷은 실크예요.
　세탁할 때 조심하세요.
B 네, 알았어요.

A 你几岁的时候第一次约会?
B 20岁的时候。

A 经常和小学时候的同学见面吗?
B 不, 不经常见面。

A 这件衣服是丝绸的。
　洗涤时要小心。
B 好的, 知道了。

请注意!

"때" 不使用在 "오전"、"오후"、"아침"、"요일" 的后边。

- 오전 때 공부를 해요. (×) → 오전에 공부를 해요. (○)　　上午学习。
- 오후 때 운동을 해요. (×) → 오후에 운동을 해요. (○)　　下午运动。
- 월요일 때 공항에 가요. (×) → 월요일에 공항에 가요. (○)　星期一去机场。

有什么不同?

"크리스마스에" 和 "크리스마스 때" 有什么不同呢?

某些名词(저녁, 점심, 방학……) "N때" 和 "N에" 具有相同的意义。但如同 크리스마스、추석、명절 …… 等某些名词则在意义上发生变化，"N에" 指代当天，"N때" 指代那天前后。即 "크리스마스 때" 指圣诞节12月25日前后，前面或后面的一段时间包含在内。

- 크리스마스 때 圣诞节前后, 前面或后面的时间都包含在其中, 那期间
- 크리스마스에 圣诞节当天 (12月25日)

"저녁"、"점심"、"방학" 等名词后面使用 "때" 或 "에" 没有明显区别。

- 저녁 때 = 저녁에, 점심 때 = 점심에, 방학 때 = 방학에

对话

목표 문법을 사용한 문장을 대화 속에서 확인할 수 있는 부분이다. 문법을 위한 형식적인 문장이 아니라 일상생활에서 실제로 사용하는 2~3개의 대화로 구성되었다. 각 음성 파일은 QR 코드로 제공하여 명확한 발음과 속도를 바로 확인할 수 있으며, 다락원 홈페이지에서도 MP3 파일을 무료로 다운받을 수 있다.

请注意!

목표 문법 사용 시 상황이나 맥락 속에서 학생들이 틀릴 수 있는 부분을 점검하는 부분이다. 상황 속에서 목표 문법의 적절한 사용법, 관용적 표현, 문화적 맥락 속에서의 이해 등을 돕는 데 유용하다.

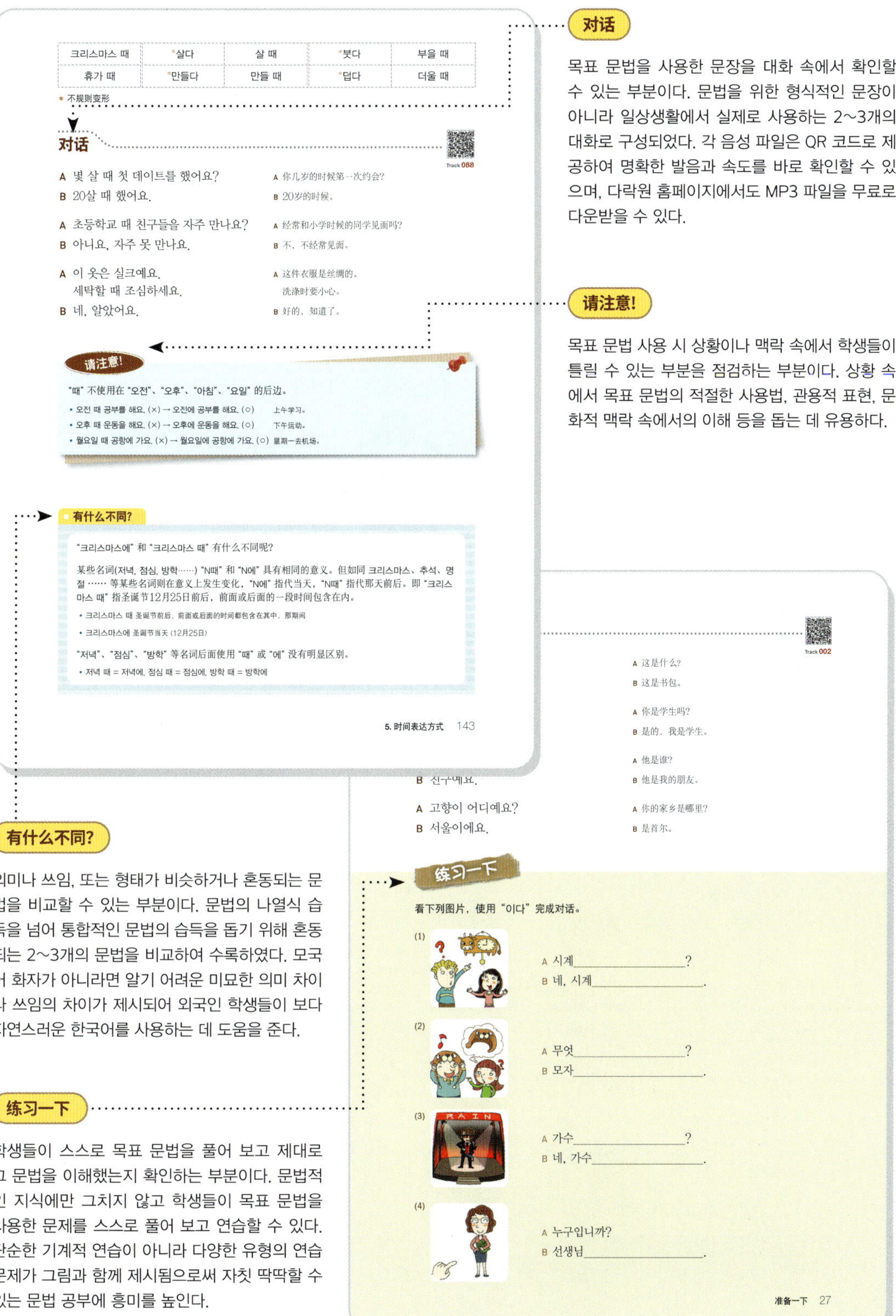

有什么不同?

의미나 쓰임, 또는 형태가 비슷하거나 혼동되는 문법을 비교할 수 있는 부분이다. 문법의 나열식 습득을 넘어 통합적인 문법의 습득을 돕기 위해 혼동되는 2~3개의 문법을 비교하여 수록하였다. 모국어 화자가 아니라면 알기 어려운 미묘한 의미 차이나 쓰임의 차이가 제시되어 외국인 학생들이 보다 자연스러운 한국어를 사용하는 데 도움을 준다.

练习一下

학생들이 스스로 목표 문법을 풀어 보고 제대로 그 문법을 이해했는지 확인하는 부분이다. 문법적인 지식에만 그치지 않고 학생들이 목표 문법을 사용한 문제를 스스로 풀어 보고 연습할 수 있다. 단순한 기계적 연습이 아니라 다양한 유형의 연습 문제가 그림과 함께 제시됨으로써 자칫 딱딱할 수 있는 문법 공부에 흥미를 높인다.

小标题 (例如) N때, A/V-(으)ㄹ 때

"N"指代"名词","A"指代"形容词","V"指代"动词",当表述为"A/V-(으)ㄹ 때"时,其意义为只能与形容词和动词相结合使用。有时只能在与动词相结合的情况下,会出现与形容词相结合使用等错误,为了避免这些错误的发生而对能够结合使用的内容进行的标注。

导入例句

在学习目标语法前, 以图片和对话共同出现的句子为大家提供初步掌握目标语法意义的机会。列举出的句子既能够清晰体现目标语法,又常使用于日常生活当中,通过蕴含对话内容的图片使生涩的语法变得简单明了。

语法重点

通过学习关于语法的基本知识与语法使用的限制来减少使用语法时的错误。通过图表列举出学生容易出现错误的活用方法以及经常使用的词类(名词、动词、形容词)。

· ○ 代表正确,× 代表错误。

---

03 못 V-아/어요 (V-지 못해요)

Track 029

저는 수영을 **못해요**.
(= 저는 **수영하지 못해요**.)
我不会游泳。

오늘은 술을 **못 마셔요**.
(= 오늘은 술을 **마시지 못해요**.)
我今天不能喝酒。

저는 노래를 **못 불러요**.
(= 저는 노래를 **부르지 못해요**.)
我不会唱歌。

语法重点

表述主语不具备做某事的能力或由于外界原因无法实现主语的希望时使用。相当于汉语的"不会/不能"。在动词前面使用"못",或者在动词词干后使用"-지 못해요"。
(参考: 请参照第6课"能力与可能性"的01 "V-(으)ㄹ 수 있다/없다"。)

못 + 가다 → 못 가요　　　가다 + **-지 못해요** → 가지 못해요
못 + 요리하다 → 요리 못해요 (○)　못 요리해요 (×)

基本形	못 -아/어요	-지 못해요
타다	못 타요	타지 못해요
읽다	못 읽어요	읽지 못해요
숙제하다	숙제 못해요	숙제하지 못해요
*쓰다	못 써요	쓰지 못해요
*듣다	못 들어요	듣지 못해요

* 不规则变形

크리스마스 때	*살다	살 때	*붓다	부을 때
휴가 때	*만들다	만들 때	*덥다	더울 때

* 不规则变形

在对话中使用含有目标语法的句子的部分。例句不是单纯地展现出语法，而是由日常生活中实际使用到的2～3个对话构成。

为了方便清晰地听到发音和语速，为每个音频文件提供了QR码。可以直接扫描QR码来使用，同时还可以在多乐园的官方网站上免费下载MP3文件。

对话 Track 088

A 몇 살 때 첫 데이트를 했어요?	A 你几岁的时候第一次约会?
B 20살 때 했어요.	B 20岁的时候.
A 초등학교 때 친구들을 자주 만나요?	A 经常和小学时候的同学见面吗?
B 아니요, 자주 못 만나요.	B 不, 不经常见面.
A 이 옷은 실크예요. 세탁할 때 조심하세요.	A 这件衣服是丝绸的. 洗涤时要小心.
B 네, 알았어요.	B 好的. 知道了.

请注意!

对于使用目标语法环节中学生们可能出现的错误进行清查的部分。在具体情景中对于目标语法的准确使用方法、惯用表达方式、文化脉络中的理解等起到有效帮助。

请注意!

"때" 不使用在 "오전"、"오후"、"아침"、"요일" 的后边.

- 오전 때 공부를 해요. (×) → 오전에 공부를 해요. (〇) 上午学习.
- 오후 때 운동을 해요. (×) → 오후에 운동을 해요. (〇) 下午运动.
- 월요일 때 공항에 가요. (×) → 월요일에 공항에 가요. (〇) 星期一去机场.

有什么不同?

"크리스마스에" 和 "크리스마스 때" 有什么不同呢?

某些名词(저녁, 점심, 방학……) "N때" 和 "N에" 具有相同的意义. 但如同 크리스마스、추석、명절 …… 等某些名词则在意义上发生变化, "N에" 指代当天, "N때" 指代那天前后. 即 "크리스마스 때" 指圣诞节12月25日前后, 前面或后面的一段时间包含在内.

- 크리스마스 때 圣诞节前后, 前面或后面的时间都包含在其中, 那期间
- 크리스마스에 圣诞节当天 (12月25日)

"저녁"、"점심"、"방학" 等名词后面使用 "때" 或 "에" 没有明显区别.

- 저녁 때 = 저녁에, 점심 때 = 점심에, 방학 때 = 방학에

5. 时间表达方式　143

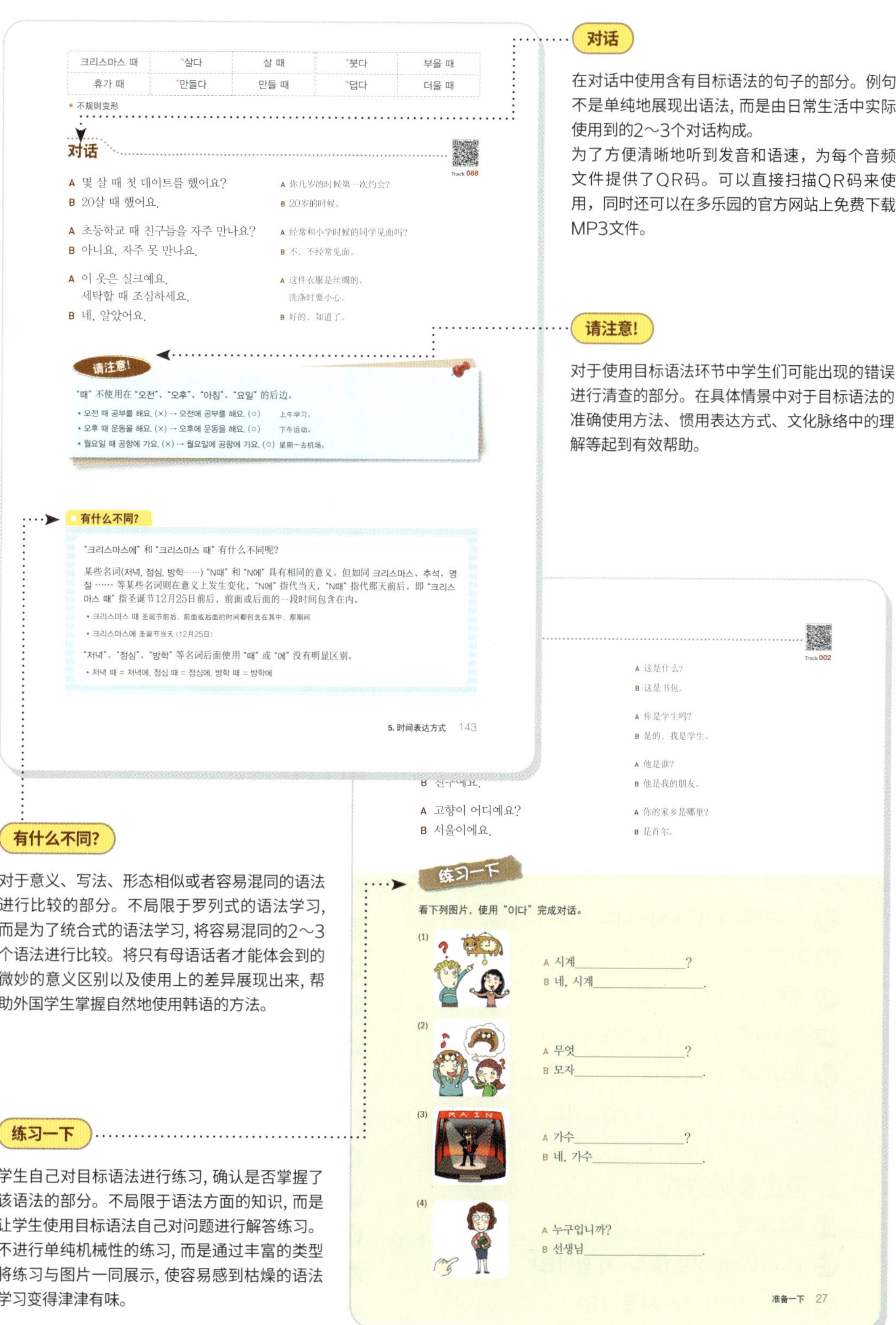

有什么不同?

对于意义、写法、形态相似或者容易混同的语法进行比较的部分。不局限于罗列式的语法学习，而是为了统合式的语法学习，将容易混同的2～3个语法进行比较。将只有母语话者才能体会到的微妙的意义区别以及使用上的差异展现出来，帮助外国学生掌握自然地使用韩语的方法。

对话 Track 002

B 친구예요.	A 这是什么?
A 고향이 어디예요?	B 这是书包.
B 서울이에요.	A 你是学生吗?
	B 是的. 我是学生.
	A 他是谁?
	B 他是我的朋友.
	A 你的家乡是哪里?
	B 是首尔.

练习一下

看下列图片, 使用 "이다" 完成对话.

(1) A 시계________________? B 네, 시계________________.

(2) A 무엇________________? B 모자________________.

(3) A 가수________________? B 네, 가수________________.

(4) A 누구입니까? B 선생님________________.

练习一下

学生自己对目标语法进行练习，确认是否掌握了该语法的部分。不局限于语法方面的知识，而是让学生使用目标语法自己对问题进行解答练习。不进行单纯机械性的练习，而是通过丰富的类型将练习与图片一同展示，使容易感到枯燥的语法学习变得津津有味。

准备一下　27

目录

韩语概要

1. 韩语的句子结构

韩语的句子结构为主语＋谓语(或者动词)或主语＋宾语＋谓语(或者动词)。

캐럴이　가요.

主语　＋　谓语

凯洛儿走。

캐럴이　자요.

主语　＋　谓语

凯洛儿睡觉。

에릭이　사과를　먹어요.

主语　＋　宾语　＋　谓语

艾力克吃苹果。

에릭이　도서관에서　책을　읽어요.

主语　＋　宾语　＋　谓语

艾力克在图书馆读书。

单词后出现助词，助词能够体现出单词在句子中的作用。句子的主语后使用"이"或者"가"，句子的宾语后使用"을"或者"를"，当单词后使用"에"或者"에서"时，它在句子中充当状语。

(参考：请参照第3课 "助词"。)

에릭이　사과를　먹어요.

主格助词　宾格助词

에릭이　도서관에서　책을　읽어요.

主格助词　　副词格助词　宾格助词

句子的谓语经常出现在句子末尾,但依照话者意图的不同, 主语、宾语、状语等的位置会有所改变。但即使位置有所变化,依照单词后面的助词仍然能判断什么是主语,什么是宾语。

사과를	+	에릭이	+	먹어요.
宾语		主语		动词
苹果		艾力克		吃。

책을	+	도서관에서	+	에릭이	+	읽어요.
宾语		状语		主语		动词
书		在图书馆		艾力克		读。

此外,在句子的上下文中可以明确获知主语的情况下,主语也可以省略。

A 에릭이 뭐 해요?　　　　艾力克干什么呢?
B (에릭이) 사과를 먹어요.　　(艾力克)在吃苹果。

A 어디에 가요?　　　　去哪里?
B 학교에 가요.　　　　去学校。

2. 动词与形容词的活用

韩语中的动词和形容词具有根据时态、敬语表达、被动、使动以及语体而进行活用的特征。动词和形容词由词干和词尾组合而成,动词和形容词的基本形是在具备单词的意义的词干上添加"다"而成,也被称作"词典形"。因此,在查词典时,可以看到基本形是以"가다(去)"、"오다(来)"、"먹다(吃)"、"입다(穿)"等的形态存在的。在活用时,词干不变,而将"다"去掉,在"다"的位置(动词词尾)上根据叙述者的意图添加为其他形态。

● **动词**

基本形	
가 다 ↑　↑ 词干 词尾 (去/走)	갑니다 (去/走) 가(다) + −ㅂ니다 (现在时态格式体词尾)
	가십니다 (去/走) (对上级或长辈) 가(다) + −시− (敬语形) + −ㅂ니다 (现在时态格式体词尾)
	갔습니다 (去了/走了) 가(다) + −았− (过去时态) + −습니다 (现在时态格式体词尾)

● 形容词

基本形	
좋 다 ↑ ↑ 词干 词尾 (好)	좋습니다 (好) 좋(다) + –습니다 (现在时态格式体词尾)
	좋았습니다 (好) 좋(다) + –았– (过去时态) + –습니다 (现在时态格式体词尾)
	좋겠습니다 (将会好的) 좋(다) + –겠– (将来时态) + –습니다 (现在时态格式体词尾)

3. 句子的连接

在韩语中，句子的连接有两种方式。分别是使用接续副词"**그리고**(并且、还有)"、"**그렇지만**(可是、但是)"、"**그래서**(所以、因此)"进行连接的方式和使用连接词尾的方式。

(1) 并且、还有

使用接续副词连接	바람이 **불어요. 그리고** 추워요. 今天刮风。并且冷。
使用连接词尾连接	바람이 **불고** 추워요. 今天刮风还冷。

(2) 可是、但是

使用接续副词连接	김치는 **맵습니다. 그렇지만** 맛있습니다. 泡菜辣。但是好吃。
使用连接词尾连接	김치는 **맵지만** 맛있습니다. 泡菜虽辣，但好吃。

(3) 所以、因此

使用接续副词连接	눈이 **와요. 그래서** 길이 많이 막혀요. 下雪了。所以路很堵。
使用连接词尾连接	눈이 **와서** 길이 많이 막혀요. 因为下雪，所以路很堵。

使用接续副词时，在句子和句子中间使用接续副词即可，但在使用连接词尾时，需要在词干后添加连接词尾来连接句子。

> (1) 바람이 **불**다 + **-고** + 추워요 → 바람이 불고 추워요.
> (2) 김치가 **맵**다 + **-지만** + 맛있어요 → 김치가 맵지만 맛있어요.
> (3) 눈이 **오**다 + **-아서** + 길이 많이 막혀요 → 눈이 와서 길이 많이 막혀요.

(参考：请参照 "有益的小常识" 的4 "接续副词"。)

4. 句子的种类

韩语句子的种类大体分为陈述句、疑问句、命令句、劝诱句四种。句子的种类依照场所或对象大体分为格式体、非格式体、非敬语三种。

格式体 "-(스)ㅂ니다" 多用于军队、新闻、发表、会议、讲义等正式的或公众的情况下。非格式体 "-아/어요" 是多用于日常生活中的敬语形式。相对于格式体而言，更加委婉而且非正式化，多用于家人或朋友等关系亲近的人之间。格式体的陈述句、疑问句、命令句、劝诱句形态各不相同，而非格式体与格式体不同，非格式体不存在陈述句、疑问句、命令句、劝诱句，而是根据对话的情景和语气加以区分，较之格式体而言，简单容易。非格式体的非敬语主要用于亲近的朋友、前后辈、家人之间，如果在陌生或不亲近的关系中使用则会造成失礼。以下仅关注格式体和非格式体的句子形态。

（1）陈述句

在针对某事物说明或者回答问题时使用。
(参考：请参照第1课 "时态" 的01 "现在时态"。)

① 格式体

格式体的陈述句在词干后加 "-(스)ㅂ니다" 而成。

- 저는 학교에 갑니다.　　我去学校。
- 저는 빵을 먹습니다.　　我吃面包。

② 非格式体

非格式体的陈述句在词干后加 "-아/어요" 而成。

- 저는 학교에 가요.　　我去学校。
- 저는 빵을 먹어요.　　我吃面包。

(2) 疑问句

在提问时使用。

(参考：请参照第1课 "时态" 的01 "现在时态"。)

① 格式体

格式体的疑问句在词干后加 "–(스)ㅂ니까?" 而成。

- 학교에 갑니까?　　　去学校吗？
- 빵을 먹습니까?　　　吃面包吗？

② 非格式体

非格式体的疑问句在词干后加 "–아/어요?"，与陈述句的形态相同，句尾使用升调。并且在句尾添加问号即成为疑问形态。

- 학교에 가요?　　　去学校吗？
- 빵을 먹어요?　　　吃面包吗？

(3) 命令句

在进行命令或者忠告时使用。

(参考：请参照第7课 "命令与义务，许可与禁止" 的01 "V–(으)세요"。)

① 格式体

格式体的命令句是在词干后加 "–(으)십시오" 而成。

- 공책에 쓰십시오.　　　请写在本子上。
- 책을 읽으십시오.　　　请读书。

② 非格式体

虽然非格式体的句子同其他句子形态一样，在词干后加 "–아/어요" 即可，但 "–(으)세요" 较之 "–아/어요" 语气更加显得尊敬，所以，最好使用 "–(으)세요"。

- 공책에 쓰세요.　　　请写在本子上。
- 책을 읽으세요.　　　请读书。

（4）劝诱句

在提出建议或者同意某个建议时使用。

(参考：请参照第12课 "询问意见与提出建议" 的03 "V–(으)ㅂ시다"。)

① 格式体

格式体的劝诱句在词干后加 "–(으)ㅂ시다" 而成。当听者比话者的年龄小或年龄或者地位相仿时，可以使用 "–(으)ㅂ시다"，不能对长辈使用，对长辈使用是违反礼节的。

- 11시에 만납시다. 　　　　我们11点见面吧。
- 여기에서 점심을 먹읍시다. 　我们在这里吃午饭吧。

② 非格式体

非格式体的劝诱句与非格式体的其他句子形态相同，在词干后加 "–아/어요"。

- 11시에 만나요. 　　　　　我们11点见面吧。
- 여기에서 점심을 먹어요. 　我们在这里吃午饭吧。

上述的句子种类以动词 "가다(去)" 为例整理如下。主语根据句子的情况或上下文可以被省略。

	格式体	非格式体
陈述句	갑니다.	가요. ↘ 去。
疑问句	갑니까?	가요? ↗ 去吗？
命令句	가십시오.	가세요. ↓ 请去。/去！
劝诱句	갑시다.	가요. → (一起)去吧！

(※ 红色箭头表示句尾音调上升，下降或不变。)

5. 敬语表达方式

因为韩国受到儒教思想的影响，根据年龄、家庭关系、社会地位、社会关系(交情)选择使用敬语或者非敬语。

(1) 对句子主语尊敬的方法

句子中出现的人物较之话者年龄大或者是家中长辈时，抑或社会地位较高时，使用敬语。在形容词或动词词干后添加表示尊敬的"–(으)시–"使用。动词词干以元音结尾添加"–시–"，以辅音结尾添加"–으시–"。

가다 (去)

가 + **–시–** + –ㅂ니다   → 가십니다
가 + **–시–** + –어요 → 가세요
가 + **–시–** + –었어요   → 가셨어요
가 + **–시–** + –(으)ㄹ 거예요 → 가실 거예요

읽다 (读)

읽 + **–으시–** + –ㅂ니다   → 읽으십니다
읽 + **–으시–** + –어요   → 읽으세요
읽 + **–으시–** + –었어요   → 읽으셨어요
읽 + **–으시–** + –(으)ㄹ 거예요   → 읽으실 거예요

- 선생님께서 한국말을 가르치십니다.   老师教韩语。
- 아버지께서는 작년에 부산에 가셨어요.   爸爸去年去了釜山。

(2) 对听者尊敬的方法

听者较之话者年龄大、社会地位高，或者年龄相仿，抑或是即使年龄小但是没有交情时，使用敬语。终结词尾根据尊敬程度为格式体、非格式体、非敬语。
(参考：请参照 "韩语概要" 的04 "句子的种类"。)

(3) 其他的敬语表达方式

① 有个别动词，不在词干后加"-(으)시-"，而是变换成其他形式的动词来表达尊敬。

基本形	敬语形	基本形	敬语形
자다 (睡)	주무시다	죽다 (死)	돌아가시다
말하다 (说)	말씀하시다	데려가다 (带走)	모셔가다
먹다 (吃)	잡수시다/드시다	있다 (人)在	계시다
마시다 (喝)	드시다	있다 有(事物)	있으시다

- 어머니께서 집에 안 계세요.　　　妈妈不在家。
- 내일 시간 있으세요?　　　明天有时间吗?

② 使用具有尊敬意义的名词。

基本形	敬语形	基本形	敬语形
나이 (年龄)	연세	생일 (生日)	생신
말 (话)	말씀	집 (家)	댁
밥 (饭)	진지	이름 (名字)	성함
사람 (人)	분	아내 (妻子)	부인

- 할아버지, 진지 잡수세요.　　　爷爷，请吃饭。
- 부인께서도 안녕하십니까?　　　您的夫人也好吧?

③ 在指代人称的名词后使用表达尊敬意义的助词。

이/가 → 께서　은/는 → 께서는　에게(한테) → 께

- 동생이 친구에게 선물을 줍니다.　　弟弟给朋友礼物。
- 할아버지께서 동생에게 선물을 주십니다.　　爷爷给弟弟礼物。
- 저는 딸기를 좋아해요.　　我喜欢草莓。
- 할머니께서는 딸기를 좋아하세요.　　奶奶喜欢草莓。

④ 在名词后使用 "님" 表达对人物的尊敬。

基本形	敬语形	基本形	敬语形
선생 (老师)	선생님	교수 (教授)	교수님
사장 (社长)	사장님	박사 (博士)	박사님
목사 (牧师)	목사님	원장 (院长)	원장님

- 저희 사장님은 마음이 넓으십니다.
  我们社长心胸宽广。
- 목사님, 기도해 주셔서 감사합니다.
  牧师，感谢您为我祈祷。

⑤ 对听者或行为的受动者表示尊敬时，使用以下单词。

基本形	敬语形	基本形	敬语形
말하다 (说)	말씀드리다	묻다 (问)	여쭙다
주다 (给)	드리다	보다/만나다 (看/见面)	뵙다

- 아버지께 말씀드릴까요?　　要不要告诉爸爸呢？
- 할아버지께 이 책을 드리세요.　　请把这本书拿给爷爷。

⑥ 话者对听者不使用敬语，但是通过降低自己而提升对方的方法。

나 → 저 我　　　우리 → 저희 我们　　　말 → 말씀 话

- 저도 그 소식을 들었어요.　　我也听到那个消息了。
- 저희 집에 한번 놀러 오세요.　　您有空来我家玩。
- 부장님, 드릴 말씀이 있습니다.　　部长，我有话跟您说。

(4) 使用敬语时的注意事项

① 在韩语中，跟某人说话，或称呼某人时，不使用“당신(你)”、“너(你)”、“그(他)”、“그녀(她)”、“그들(他们)”等表达方式，而是多次反复使用名字或称呼。

“요코 씨, 어제 회사에서 재준 씨를 만났어요? 재준 씨가 요코 씨를
　　　　　　　　　　　　　　　　　　그가(×)　　　당신을(×)

찾았어요. 그러니까 요코 씨가 재준 씨한테 전화해 보세요.”
　　　　　　　　당신이(×)　　그에게(×)

“阳子，昨天(你)在公司见到在俊了吗？ 在俊找阳子(你)了。所以阳子(你)给在俊打个电话吧。”

“당신”主要用于夫妻之间的称呼，在称呼他人的时候不使用。“너”用于关系亲近的人之间互相称呼。

- 여보, 아까 당신이 나한테 전화했어요?　　老公，刚才你给我打电话了吗？
- 너는 오늘 뭐 하니?　　你今天干什么？

② 在询问比自己年龄大、社会地位高或不认识的人的名字或年龄时，使用的表达方式是“성함이 어떻게 되세요?(您贵姓?)”、“연세가 어떻게 되세요?(您贵庚?)”。

- 할아버지, 성함이 어떻게 되세요? (○) 老爷爷，请问您尊姓大名？
  할아버지, 이름이 뭐예요? (×)
- 사장님 연세가 어떻게 되세요? (○)　　社长，请问您贵庚？
  사장님 나이가 몇 살이에요? (×)

③ 在叙述长辈年龄时，一般不用"살"。

> **A** 캐럴 씨, 할아버지 연세가 어떻게 되세요?　凯洛儿，你爷爷多大岁数了？
>
> **B** 올해 일흔다섯이세요. (○)　今年75岁了。
>
> 　올해 일흔다섯 살이세요. (×)

④ "주다"的敬语"드리다"与"주시다"。
行动的主体较之行动的受动者年龄小时，使用"드리다"，行动的主体较之行动的受动者年龄大时，使用"주시다"。

> - 나는 선물을 어머니께 드렸어요.　我把礼物给了妈妈。
> - 어머니께서 나에게 선물을 주셨어요.　妈妈给了我礼物。
> - 나는 동생에게 선물을 주었어요.　我把礼物给弟弟了。

准备一下

01 이다 (是)

A 무엇입니까? (= 뭐예요?)
这是什么?

B 의자입니다. (= 의자예요.)
这是椅子。

A 한국 사람입니까? (= 한국 사람이에요?)
他是韩国人吗?

B 네, 한국 사람입니다. (= 한국 사람이에요.)
是的，他是韩国人。

A 어디입니까? (= 어디예요?)
这儿是哪里?

B 한국입니다. (= 한국이에요.)
这儿是韩国。

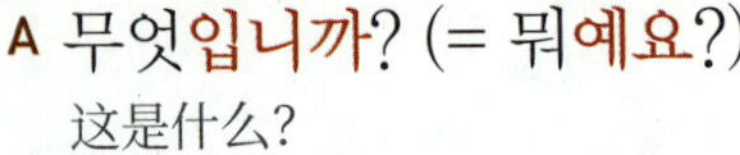

Track **001**

语法重点

"이다"用于名词之后，使名词成为句子的谓语。在表述主语与谓语一致或指明事物时使用。格式体陈述句是"입니다"，疑问句是"입니까?"非格式体的陈述句和疑问句形态相同，都是"예요/이에요"。"예요/이에요."是陈述句，句尾使用升调"예요?/이에요?"是疑问句。前面的名词以元音结尾加"예요"，以辅音结尾加"이에요"。否定形式是"아니다"。

(参考：请参照第2课 "否定表达方式" 的01 "词汇否定"。)

非格式体		格式体
以元音结尾的名词	**以辅音结尾的名词**	
예요	**이에요**	**입니다**
사과예요.	책상이에요.	사과입니다. : 책상입니다.
나비예요.	연필이에요.	나비입니다. : 연필입니다.
어머니예요.	학생이에요.	어머니입니다. : 학생입니다.

对话

A 무엇입니까?	A 这是什么?
B 가방입니다.	B 这是书包。
A 학생입니까?	A 你是学生吗?
B 네, 학생입니다.	B 是的，我是学生。
A 누구예요?	A 他是谁?
B 친구예요.	B 他是我的朋友。
A 고향이 어디예요?	A 你的家乡是哪里?
B 서울이에요.	B 是首尔。

看下列图片，使用"이다"完成对话。

(1) 

A 시계________________?
B 네, 시계______________`

(2) 

A 무엇______________?
B 모자________________.

(3) 

A 가수______________?
B 네, 가수______________.

(4) 

A 누구입니까?
B 선생님________________.

 02 있다 (有/在)

개가 의자 위에 **있어요**.
(= 개가 의자 위에 **있습니다**.)
狗在椅子上面。

우리 집이 신촌에 **있어요**.
(= 우리 집이 신촌에 **있습니다**.)
我们家在新村。

남자 친구가 **있어요**.
(= 남자 친구가 **있습니다**.)
我有男朋友。

语法重点

1. 表述存属性或事物的位置，相当于汉语的"在"。使用形态为"N이/가 N(地点）에 있다"，此时如同"N(地点)에 N이/가 있다"，将主语和场所的位置交换也无妨。相反的表达是"없다"。"N에 있다"表示位置时，可以一同使用的方位名词如下。

> 앞, 뒤, 위, 아래 (= 밑), 옆 (오른쪽, 왼쪽), 가운데, 사이, 안, 밖

① 책상 위
桌子上面

② 책상 아래 (= 책상 밑)
桌子下面

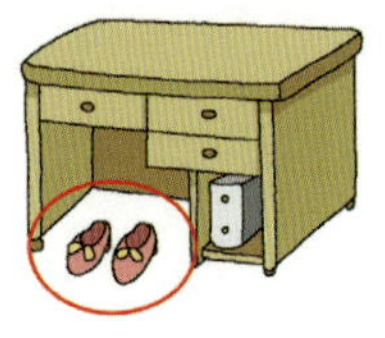

③ 책상 앞
桌子前面

④ 책상 뒤
桌子后面

⑤ 책상 옆
桌子旁边

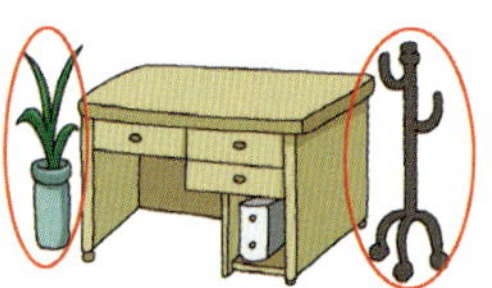

⑥ 책상 왼쪽
桌子左边

⑦ 책상 오른쪽
桌子右边

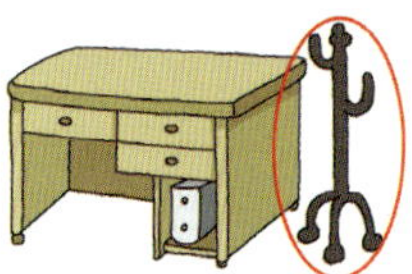

⑧ 사이
之间

⑨ 책상 가운데
桌子中间

⑩ 집 안
屋内

⑪ 집 밖
屋外

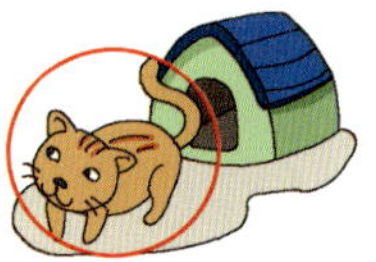

① 책상 위에 컴퓨터가 있어요.　　桌子上面有电脑。

② 책상 아래 (=책상 밑에) 구두가 있어요.　桌子下面有皮鞋。

③ 책상 앞에 의자가 있어요.　　桌子前面有椅子。

④ 책상 뒤에 책장이 있어요.　　桌子后面有书架。

⑤ 책상 옆에 화분하고 옷걸이가 있어요.　桌子旁边有花盆和衣架。

⑥ 책상 왼쪽에 화분이 있어요.　　桌子左边有花盆。

⑦ 책상 오른쪽에 옷걸이가 있어요.　桌子右边有衣架。

⑧ 화분과 옷걸이 사이에 책상이 있어요.　花盆和衣架之间有桌子。

⑨ 책상 가운데에 인형이 있어요.　桌子中间有玩偶。

⑩ 집 안에 강아지가 있어요.　　屋内有小狗。

⑪ 집 밖에 고양이가 있어요.　　屋外有猫。

2　"있다" 变为 "이/가 있다" 的形式表示拥有的意思。相当于汉语的 "有" 的意思。相反的表达是 "없다"。(参考：请参照第2课 "否定表达方式" 的01 "词汇否定"。)

- 나는 언니가 있어요. 동생이 없어요.
  我有姐姐，没有弟弟。

- 자전거가 있어요. 차가 없어요.
  有自行车，没有汽车。

对话 

A 책이 어디에 있어요?
B 가방 안에 있어요.

A 은행이 어디에 있어요?
B 학교 옆에 있어요.

A 한국 친구가 있어요?
B 네, 한국 친구가 있어요.

A 컴퓨터가 있어요?
B 네, 있어요.

A 书在哪里?
B 在书包里。

A 银行在哪里?
B 在学校旁边。

A 你有韩国朋友吗?
B 是的，我有韩国朋友。

A 你有电脑吗?
B 是的，我有。

请描述一下这间屋子。仿照例子，看下图完成句子。

> 例子　전화가 텔레비전 _옆_ 에 있어요.

(1) 텔레비전 ______에 꽃병이 있어요.

(2) 이민우 씨 ______에 캐럴 씨가 있어요.

(3) ______ 씨 왼쪽에 가방이 있어요.

(4) 가방 ______에 책이 있어요.

(5) 신문이 가방 ______에 있어요.

(6) 이민우 씨가 ______ 오른쪽에 있어요.

03 数词

汉字数词

0	1	2	3	4	5	6	7	8	9	10
영/공	일	이	삼	사	오	육	칠	팔	구	십
11	20	30	40	50	60	70	80	90	100	
십일	이십	삼십	사십	오십	육십	칠십	팔십	구십	백	

1,000	10,000	100,000	1,000,000
천	만	십만	백만

语法重点

韩语中数词主要以两种方式出现。一种是汉字数词，另一种是固有数词。其中汉字数词用于表达电话号码、公交车号、身高、体重、房间号、年度、月、时间的分秒、东西的价格等时使用。

공일공 사칠팔삼의[에] 삼이칠오

백육십삼 번
（163路）

백오십 센티미터
사십팔 킬로그램

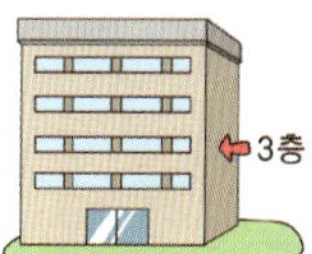

삼 층

오백일 호

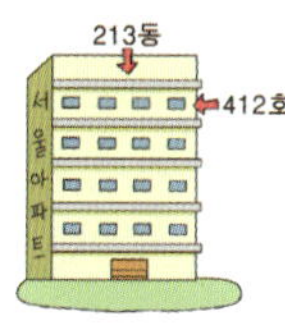

이백십삼 동
사백십이 호
（213栋412号）

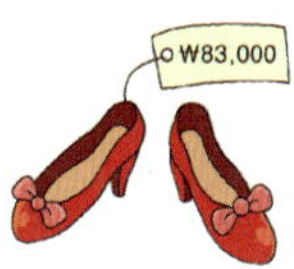

팔만 삼천 원

이백삼십칠만 원

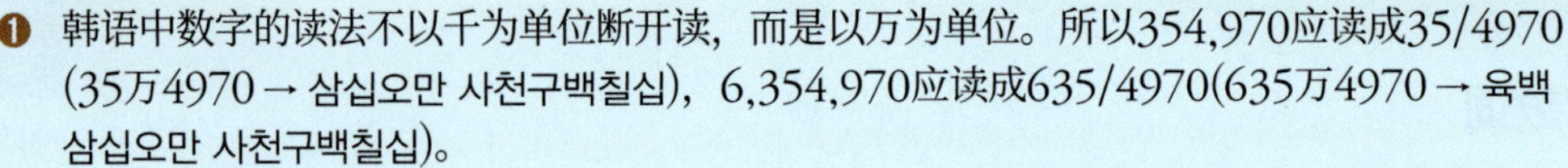

❶ 韩语中数字的读法不以千为单位断开读，而是以万为单位。所以354,970应读成35/4970（35万4970 → 삼십오만 사천구백칠십），6,354,970应读成635/4970（635万4970 → 육백삼십오만 사천구백칠십）。

- 26354790 → 2635/4790

  이천육백삼십오만 사천칠백구십

❷ 数字以1开头时，读的时候将"일"省略掉。

- 10: 십〔일십 (×)〕　　　　　110: 백십〔일백십 (×)〕
- 1,110: 천백십〔일천백십 (×)〕　11,110: 만 천백십〔일만 천백십 (×)〕

❸ "16"、"26"、"36"……"96" 发音分别为 [심뉵]、[이심뉵]、[삼심뉵]……[구심뉵]。

❹ "0" 读作"공"或者"영"，电话号码或者手机号码中常读作"공"。

- 6508-8254 → 육오공팔의[에] 팔이오사
- 010-4783-0274 → 공일공 사칠팔삼의[에] 공이칠사

❺ 电话号码的读法有两种。

- 7804-3577 → 칠팔공사의[에] 삼오칠칠

  → 칠천팔백사 국의[에] 삼천오백칠십칠 번

∗ 这时"의"的发音不是 [의] 而是 [에]。

对话

Track **006**

A 사무실이 몇 층이에요?　　　　　　　A 办公室在几层？

B 9층이에요. (구 층)　　　　　　　　　B 在九楼。

A 전화번호가 뭐예요?　　　　　　　　A 电话号码是多少？

B 019-8729-9509예요.　　　　　　　　B 是019-8729-9509。
　(공일구 팔칠이구의[에] 구오공구)

A 몇 번 버스를 타요?　　　　　　　　A 乘坐几路公交车？

B 705번 버스를 타요. (칠백오 번)　　B 坐705路公交车。

A 책이 얼마예요?　　　　　　　　　　A 这本书多少钱？

B 25,000원이에요. (이만오천 원)　　　B 25,000元。

仿照例子，请用韩语写出下列数字。

例子　A 전화번호가 뭐예요?

　　　B 2734-3698이에요.

　　　　(이칠삼사의 삼육구팔)이에요.

(1) A 휴대 전화가 있어요?

　　B 네, 있어요. 010-738-3509예요.

　　　(　　　　　　　　　　　)예요.

(2) A 몸무게가 몇 킬로그램(kg)이에요?

　　B 34킬로그램(kg)이에요.

　　　(　　　　)킬로그램(kg)이에요.

(3) A 키가 몇 센티미터(cm)예요?

　　B 175센티미터(cm)예요.

　　　(　　　　　)센티미터(cm)예요.

(4) A 치마가 얼마예요?

　　B 62,000원이에요.

　　　(　　　　　)원이에요.

韩国固有数词

1	2	3	4	5	6	7	8	9	10
하나 (= 한)	둘 (= 두)	셋 (= 세)	넷 (= 네)	다섯	여섯	일곱	여덟	아홉	열

11	20	30	40	50	60	70	80	90	100
열하나	스물(=스무)	서른	마흔	쉰	예순	일흔	여든	아흔	백

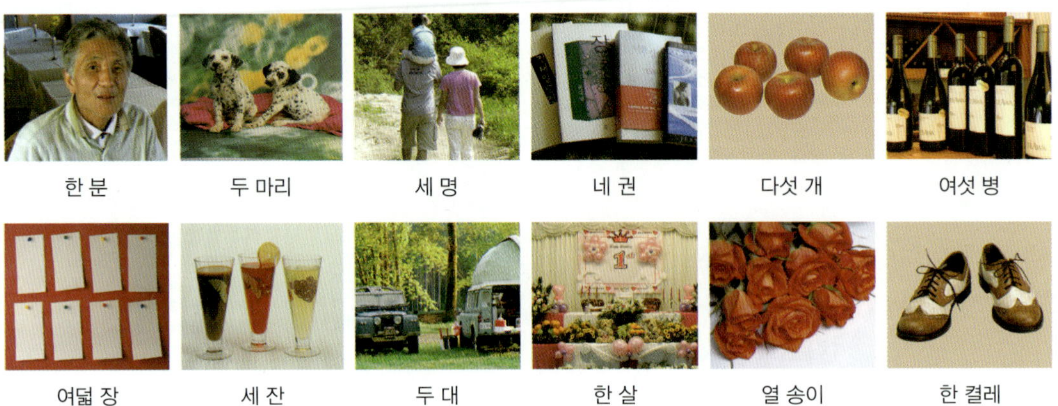

한 분	두 마리	세 명	네 권	다섯 개	여섯 병
여덟 장	세 잔	두 대	한 살	열 송이	한 켤레

语法重点

在韩语中年龄、时间、单位名词等用韩国固有数词表示。在韩语中，计量物品或人的时候，和表示单位的名词一同使用，固有数词后面使用"**명**"、"**마리**"、"**개**"、"**살**"、"**병**"、"**잔**"等单位名词。当数字后面出现单位名词时，应将"**하나**"变为"**한(학생 한 명)**"，"**둘**"变为"**두(개 두 마리)**"，"**셋**"变为"**세(커피 세 잔)**"，"**넷**"变为"**네(콜라 네 병)**"，"**스물**"变为"**스무(사과 스무 개)**"等等。

하나 + 개		**한** 개
둘 +개		**두** 개
셋 + 개		**세** 개
넷 + 개	→	**네** 개
다섯 + 개		다섯 개
여섯 +개		여섯 개
일곱 + 개		일곱 개
여덟 + 개		여덟 개

아홉 + 개		아홉 개
열 + 개		열 개
열하나 + 개		**열한** 개
열둘 + 개	→	**열두** 개
……		……
스물 + 개		**스무** 개
스물한 +개		**스물한** 개
스물둘 + 개		**스물두** 개

单位名词(量词)

1	**한** 명	**한** 분	**한** 마리	**한** 권	**한** 개	**한** 병
2	**두** 명	**두** 분	**두** 마리	**두** 권	**두** 개	**두** 병
3	**세** 명	**세** 분	**세** 마리	**세** 권	**세** 개	**세** 병
4	**네** 명	**네** 분	**네** 마리	**네** 권	**네** 개	**네** 병
5	다섯 명	다섯 분	다섯 마리	다섯 권	다섯 개	다섯 병
6	여섯 명	여섯 분	여섯 마리	여섯 권	여섯 개	여섯 병
7	일곱 명	일곱 분	일곱 마리	일곱 권	일곱 개	일곱 병
8	여덟 명	여덟 분	여덟 마리	여덟 권	여덟 개	여덟 병
9	아홉 명	아홉 분	아홉 마리	아홉 권	아홉 개	아홉 병
10	열 명	열 분	열 마리	열 권	열 개	열 병
11	**열한** 명	**열한** 분	**열한** 마리	**열한** 권	**열한** 개	**열한** 병
……	……	……	……	……	……	……
20	**스무** 명	**스무** 분	**스무** 마리	**스무** 권	**스무** 개	**스무** 병
?	몇 명	몇 분	몇 마리	몇 권	몇 개	몇 병

对话

Track **008**

A 가족이 몇 명이에요?　　　　　　A 你家有几口人？

B 우리 가족은 네 명이에요.　　　　B 我家有四口人。

A 동생이 몇 살이에요?　　　　　　A 你弟弟妹妹多大了？

B 남동생은 스물세 살이에요.　　　　B 弟弟二十三岁，妹妹二十岁。
　　여동생은 스무 살이에요.

A 여기 사과 세 개, 콜라 한 병 주세요.　A 请给我三个苹果，一瓶可乐。

B 네, 모두 오천육백 원입니다.　　　B 好的，一共五千六百元。

看图并在横线上用韩语填写数字。

> **例子** 남자가 <u>두</u> 명, 여자가 <u>세</u> 명 있어요.

(1) 개가 __________ 있어요.

(2) 텔레비전이 __________, 컴퓨터가 ________ 있어요.

(3) 의자가 ____ 개, 사과가 ________ 있어요.

(4) 콜라가 ________, 주스가 ________ 있어요.

(5) 책이 ________ 있어요. 꽃이 ____ 송이 있어요.

2022년 6월 9일 목요일

Track 009

몇 년? (哪年?)

2022년: 이천이십이 년, 1998년: 천구백구십팔 년, 1864년: 천팔백육십사 년

몇 월? (几月?)

1월	2월	3월	4월	5월	6월	7월	8월	9월	10월	11월	12월
일월	이월	삼월	사월	오월	유월	칠월	팔월	구월	시월	십일월	십이월

며칠? (几日/几号?)

1일	2일	3일	4일	5일	6일	7일	8일	9일	10일
일일	이일	삼일	사일	오일	육일	칠일	팔일	구일	십일

11일	12일	13일	14일	15일	16일	17일	18일	19일	20일
십일일	십이일	십삼일	십사일	십오일	십육일 [심뉴길]	십칠일	십팔일	십구일	이십일

21일	22일	23일	24일	25일	26일	27일	28일	29일	30일	31일
이십일일	이십이일	이십삼일	이십사일	이십오일	이십육일 [이심뉴길]	이십칠일	이십팔일	이십구일	삼십일	삼십일일

무슨 요일? (星期几?)

일	월	화	수	목	금	토
일요일	월요일	화요일	수요일	목요일	금요일	토요일

对话

A 오늘이 며칠이에요?
B 5월 5일(오월 오일)이에요.

A 오늘이 무슨 요일이에요?
B 화요일이에요.

A 언제 결혼했어요?
B 2001년(이천일 년)에 결혼했어요.

A 今天是几月几日？
B 今天是5月5日。

A 今天是星期几？
B 今天星期二。

A 你什么时候结的婚？
B 我2001年结婚的。

请注意！

❶ 6月和10月不读作和写作"육월"、"십월"，而应该是"유월"、"시월"。

❷ 询问年度时用"몇 년"，询问月份时用"몇 월"。但询问日期时不写作"몇 일"，而应写作"며칠"。

• 오늘이 몇 일이에요? (×) → 오늘이 며칠이에요? (○) 今天是几号？

练习一下

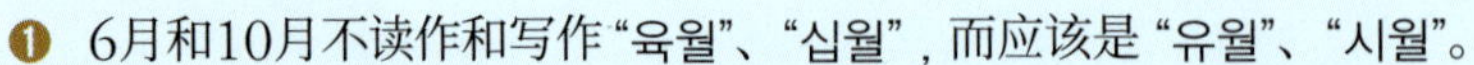

看下列图片，并在横线上用韩语填写恰当的日期。

例子

1994.3.25.(금) : 천구백구십사 년 삼월 이십오 일   금요일

(1) 
2020.6.6.(토)   : ＿＿＿＿＿＿＿＿＿＿＿＿ ＿＿요일

(2) 
2015.11.15.(일) : ＿＿＿＿＿＿＿＿＿＿＿＿ ＿＿요일

(3) 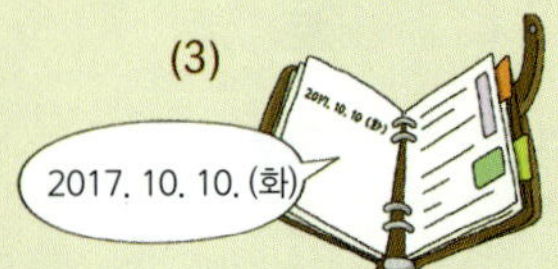
2017.10.10.(화) : ＿＿＿＿＿＿＿＿＿＿＿＿ ＿＿요일

05 时间

Track 011

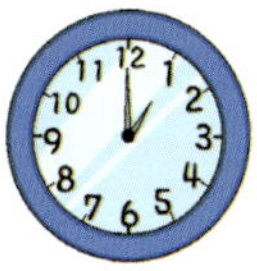
한 시

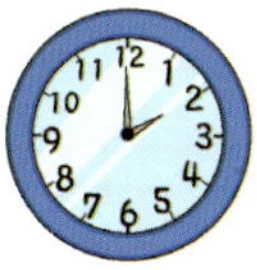
두 시

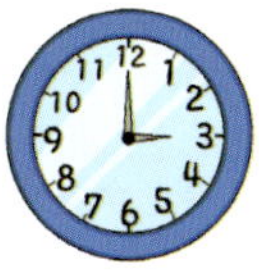
세 시

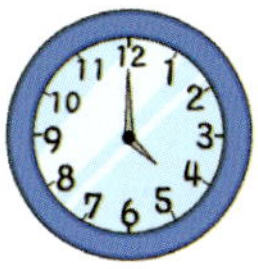
네 시

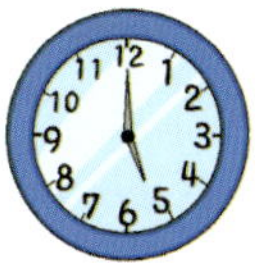
다섯 시

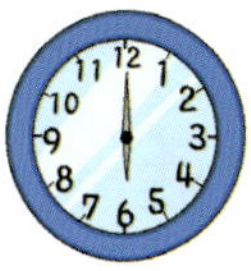
여섯 시

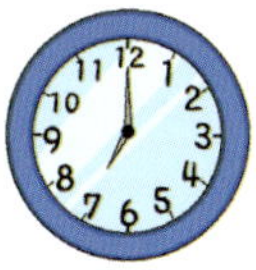
일곱 시

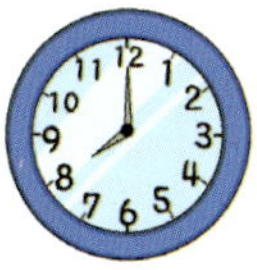
여덟 시

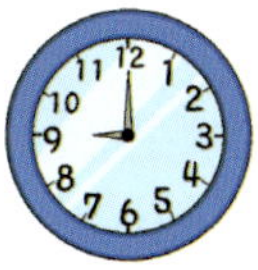
아홉 시

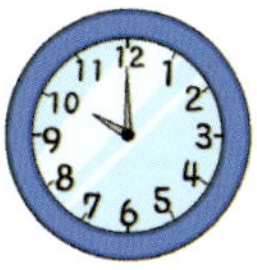
열 시

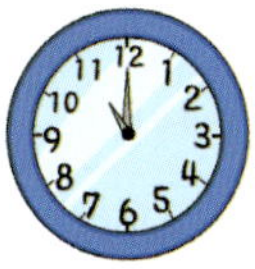
열한 시

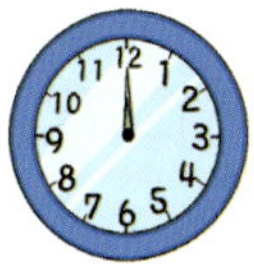
열두 시

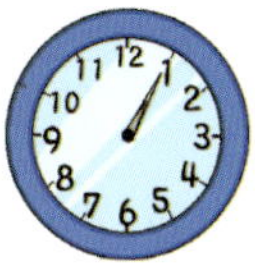
한 시 오 분

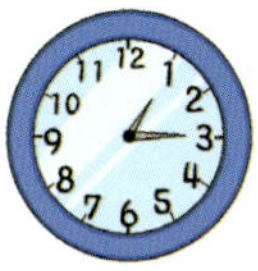
한 시 십오 분

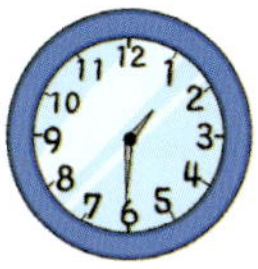
한 시 삼십 분
= 한 시 반

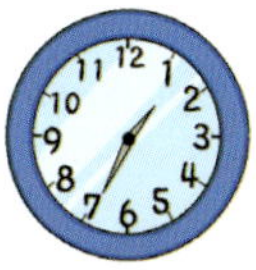
한 시 삼십오 분

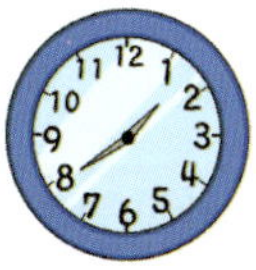
한 시 사십 분

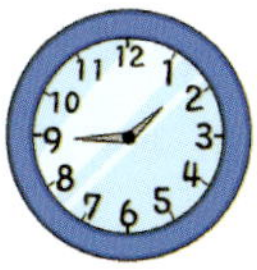
한 시 사십오 분

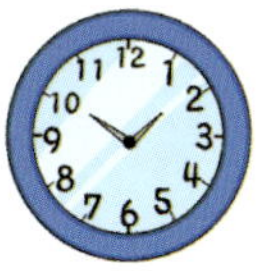
한 시 오십 분
= 두 시 십 분 전

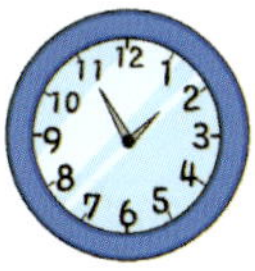
한 시 오십오 분
= 두 시 오 분 전

语法重点

在韩语中，小时应用固有数词来说，分钟则用汉字数词来读。当表述动作进行的时间时，在时间后面加上助词“**에**”。

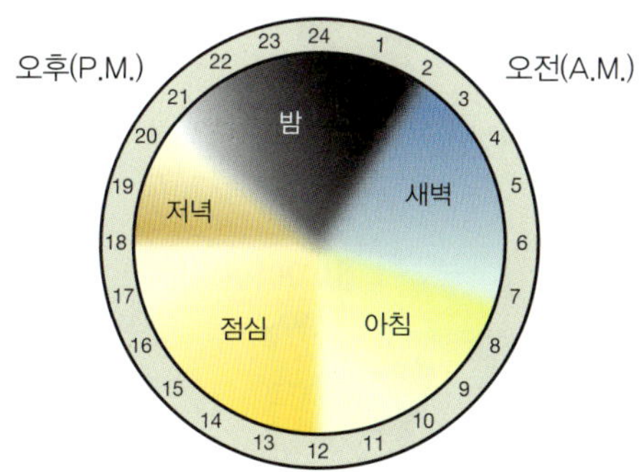

A.M.表示上午，P.M.表示下午，但在韩语中，一般"**오전**(上午)"表示早上的时间(不含凌晨)，"**오후**(下午)"表示中午以后的时间(不含晚上)。并且在韩语中，如同"**새벽**(凌晨)"、"**아침**(早上)"、"**점심**(中午)"、"**저녁**(晚上)"、"**밤**(夜里)"等，将时间更加细致地加以区分来表述。

对话

Track 012

A 지금 몇 시예요?
B 오전 아홉 시 십 분이에요. (9:10 A.M.)

A 현在几点了?
B 现在上午9点10分。

A 지금 몇 시예요?
B 두 시 십 분 전이에요.
　(= 한 시 오십 분이에요.) (1:50)

A 现在几点了?
B 现在差10分钟2点。(=1点50分)

A 몇 시에 일어나요?
B 아침 일곱 시에 일어나요. (7:00)

A 你几点起床?
B 我早上7点起床。

看下列图片，用韩语填写恰当的时间。

 例子

오전 일곱 시

(1)

____

(2)

____

(3)

____

(4)

____

(5)

____

(6)

저녁 _______________

(7)

밤 _______________

(8)

밤 _______________

Unit **1.**

时态

01 现在时态 A/V-(스)ㅂ니다

안녕하십니까?
您好。

9시 뉴스입니다.
这是9点新闻。

질문 있습니까?
有问题吗?

A 이것을 어떻게 **생각합니까?**
　您对此有何想法?

B **좋습니다.**
　我认为很好。

Track **013**

语法重点

韩语的现在时态格式体在词干后使用 "**-(스)ㅂ니다**"，格式体多用于军队、新闻、发表、会议、讲义等正式的或公众的情况下。

	词干以元音结尾	词干以辅音结尾
陈述句	**-ㅂ니다**	**-습니다**
疑问句	**-ㅂ니까?**	**-습니까?**

词干以元音结尾	가다 去	가 +	**-ㅂ니다** → 갑니다 (陈述句) **-ㅂ니까?** → 갑니까? (疑问句)
	오다 来	오 +	**-ㅂ니다** → 옵니다 (陈述句) **-ㅂ니까?** → 옵니까? (疑问句)

词干以辅音结尾	먹다 吃	먹 +	**–습니다** → 먹습니다 （陈述句） **–습니까?** → 먹습니까? （疑问句）
	앉다 坐	앉 +	**–습니다** → 앉습니다 （陈述句） **–습니까?** → 앉습니까? （疑问句）

	基本形	陈述句	疑问句
以元音结尾 ＋ –ㅂ니다 –ㅂ니까?	자다	잡니다	잡니까?
	예쁘다	예쁩니다	예쁩니까?
	이다	입니다	입니까?
	아니다	아닙니다	아닙니까?
	*만들다	만듭니다	만듭니까?
以辅音结尾 ＋ –습니다 –습니까?	읽다	읽습니다	읽습니까?
	작다	작습니다	작습니까?
	있다	있습니다	있습니까?
	없다	없습니다	없습니까?

＊ 不规则变形

对话

Track **014**

A 학교에 갑니까?
B 네, 학교에 갑니다.

A 你去学校吗?
B 是的，去学校。

A 아침을 먹습니까?
B 네, 먹습니다.

A 你吃早饭吗?
B 是的，吃早饭。

A 운동을 합니까?
B 네, 운동을 합니다.

A 你运动吗?
B 是的，我运动。

看下列图片，仿照例子完成对话。

<table>
<tr><td>例子</td><td></td><td>A <u>갑니까?</u>
B <u>네, 갑니다.</u></td><td>例子</td><td></td><td>A 뭐 합니까?
B <u>운동합니다.</u></td></tr>
<tr><td></td><td>(가다)</td><td></td><td></td><td>(운동하다)</td><td></td></tr>
</table>

(1) 
(먹다)

    A 햄버거를 __________?

    B ______________.

(2) 
(기다리다)

    A 뭐 합니까?

    B 친구를 __________.

(3) 
(읽다)

    A 신문을 __________?

    B ______________.

(4) 
(만나다)

    A 뭐 합니까?

    B 친구를 __________.

(5) 
(쓰다)

    A 뭐 합니까?

    B 일기를 __________.

(6) 
(사다)

    A 책을 ____________?

    B ______________.

Track **015**

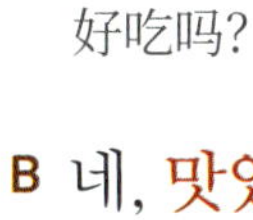

A 어디에 가요?
你去哪儿?

B 학교에 가요.
我去学校。

语法重点

非格式体是在日常生活中比格式体更加常用的敬语形式。非格式体比格式体更加委婉和非公式化，多用于家人、朋友等亲近的关系之间。非格式体的陈述句和疑问句形态相同。句子的结尾使用降调为陈述句，使用升调则成为疑问句。

1. −아요	词干以"ㅏ, ㅗ"结尾，使用"아요"。
	① 词干以辅音结尾时，直接使用"−아요"即可。
	앉다 + **아요** → 앉아요　　받다 → 받아요, 살다 → 살아요
	② 词干以元音"ㅏ"结尾时，"ㅏ"自动脱落。
	가다 + **아요** → 가요　　자다 → 자요, 만나다 → 만나요, 끝나다 → 끝나요
	③ 词干不以辅音结尾，而以元音结尾时，自动缩略。
	오다 + **아요** → 와요 (오 + ㅏ요 → 와요)　　보다 → 봐요

<table>
<tr><td rowspan="5">2. –어요</td><td>词干以除"ㅏ, ㅗ"以外的其他元音结尾时，使用"어요"。</td></tr>
<tr><td>① 词干以辅音结尾时，直接使用"–어요"即可。
읽다 + 어요 → 읽어요　　먹다 → 먹어요, 입다 → 입어요</td></tr>
<tr><td>② 词干以元音"ㅐ, ㅓ, ㅕ"结尾时，"–어요"的"어"自动脱落。
보내다 + 어요 → 보내요　　지내다 → 지내요, 서다 → 서요, 켜다 → 켜요</td></tr>
<tr><td>③ 词干以元音"ㅜ"结尾时，"ㅜ"和"어요"的"어"相结合成为"ㅝ"。
배우다 + 어요 → 배워요 (배우 + ㅓ요 → 배워요)　　주다 → 줘요, 바꾸다 → 바꿔요</td></tr>
<tr><td>④ 词干以元音"ㅣ"结尾时，"ㅣ"和"어요"的"어"缩略成为"ㅕ"。
마시다 + 어요 → 마셔요 (마시 + ㅓ요 → 마셔요)
기다리다 → 기다려요, 헤어지다 → 헤어져요</td></tr>
<tr><td>3. –하다
→ 해요</td><td>动词以"하다"结尾时，将"하다"变换为"해요"即可。(原本"하다"使用"여요"变形为"하여요"，将"하여요"缩略为"해요"的形式。)
말하다 → 말해요
공부하다 → 공부해요, 전화하다 → 전화해요, 여행하다 → 여행해요, 일하다 → 일해요</td></tr>
<tr><td rowspan="3">4. 예요/
이에요</td><td>"이다"变形为"예요/이에요"。名词以元音结尾时使用"예요"，以辅音结尾时使用"이에요"。</td></tr>
<tr><td>① 以元音结尾时: 의사예요 (의사 + 예요)
사과이다 → 사과예요, 어머니이다 → 어머니예요</td></tr>
<tr><td>② 以辅音结尾时: 회사원이에요 (회사원 + 이에요)
책상이다 → 책상이에요, 선생님이다 → 선생님이에요</td></tr>
</table>

基本形	–아요	基本形	–어요	基本形	해요
앉다	앉아요	읽다	읽어요	말하다	말해요
살다	살아요	꺼내다	꺼내요	전화하다	전화해요
가다	가요	서다	서요	운동하다	운동해요
만나다	만나요	배우다	배워요	일하다	일해요
오다	와요	마시다	마셔요	숙제하다	숙제해요

이다	以元音结尾	예요	간호사예요	의자예요	우유예요
	以辅音结尾	이에요	학생이에요	책상이에요	빵이에요

A 지금 뭐 해요?

B 숙제해요.

A 몇 시에 점심을 먹어요?

B 보통 1시에 점심을 먹어요.

A 민우 씨는 직업이 뭐예요?

B 선생님이에요.

A 你在做什么？

B 我在做作业。

A 你几点吃午饭？

B 我一般1点钟吃午饭。

A 珉宇，你的职业是什么？

B 我是老师。

请注意!

〈现在时态的形态特征〉

❶ 韩语的现在时态不仅可以使用于现在，还可以使用在进行时态，以及叙述将来确定发生的事件时。

- **现在时态** – 저는 대학교에 다닙니다/다녀요.　现在时态 – 我在上大学。
- **进行时态** – 저는 지금 공부를 합니다/해요.　进行时态 – 我现在正在学习。
- **将来时态** – 저는 내일 학교에 갑니다/가요.　将来时态 – 我明天去学校。

❷ 普遍性的真理以及习惯性反复出现的事实也使用现在时态。

- 지구는 태양 주위를 돌아요.　地球绕着太阳旋转。
- 저는 아침마다 달리기를 해요.　我每天早晨跑步。

1 仿照例子，改写对话。

例子

A 의자예요?
B 네, 의자예요.

(의자)

(1) 

A ______________?
B ______________.

(학생)

(2) 

A ______________?
B ______________.

(의사)

(3) 

A ______________?
B ______________.

(책상)

(4) 

A ______________?
B ______________.

(사과)

2 仿照例子，改写对话。

例子 

A 자요?
B 네, 자요.

(자다)

例子 

A 뭐 해요?
B 친구를 만나요.

(만나다)

(1) 

A 텔레비전을 ______?
B 네, 텔레비전을 ____.

(보다)

(2) 

A 뭐 해요?
B ______________.

(전화하다)

(3) 

A 책을 ________?
B 네, 책을 ______.

(읽다)

(4) 

A 냉면을 ________?
B 네, 냉면을 ______.

(먹다)

(5) 

A 뭐 해요?
B ______________.

(공부하다)

(6) 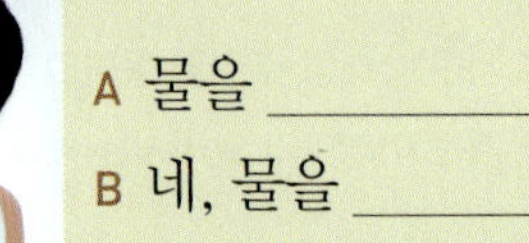

A 물을 ________?
B 네, 물을 ______.

(마시다)

Track **017**

2021년 3월 5일에 태어났어요.
2021年3月5日出生。

2018년 2월에 대학교를 졸업했어요.
2018年2月大学毕业。

작년에 결혼했어요.
去年结婚了。

语法重点

在形容词和动词词干后使用"-았/었-"变为过去时态。词干以"ㅏ，ㅗ"结尾时，使用"-았어요"，还有词干以此外的元音结尾时使用"-었어요"。以"하다"结尾的动词和形容词使用"-였어요"成为"하 + 였어요"，缩略为"했어요"。格式体是"-았/었습니다"、"했습니다"。

词干以"ㅏ，ㅗ"结尾	词干以"ㅏ，ㅗ"以外的元音结尾	以"하다"结尾
앉다 + **-았어요** → 앉았어요	먹다 + **-었어요** → 먹었어요	공부하다 → 공부했어요

基本形	-았어요	基本形	-었어요	基本形	했어요
보다	봤어요	씻다	씻었어요	청소하다	청소했어요
만나다	만났어요	*쓰다	썼어요	입학하다	입학했어요
닫다	닫았어요	있다	있었어요	운동하다	운동했어요
팔다	팔았어요	열다	열었어요	요리하다	요리했어요

| 잡다 | 잡았어요 | *줍다 | 주웠어요 | 숙제하다 | 숙제했어요 |
| *모르다 | 몰랐어요 | *부르다 | 불렀어요 | 게임하다 | 게임했어요 |

이다	以元音结尾	였어요	간호사였어요
	以辅音结尾	이었어요	학생이었어요
아니다	以元音结尾	가 아니었어요	간호사가 아니었어요
	以辅音结尾	이 아니었어요	학생이 아니었어요

* 不规则变形

对话

Track 018

A 어제 뭐 했어요?
B 공부했어요.

A 토요일에 영화를 봤어요?
B 네, 봤어요. 재미있었어요.

A 주말에 뭐 했어요?
B 음악을 들었어요.

A 你昨天做什么了?
B 我学习了。

A 星期六看电影了吗?
B 是的，看了。很有意思。

A 周末做什么了?
B 听音乐了。

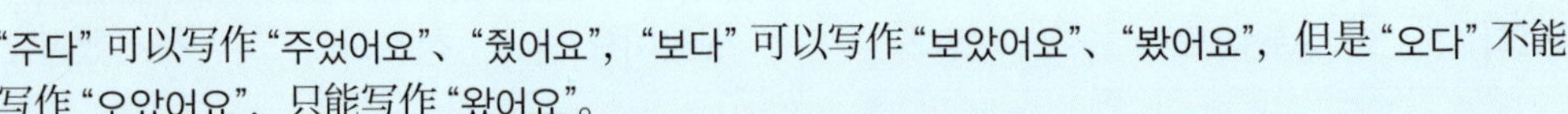

请注意!

"주다" 可以写作 "주었어요"、"줬어요"，"보다" 可以写作 "보았어요"、"봤어요"，但是 "오다" 不能写作 "오았어요"，只能写作 "왔어요"。

- 주다 + -었어요 → 주었어요 (○) 줬어요 (○)
- 보다 + -았어요 → 보았어요 (○) 봤어요 (○)
- 오다 + -았어요 → 왔어요 (○) 오았어요 (×)

凯洛儿本周做什么了？按照日历，选择恰当的单词并使用 "–았/었어요" 完成句子。

가다　　만나다　　맛있다　　먹다　　보다　　부르다
사다　　싸다　　아프다　　재미있다　　청소하다

- 12월 7일:　(1) 친구를 _______________.

　　　　　　(2) 피자를 _______________.

　　　　　　(3) 피자가 _______________.

- 12월 8일:　(4) 백화점에 _______________.

　　　　　　(5) 구두를 _______________.

　　　　　　(6) 구두가 _______________.

- 12월 9일:　(7) 머리가 _______________. 병원에 갔어요.

- 12월 10일:　(8) 노래를 _______________.

- 12월 11일:　(9) _______________.

- 12월 12일:　(10) 영화를 _______________.

　　　　　　(11) 영화가 _______________.

Track **019**

2년 후에 차를 살 거예요.
两年后要买车。

주말에 낚시를 할 거예요.
周末要去钓鱼。

방학에 중국에 갈 거예요.
假期要去中国。

语法重点

此句型表述将来的计划或打算时使用，相当于汉语的"将要/打算……"。在动词词干后使用"-(으)ㄹ 거예요"，以元音或"ㄹ"结尾时使用"-ㄹ 거예요"，以辅音结尾时使用"-을 거예요"。

以元音或"ㄹ"结尾	以辅音结尾
가다 + **-ㄹ 거예요** → 갈 거예요	먹다 + **-을 거예요** → 먹을 거예요

基本形	-ㄹ 거예요	基本形	-을 거예요
보다	볼 거예요	입다	입을 거예요
주다	줄 거예요	받다	받을 거예요
만나다	만날 거예요	씻다	씻을 거예요
공부하다	공부할 거예요	*듣다	들을 거예요
*살다	살 거예요	*붓다	부을 거예요
*만들다	만들 거예요	*돕다	도울 거예요

* 不规则变形

对话

Track **020**

A 언제 고향에 돌아갈 거예요?　　　　　　A 你什么时候回故乡呢？
B 내년에 돌아갈 거예요.　　　　　　　　B 我打算明年回去。

A 주말에 뭐 할 거예요?　　　　　　　　A 你周末打算做什么？
B 자전거를 탈 거예요.　　　　　　　　　B 周末打算骑自行车。

下面是王静的计划手册。王静本周计划做什么呢？选择恰当的单词并使用 "–(으)ㄹ 거예요"
完成句子。

가다　　　공부하다　　　놀다　　　먹다　　　부르다　　　쉬다　　　타다

　　오늘은 5월 4일이에요. 내일은 5월 5일 '어린이날'이에요. 그래서 내일 학교에 안 가요. 내일 나는 롯데월드에 (1)_______________. 롯데월드에서 친구들하고 같이 (2)_______________. 스케이트를 (3)_______________. 목요일에 한국어 시험이 있어요. 그래서 수요일에 학교 도서관에서 (4)_______________. 금요일은 캐럴 씨의 생일이에요. 우리는 불고기를 (5)_______________ 그리고 노래방에서 노래를 (6)_______________. 토요일은 집에서 (7)_______________.

댄 씨가 지금 음악을 **듣고 있어요**.
戴尼现在正在听音乐。

민우 씨가 지금 집에 **가고 있어요**.
珉宇现在正在回家。

어제 친구가 웨슬리 씨한테 전화했어요.
그때 웨슬리 씨는 **자고 있었어요**.
昨天朋友给卫斯理打电话了。那时卫斯理正在睡觉。

语法重点

表述某动作正在进行的表达方式，相当于汉语的"正在"。在动词词干后使用"-고 있다"。当表述过去某个时间动作正在进行时，在动词词干后使用"-고 있었다"。

가다 + **-고 있다** → 가고 있다　　　먹다 + **-고 있었다** → 먹고 있었다

基本形	-고 있어요 (现在时)	-고 있었어요 (过去时)	基本形	-고 있어요 (现在时)	-고 있었어요 (过去时)
사다	사고 있어요	사고 있었어요	찾다	찾고 있어요	찾고 있었어요
보다	보고 있어요	보고 있었어요	만들다	만들고 있어요	만들고 있었어요
만나다	만나고 있어요	만나고 있었어요	일하다	일하고 있어요	일하고 있었어요
오다	오고 있어요	오고 있었어요	공부하다	공부하고 있어요	공부하고 있었어요

对话

A 왕징 씨, 지금 시장에 같이 가요.	A 王静，现在一起去市场吧。
B 미안해요, 지금 숙제를 하고 있어요.	B 不好意思，我现在正在做作业。
A 왜 아까 전화를 안 받았어요?	A 你刚才为什么不接电话？
B 샤워하고 있었어요.	B 我刚才正在洗澡。
A 지금 어디에서 살고 있어요?	A 你现在住在哪里？
B 서울에서 살고 있어요.	B 住在首尔。

请注意!

只是表述过去做的动作时，使用过去时态 "-았/었어요"。

A 어제 뭐 했어요?   昨天做什么了？

B 집에서 쉬고 있었어요. (×) → 집에서 쉬었어요. (○)   在家休息。

练习一下

看下列图片，仿照例子完成句子。

例子

A 지금 뭐 해요?

B <u>피아노를 치고 있어요.</u>
　　(피아노를 치다)

(1) 

A 지금 뭐 해요?

B ___________.
　　(세수하다)

(2)

A 요즘 뭐 해요?

B ___________.
　　(한국어를 배우다)

(3) 

A 운룡 씨가 지금 공부를 해요?

B 아니요, ___________.
　　(밥을 먹다)

(4) 

A 무엇을 찾고 있었어요?

B ___________.
　　(반지를 찾다)

06 过去完成时态 A/V−았/었었어요

미국에 **갔었어요**.
我曾经去过美国。
(去了美国并且已经回来了。)

중국에서 **살았었어요**.
我曾经在中国生活过。
(现在不在中国生活。)

아버지가 **뚱뚱했었어요**.
爸爸曾经很胖。
(现在不胖。)

语法重点

表述过去发生的某事或者某种状况并没有持续，与现在不同，或者较之说话的时间，很久以前发生的事情与现在没有任何关系时使用。相当于汉语的"曾经……过，……了"。动词或形容词词干以元音"ㅏ，ㅗ"结尾时，使用"−았었어요"，以其他元音结尾时，使用"−었었어요"，以"하다"结尾的动词变形为"했었어요"。

词干以"ㅏ，ㅗ"结尾	词干以"ㅏ，ㅗ"以外的元音结尾	以"하다"结尾
살다 + **−았었어요** → 살았었어요	먹다 + **−었었어요** → 먹었었어요	공부하다 → 공부했었어요

基本形	−았/었었어요	基本形	−았/었었어요
가다	갔었어요	많다	많았었어요
사다	샀었어요	싸다	쌌었어요
배우다	배웠었어요	길다	길었었어요

읽다	읽었었어요	친절하다	친절했었어요
일하다	일했었어요	한가하다	한가했었어요
*듣다	들었었어요	*어렵다	어려웠었어요

* 不规则变形

对话

A 담배를 안 피워요?

B 작년에는 담배를 피웠었어요.
그렇지만 지금은 안 피워요.

A 요즘 바다에 사람이 없어요.

B 여름에는 사람이 많았었어요.

A 주말에 뭐 했어요?

B 롯데월드에 갔었어요.
아주 재미있었어요.

A 你不吸烟吗？

B 我去年曾经吸过烟的。
但是现在不吸了。

A 最近海边没什么人。

B 夏天曾经人很多的。

A 你周末做什么了？

B 我去了乐天世界。
非常有趣。

有什么不同?

-았/었어요	-았/었었어요
单纯表述事件或者行动发生在过去或者过去发生的行为及状态仍在持续。	表述现在不再持续的过去的事件。
• 댄 씨는 작년에 한국에 왔어요. (戴尼来到韩国的状态仍在持续。他来韩国后发生了什么无法得知，现在也有可能不在韩国而在其他地方。)	• 댄 씨는 작년에 한국에 왔었어요. 戴尼去年曾经来韩国。 (来了韩国后又回去了，现在不在韩国。)
• 댄 씨는 서울에서 1년 동안 살았어요. (戴尼曾经在首尔住了一年。他在首尔住一年后不知道现在在哪里生活。)	• 댄 씨는 서울에서 1년 동안 살았었어요. (戴尼曾经在首尔住了一年。可是现在不在首尔生活。)

10年前夏颖是什么样子呢？看下列图片，仿照例子完成句子。

하영 씨는 <u>안경을 안 썼었어요.</u>
(안경을 안 쓰다)

(10년 전 / 현재)

(1)

(10년 전 / 현재)

하영 씨는 _______________________.
(키가 작다)

(2)

(10년 전 / 현재)

하영 씨는 _______________________.
(머리가 길다)

(3)

(10년 전 / 현재)

하영 씨는 _______________________.
(고기를 안 먹다)

(4)

(10년 전 / 현재)

하영 씨는 _______________________.
(치마를 안 입다)

Unit 2.

否定表达方式

01 词汇否定

02 안 A/V-아/어요 (A/V-지 않아요)

03 못 V-아/어요 (V-지 못해요)

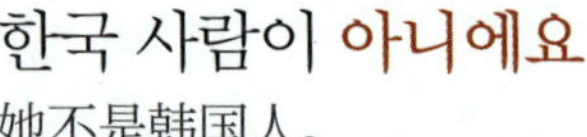

Track **025**

한국 사람이에요.
她是韩国人。

한국 사람이 **아니에요**.
她不是韩国人。

돈이 있어요.
我有钱。

돈이 **없어요**.
我没有钱。

한국말을 알아요.
我懂韩语。

한국말을 **몰라요**.
我不懂韩语。

语法重点

韩语中的否定句可以通过否定整个句子来实现，也可以通过否定词汇来实现。利用词汇完成否定句时，可以将"이다"变换为"아니다"，"있다"变换为"없다"，"알다"变换为"모르다"。其中"아니다"写作"이/가 아니다"，在口语中可以省略"이/가"。在表述"아니다"时，也可以使用"N1 이/가 아니라 N2이다"的表达方式。

	格式体	非格式体
아니다 ↔ 이다	**아닙니다**	**아니에요**
없다 ↔ 있다	**없습니다**	**없어요**
모르다 ↔ 알다	**모릅니다**	**몰라요**

对话

A 민우 씨가 학생이에요?　　　　　　　A 珉宇是学生吗?

B 아니요, 학생이 아니에요. 선생님이에요.　B 不，他不是学生，他是老师。
(= 아니요, 학생이 아니라 선생님이에요.)

A 오늘 시간 있어요?　　　　　　　　　A 今天有时间吗?

B 아니요, 오늘 시간 없어요. 바빠요.　　B 不，今天没时间，很忙。

A 일본어를 알아요?　　　　　　　　　A 你懂日语吗?

B 아니요, 몰라요.　　　　　　　　　　B 不，不懂。

看下列图片，仿照例子完成对话。

A 미국 사람이에요?

B 아니요, 미국 사람이 아니에요. 영국 사람이에요.

(1) 

A 남자 친구예요?

B 아니요, 남자 친구______________. 동생이에요.

(2) 

A 집에 개가 있어요?

B 아니요, 개______________.

(3) 

A 교실에 댄 씨가 있어요?

B 아니요, 댄 씨______________.

(4) 

A 선생님의 전화번호를 알아요?

B 아니요, 저는 선생님의 전화번호를______________.
요코 씨가 알아요.

저는 오징어를 안 먹어요.
(= 저는 오징어를 먹지 않아요.)
我不吃鱿鱼。

그 구두는 안 예뻐요.
(= 그 구두는 예쁘지 않아요.)
那双皮鞋不好看。

방이 안 넓어요.
(= 방이 넓지 않아요.)
房间不宽敞。

语法重点

此句型与动词或形容词结合使用，否定行为或状态。相当于汉语的"不/没"。在动词前面使用"**안**"，或者在动词词干后使用"**-지 않아요**"。

안 + 가다 → 안 가요	가다 + **-지 않아요** → 가지 않아요
안 + 크다 → 안 커요	크다 + **-지 않아요** → 크지 않아요

以"**하다**"结尾的动词因为是由"**名词+하다**"构成，所以在动词前面加"**안**"变成"**名词+안 하다**"的形态。而形容词则写作"**안+形容词**"的形态。但动词"**좋아하다**"、"**싫어하다**"，并非"**名词+하다**"的形态，因为是一个完整的动词，所以写作"**안 좋아하다/좋아하지 않다**"、"**안 싫어하다/싫어하지 않다**"。

안 + 일하다 → 일 안 해요	일하다 + **-지 않아요** → 일하지 않아요
안 + 친절하다 → 안 친절해요	친절하다 + **-지 않아요** → 친절하지 않아요
안 + 좋아하다 → 안 좋아해요/좋아하지 않아요 (O) 좋아 안 해요 (×)	

基本形	안 –아/어요	–지 않아요
타다	안 타요	타지 않아요
멀다	안 멀어요	멀지 않아요
불편하다	안 불편해요	불편하지 않아요
공부하다	공부 안 해요	공부하지 않아요
*덥다	안 더워요	덥지 않아요
*걷다	안 걸어요	걷지 않아요

* 不规则变形

虽然"안"和"–지 않다"可以用在陈述句和疑问句中，但是不能用在命令句和劝诱句中。

- 안 가십시오 (✕), 가지 않으십시오 (✕)
  → 가지 마십시오 (○)　　请别走。
- 안 먹읍시다 (✕), 먹지 않읍시다 (✕)
  → 먹지 맙시다 (○)　　我们不要吃吧。

对话

Track 028

A 불고기를 좋아해요?　　　　　A 你喜欢吃烤肉吗?

B 아니요, 저는 고기를 안 먹어요.　B 不喜欢，我不吃肉。

A 토요일에 회사에 가요?　　　　A 星期六上班吗?

B 아니요, 토요일에는 가지 않아요.　B 不，星期六不上班。

A 집이 멀어요?　　　　　　　　A 你家远吗?

B 아니요, 안 멀어요. 가까워요.　B 不，不远。很近。

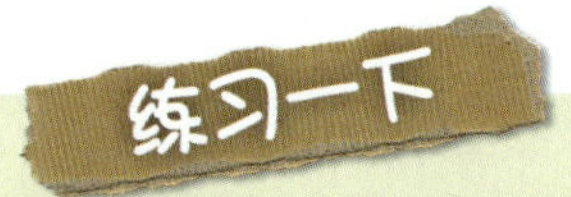

看下列图片，仿照例子完成对话。

A 교회에 다녀요?
B 아니요, <u>안 다녀요.</u> / <u>다니지 않아요.</u>

(1)

A 오늘 영화를 봐요?
B 아니요, ___________________.

(2)

A 매일 운동해요?
B 아니요, ___________________.

(3)

A 물이 깊어요?
B 아니요, ___________________.

(4)

A 식당 아저씨가 친절해요?
B 아니요, ___________________.

못 V–아/어요 (V–지 못해요)

저는 수영을 **못해요**.
(= 저는 **수영하지 못해요**.)
我不会游泳。

오늘은 술을 **못 마셔요**.
(= 오늘은 술을 **마시지 못해요**.)
我今天不能喝酒。

저는 노래를 **못 불러요**.
(= 저는 노래를 **부르지 못해요**.)
我不会唱歌。

Track **029**

语法重点

表述主语不具备做某事的能力或由于外界原因无法实现主语的希望时使用。相当于汉语的"不会/不能"。在动词前面使用"**못**"，或者在动词词干后使用"**–지 못해요**"。

(参考：请参照第6课 "能力与可能性" 的01 "V–(으)ㄹ 수 있다/없다"。)

못 + 가다 → 못 가요　　　　　가다 + **–지 못해요** → 가지 못해요
못 + 요리하다 → 요리 못해요 (○)　못 요리해요 (×)

基本形	못 –아/어요	–지 못해요
타다	못 타요	타지 못해요
읽다	못 읽어요	읽지 못해요
숙제하다	숙제 못해요	숙제하지 못해요
*쓰다	못 써요	쓰지 못해요
*듣다	못 들어요	듣지 못해요

* 不规则变形

对话

Track 030

A 운전해요?

B 아니요, 운전 못해요.
　운전을 안 배웠어요.

A 왜 밥을 안 먹어요?

B 이가 아파요. 그래서 먹지 못해요.

A 你开车吗?

B 不，我不会开车。我没学过开车。

A 你为什么不吃饭?

B 我牙疼。所以不能吃。

有什么不同?

안 (–지 않다)	못 (–지 못하다)
❶ 能够与动词或形容词结合使用。 　• 학교에 안 가요. (○) 我不去学校。 　• 치마가 안 예뻐요. (○) 这裙子不好看。 ❷ 与外界条件无关，不愿意做某事的表达方式。 　• 저는 운전을 안 해요. 我不开车。 　(这个人会开车，但是不愿意开车。) 　• 오늘은 쇼핑을 하지 않아요. 今天不购物。 　(与外界状况无关，这个人今天不愿意购物。)	❶ 可与动词结合使用，不能与形容词结合使用。 　• 학교에 못 가요. (○) 我不能去学校。 　• 치마가 못 예뻐요. (×) ❷ 不具备做某事的能力或者不可能做某事。 　• 저는 운전을 못해요. 我不能开车。 　(这个人想开车，但是不知道怎么开，或者由于腿受伤等原因而不能开车。) 　• 오늘은 쇼핑을 하지 못해요. 今天不能购物。 　(这个人虽然今天想购物，但是由于钱不够或者其他情况而无法去购物。)

练习一下

看下列图片，仿照例子并使用"못"完成对话。

例子

A 요코 씨, 술을 마셔요?

B 아니요, 못 마셔요. /
　마시지 못해요.

(1)

A 숙제 다 했어요?

B 아니요, ________.
　어려워요.

(2)

A 티루엔 씨의 생일 파티에 가요?

B 아니요, ________.
　바빠요.

(3)

A 어제 영화 봤어요?

B 아니요, ________.
　표가 없었어요.

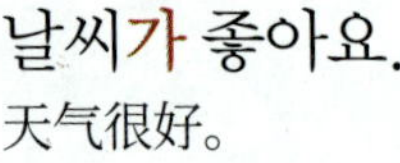

Track **031**

날씨**가** 좋아요.
天气很好。

옛날에 공주**가** 있었어요.
很久以前有一位公主。

저기 재준 씨**가** 와요.
在俊正从那边过来。

语法重点

1 句子的主语后面使用"이/가"表明是句子的主语成分。以元音结尾的名词后加"**가**",以辅音结尾的名词后加"**이**"。

- 조엘 씨가 빵을 먹어요.　　　　　　乔尔吃面包。
- 과일이 너무 비싸요.　　　　　　　水果很贵。

2 表明"이/가"前面的成分经过特别选择并指出的。

A 누가 음식을 준비할 거예요?　　　由谁准备食物呢？
B 준호 씨가 음식을 준비할 거예요.　由俊浩来准备食物。
　　　　　　　　　　　　　　　　　(不是其他人而是俊浩。)

A 누가 안 왔어요?　　　　　　　　谁没有来呢？
B 요코 씨가 안 왔어요.　　　　　　阳子没有来。

3 当句子出现新的信息时使用。即引入新的话题时使用。

- 옛날에 한 남자가 살았어요. 그 남자는 아이들이 두 명 있었어요.
  很久以前有个男人。那个男人有两个孩子。

- 저기 민우 씨가 와요.
  珉宇正从那边过来。

以元音结尾的名词 + 가	以辅音结尾的名词 + 이
친구**가** 바빠요.	선생님**이** 키가 커요.
학교**가** 가까워요.	방**이** 작아요.
준호**가** 학교에서 공부해요.	동생**이** 지금 자요.

对话

Track 032

A 누가 제이슨 씨예요?
B 저 사람이 제이슨 씨예요.

A 谁是杰森?
B 那位是杰森。

A 어디가 아파요?
B 배가 아파요.

A 哪里不舒服?
B 我肚子疼。

A 넥타이가 멋있어요.
B 고맙습니다.

A 你的领带很好看。
B 谢谢。

请注意!

当 "나"、"저"、"누구" 和 "가" 结合使用时，变形为如下：

나 + **가** → 내가	저 + **가** → 제가	누구 + **가** → 누가

- 내가 리처드예요. 我是理查德。
  나가 리처드예요. (×)

- 제가 할게요. 我来做。
  저가 할게요. (×)

- 누가 청소하겠어요? 谁来打扫?
  누구가 청소하겠어요? (×)

1 朋友们聚集在一起准备派对。下面这些人都要做什么事呢？看下面的图片，使用"이/가"
完成对话。

(1) A 누가 사진을 찍을 거예요?

　　 B _______________ 사진을 찍을 거예요.

(2) A 누가 케이크를 만들 거예요?

　　 B _______________ 케이크를 만들 거예요.

(3) A 그럼, 누가 음료수를 살 거예요?

　　 B 아, _______________ 음료수를 살 거예요.

(4) A 그리고 누가 음악을 준비할 거예요?

　　 B _______________ 음악을 준비할 거예요.

2 看下列图片，使用"이/가"完成句子。

(1)  　날씨_____ 더워요.

(2)  　비빔밥_____ 맛있어요.

(3)  　드라마_____
재미없어요.

(4)  　꽃_____ 예뻐요.

안녕하세요? 저는 댄이에요.
您好，我是戴尼。

Track **033**

형은 키가 커요. 동생은 키가 작아요.
哥哥的个子高。弟弟的个子矮。

부디 씨는 운동을 잘해요. 그렇지만 공부는 못해요.
布第擅长运动。但是学习不好。

语法重点

1 "은/는" 前面出现的成分是句子中要叙述的主体，说明的对象。与 "对……来说" 的意思相同。以元音结尾的名词使用 "는"，以辅音结尾的名词使用 "은"。

- 저는 한국 사람입니다.　　　我是韩国人。
- 리처드 씨는 29살입니다.　　理查德29岁。
- 제 직업은 변호사입니다.　　我的职业是律师。

2 对于前面叙述过的内容重新提起或者叙述对方已经知道的内容时使用。即旧的信息出现时使用。

- 저는 내일 요코 씨를 만나요. 요코 씨는 일본에서 왔어요.
  我明天见阳子。阳子来自日本。
- 저는 작년에 뉴욕에 갔었어요. 뉴욕은 정말 아름다웠어요.
  我去年去了纽约。纽约真的很美。
- 어렸을 때 옆집에 한 아이가 있었어요. 그 아이는 착하고 친절했어요.
  当我小时候，隔壁有一个孩子。他又善良又热情。

3 在对照或对比两个事物时使用，不仅可以用于主语后，还可以用于句子的宾语或其他位置。

- 에릭은 미국 사람이에요. 그렇지만 준호는 한국 사람이에요.
  艾力克是美国人。但是俊浩是韩国人。(主语对比)

- 저는 축구는 좋아해요. 그렇지만 야구는 좋아하지 않아요.
  我喜欢足球。但是不喜欢棒球。(宾语对照)

- 서울에는 눈이 왔어요. 그렇지만 부산에는 눈이 오지 않았어요.
  首尔下雪了。但是釜山没有下雪。(地点对照)

  A 사과 있어요?   有苹果吗?

  B 아니요, 배는 있어요.   没有，可是有梨。(暗示虽然没有苹果可是有梨。)

以元音结尾的名词 + 는	以辅音结尾的名词 + 은
소나**는** 겨울을 좋아해요. 제주도**는** 섬이에요.	제이슨**은** 의사예요. 서울**은** 한국에 있어요.

对话

Track 034

A 부모님 직업이 뭐예요?

B 아버지는 회사원이에요.
그리고 어머니는 선생님이에요.

A 도쿄가 어때요?

B 도쿄는 많이 복잡해요.

A 안녕하세요? 저는 댄입니다.

B 안녕하세요? 저는 캐럴이에요.
미국 사람이에요.

A 父母做什么工作?

B 爸爸是公司职员。
还有妈妈是老师。

A 东京怎么样?

B 东京很拥挤。

A 您好，我是戴尼。

B 您好，我是凯洛儿。
我是美国人。

1 以下是迪鲁恩的自我介绍。阅读下面的内容并使用 "은" 或 "는" 完成句子。

안녕하세요? (1) 제 이름____ 티루엔이에요. (2) 저____ 베트남 사람이에요. (3) 제 고향____ 하노이예요. (4) 하노이___ 아주 복잡해요. 저는 가족이 3명 있어요. (5) 아버지____ 회사원이에요. (6) 그리고 어머니______ 선생님이에요. (7) 동생___ 학생이에요. (8) 동생___ 음악을 좋아해요. (9) 저___ 운동을 좋아해요. 그래서 운동을 많이 해요. (10) 그렇지만 수영___ 못해요.

2 看下列图片，使用 "은" 或 "는" 完成句子。

(1) 이 사람____ 왕징 씨예요.

(2) 왕징 씨____ 중국 베이징에서 왔어요.

(3) 한국____ 겨울이에요.

(4) 시드니____ 여름이에요.

(5) 작년에 파리에 갔었어요. 파리____ 아름다웠어요.

부디 씨가 영화**를** 봐요.
布第看电影。

아버지가 신문**을** 읽어요.
爸爸读报纸。

요코 씨가 음악**을** 들어요.
阳子听音乐。

语法重点

在名词后使用，表明名词是句子的宾语。以元音结尾的名词使用"를"，以辅音结尾的名词使用"을"。需要宾格助词的动词有"먹다(吃)"、"마시다(喝)"、"좋아하다(喜欢)"、"읽다(读/念)"、"보다(看)"、"만나다(见)"、"사다(买)"、"가르치다(教)"、"배우다(学)"、"쓰다(写)"等。口语中可以省略宾格助词"을/를"。

以元音结尾的名词 + 를	以辅音结尾的名词 + 을
커피**를** 마셔요.	물**을** 마셔요.
영화**를** 봐요.	신문**을** 봐요.
친구**를** 만나요.	선생님**을** 만나요.
구두**를** 사요.	옷**을** 사요.
노래**를** 들어요.	음악**을** 들어요.

对话

Track **036**

A 무슨 운동을 좋아해요?
B 축구를 좋아해요.

A 你喜欢什么运动？
B 我喜欢足球。

A 무엇을 배워요?
B 한국어를 배워요.

A 你学什么？
B 学韩语。

A 오늘 누구를 만나요?
B 여자 친구를 만나요.

A 今天见谁？
B 见女朋友。

请注意!

❶ N + 하다 → N하다

"공부를 하다"、"수영을 하다"、"운동을 하다"、"산책을 하다" 中的助词 "을/를" 省略后变为 "공부하다"、"수영하다"、"운동하다"、"산책하다"，成为一个动词。但是 "좋아하다"、"싫어하다" 中的 "좋아–"、"싫어–" 不是名词，所以 "좋아하다"、"싫어하다" 本身是一个动词。

❷ 뭐 해요?

疑问代词 "무엇" 可以缩略为 "무어"，又可以缩略为 "뭐"。所以 "무엇을 해요?" 可变形为 "뭐를 해요?"，又可以变形为 "뭘 해요?"，还可以变形为 "뭐 해요?"。"뭐 해요?" 在口语中经常使用。

- 무엇 → 무어 → 뭐
- 무엇을 해요? → 뭐를 해요? → 뭘 해요? → 뭐 해요?

练习一下

看下列图片，使用 "을/를" 完成对话。

(1) 

A 민우 씨가 무엇을 해요?
B 노래_____ 불러요.

(2) 

A 웨슬리 씨가 뭐를 해요?
B 한국어_____ 배워요.

(3) 

A 요코 씨가 뭐 해요?
B ___________.

(4) 

A 티루엔 씨가 뭐 해요?
B ___________.

저는 수박**과** 딸기를 좋아해요.
我喜欢西瓜和草莓。

(= 저는 딸기**와** 수박을 좋아해요.)
我喜欢草莓和西瓜。

Track **037**

어제 가방**이랑** 모자를 샀어요.
昨天买了包和帽子。

(= 어제 모자**랑** 가방을 샀어요.)
昨天买了帽子和包。

햄버거**하고** 콜라 주세요.
请给我汉堡和可乐。

语法重点

1 当罗列多个事物或人的时候使用，相当于汉语的"和/与"。"**와/과**"主要使用于文章、发表、演讲等，日常对话当中一般使用"**(이)랑**"或"**하고**"。以元音结尾的名词使用"**와**"、"**랑**"，以辅音结尾的名词使用"**과**"、"**이랑**"。以元音或辅音结尾的名词都可以使用"**하고**"。

以元音结尾的名词 + 와/랑/하고	以辅音结尾的名词 + 과/이랑/하고
의자**와** 책상이 있습니다.	신문**과** 잡지를 봅니다.
엄마**랑** 아빠는 회사에 가요.	동생**이랑** 저는 아이스크림을 좋아해요.
불고기**하고** 비빔밥을 먹어요.	옷**하고** 운동화를 살 거예요.

2 表述一起进行某行为的对象时使用，相当于汉语的"和/与"。在表述一起进行某行为的对象时，常和"**같이**"、"**함께**"等一同使用。

- 내일 친구**하고** 같이 영화를 볼 거예요.　明天和朋友一起看电影。
- 가족**과** 함께 여행을 가고 싶어요.　想和家人一起去旅行。
- 우리 선생님**하고** 같이 식사할까요?　我们和老师一起吃饭怎么样?

对话

A 교실에 누가 있습니까?

B 선생님과 학생들이 있습니다.

A 무슨 음식을 좋아해요?

B 냉면이랑 김밥을 좋아해요.

A 有谁在教室吗?

B 老师和学生们在教室里。

A 喜欢吃什么食物?

B 喜欢冷面和紫菜包饭。

请注意!

❶ 在表示列举时，"(이)랑" 和 "하고" 可以用在最后一个名词的后面，然而 "와/과" 不能用在最后一个名词的后面。

- 바지랑 가방을 샀어요. (○)
  我买了裤子和包。
- 바지하고 가방을 샀어요. (○)
- 바지와 가방을 샀어요. (○)

- 옷이랑 가방이랑 사요. (○)
  我买衣服和包。
- 옷하고 가방하고 사요. (○)
- 옷과 가방과 사요. (×)

❷ 虽然 "와/과"、"(이)랑"、"하고" 都具有表示列举的功能，但是不能将这些词混合使用。

- 저는 딸기와 바나나하고 귤이랑 감을 좋아해요. (×)
- 저는 딸기와 바나나와 귤과 감을 좋아해요. (○)　我喜欢草莓、香蕉、桔子和柿子。
- 저는 딸기하고 바나나하고 귤하고 감을 좋아해요. (○)
- 저는 딸기랑 바나나랑 귤이랑 감을 좋아해요. (○)

练习一下

看下列图片，使用 "와/과" 或 "(이)랑" 或 "하고" 完成对话。

(1) 

A 무엇을 좋아해요?

B 비빔밥________ 불고기를 좋아해요.

(2) 

A 어제 집에서 뭘 했어요?

B 청소________ 빨래를 했어요.

(3) 

A 누구하고 여행을 할 거예요?

B ________ 여행을 할 거예요.

(4) 

A 누구랑 살아요?

B ________ 같이 살아요.

Track **039**

이것은 웨슬리**의** 책이에요.
(= 이것은 웨슬리 책이에요.)
这是卫斯理的书。

이분은 부디 씨**의** 선생님입니다.
(= 이분은 부디 씨 선생님입니다.)
这位是布第的老师。

제 이름은 요코입니다.
(= 저**의** 이름은 요코입니다.)
我的名字叫阳子。

语法重点

表明后面的名词所属于前面的名词，相当于汉语的"的"。当"의"表明所属关系时，"의"可以读作 [의] 和 [에]，一般常读作 [에]。在口语中常省略介词"의"。人称名词"나"、"저"、"너"出现时，常缩略使用为"나의 → 내"、"저의 → 제"、"너의 → 네"，且不省略"의"。所有者和所有物之间使用"의"。

名词 + 의
리처드**의** 어머니 (= 리처드 어머니)
우리**의** 선생님 (= 우리 선생님)
나**의** 친구/내 친구
저**의** 이름/제 이름
너**의** 책/네 책

对话

A 이것은 누구의 우산입니까?   A 这是谁的雨伞？

B 재준 씨의 우산입니다.   B 是在俊的雨伞。

A 이분은 누구예요?   A 这位是谁？

B 제이슨 씨의 어머니예요.   B 是杰森的母亲。

A 이름이 뭐예요?   A 你的名字是什么？

B 제 이름은 이민우예요.   B 我的名字是李珉宇。

请注意！ 

在韩国，表述自己所属的集体(家、家庭、公司、国家、学校)时，较之 "나"，更加常用 "우리/저희"。而且在表述家庭成员时，常用 "우리" 代替 "제"、"내"。但在表述 "동생" 时，较之 "우리 동생"，更常用 "내 동생" 或者 "제 동생"。

- 내 집 (我的家) → 우리 집 (我的/我们的家)
- 내 가족 (我的家人) → 우리 가족 (我的/我们的家人)
- 제 회사 (我的公司) → 우리 회사 (我的/我们的公司)
- 제 나라 (我的国家) → 우리나라 (我的/我们的国家)
- 제 학교 (我的学校) → 우리 학교 (我的/我们的学校)

- 내 어머니 (我的妈妈) → 우리 어머니 (我的/我们的母亲)
- 제 아버지 (我的爸爸) → 우리 아버지 (我的/我们的父亲)
- 제 언니 (我的姐姐) → 우리 언니 (我的/我们的姐姐)
- 제 남편/아내 (我的丈夫/妻子) → 우리 남편/아내 (我的丈夫/妻子)
- 제 딸/아들 (我的女儿/儿子) → 우리 딸/아들 (我的/我们的女儿/儿子)

* 제 동생/내 동생 (我的弟弟/妹妹)

当表述对对方的尊重时，使用 "우리" 的谦称 "저희"，表述为 "저희 어머니"、"저희 아버지"。但是在表述 "나라" 的时候，不用 "저희 나라"，而用 "우리나라"。

看下列图片，使用 "의" 完成对话。

(1) 

A 이것은 누구의 가방이에요?

B ___________ 가방이에요.
　　　(저)

(2) 

A 그것은 누구의 지갑이에요?

B ___________ 지갑이에요.
　　　(부디 씨)

(3) 

A 저 남자분은 누구세요?

B ___________________________.
　　　　　　(김 선생님, 남편)

(4) 

A 이분은 누구세요?

B 이분은 ___________________.
　　　　　　(우리, 어머니)

친구가 한국**에** 와요.
朋友来韩国。

동생이 대학교**에** 다녀요.
弟弟上大学。

다음 달에 고향**에** 돌아가요.
下个月回家乡。

Track **041**

语法重点

1 "에"主要与"**가다**(去)"、"**오다**(来)"、"**다니다**(上班/上学)"、"**돌아가다**(回去)"、"**도착하다** (到达)"、"**올라가다**(上去)"、"**내려가다**(下去)"等动词结合使用，表述动作进行的方向。

名词 + 에　가다/오다
매일 회사**에** 가요.
우리 집**에** 오세요.
교회**에** 다녀요.

2 "에"还与"**있다**"、"**없다**"结合使用表明人所在的地点或事物所处的位置，相当于汉语的"在"。

(参考：请参照 "准备一下" 的02 "있다(有/在)"。)

- 소파 위에 강아지가 있어요.
  小狗在沙发上面。
- 지금 집에 어머니와 동생이 있어요.
  现在妈妈和弟弟在家。

对话

A 어디에 가요?	**A** 你去哪里？
B 백화점에 가요.	**B** 去百货商店。
A 요코 씨가 생일 파티에 와요?	**A** 阳子来参加生日派对吗？
B 아니요, 안 와요.	**B** 不，不来。
A 오늘 오후에 뭐 해요?	**A** 你今天下午做什么？
B 서점에 가요.	**B** 去书店。

看下列图片，使用 "에" 完成对话。

(1)

A 캐럴 씨가 어디에 가요?

B ____________________________.

(2)

A 운룡 씨가 학교를 졸업했어요?

B 네, 졸업했어요. 요즘____________________________.

(3)

A 지금 동생이 어디에 있어요?

B ____________________________.

(4)

A 핸드폰이 어디에 있어요?

B ____________________________.

07 N에 ②

저는 아침 8시에 일어나요.
我早上8点起床。

3월 2일에 한국에 왔어요.
3月2日到韩国了。

토요일에 만나요.
星期六见面吧。

语法重点

"에"与表示时间的名词结合使用，表明某种行为、事件、状态发生的时间，相当于汉语的"在"。可以和助词"는"、"도"结合使用，变形为"에는"、"에도"。

表示时间的名词 + 에	
년/해 (年)	2009년에, 작년에, 올해에, 내년에
월/달 (月)	4월에, 지난달에, 이번 달에, 다음 달에
날 (日)	4월 18일에, 생일에, 어린이날에, 크리스마스에
요일 (星期)	월요일에, 토요일에, 주말에
시간 (时间)	한 시에, 오전에, 오후에, 아침에, 저녁에
계절 (季节)	봄에, 여름에, 가을에, 겨울에

表示时间的"**그제 (=그저께)(前天)**"、"**어제 (=어저께)(昨天)**"、"**오늘(今天)**"、"**내일(明天)**"、"**모레(后天)**"、"**언제(什么时候)**"不与"**에**"结合使用。

- 어제에 친구를 만났어요. (×)   → 어제 친구를 만났어요. (○)
  昨天见了朋友。

- 내일에 영화를 볼 거예요. (×)   → 내일 영화를 볼 거예요. (○)
  明天去看电影。

- 언제에 일본에 가요? (×)   → 언제 일본에 가요? (○)
  什么时候去日本？

对话

Track **044**

A 보통 몇 시에 자요?	A 你一般几点睡觉？
B 보통 밤 11시에 자요.	B 一般晚上11点睡觉。
A 언제 고향에 돌아갈 거예요?	A 你什么时候回家乡？
B 내년 6월에 돌아갈 거예요.	B 明年6月回去。
A 주말에 시간이 있어요?	A 你周末有时间吗？
B 네, 주말에 시간이 있어요.	B 有，周末有时间。

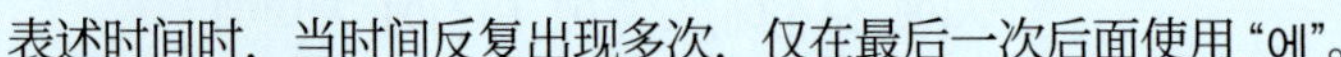

请注意!

表述时间时，当时间反复出现多次，仅在最后一次后面使用"에"。

- 다음 주에 토요일에 오전에 10시 30분에 만나요. (×)

- → 다음 주 토요일 오전 10시 30분에 만나요. (○)
  下个星期六上午10点30分见面。

看下列图片，使用 "에" 完成对话。

(1)

A 일요일 몇 시에 만나요?

B ____________________________.

(2)

A 한국에 언제 왔어요?

B ____________________________.

(3)

A 댄 씨의 생일 파티를 언제 해요?

B ____________________________.

(4)

A 부디 씨는 언제 결혼해요?

B ____________________________.

학교에 가요. 학교**에서** 공부를 해요.
我去学校。在学校学习。

영화관에 갔어요. 영화관**에서** 영화를 봤어요.
我去了电影院。在电影院看了电影。

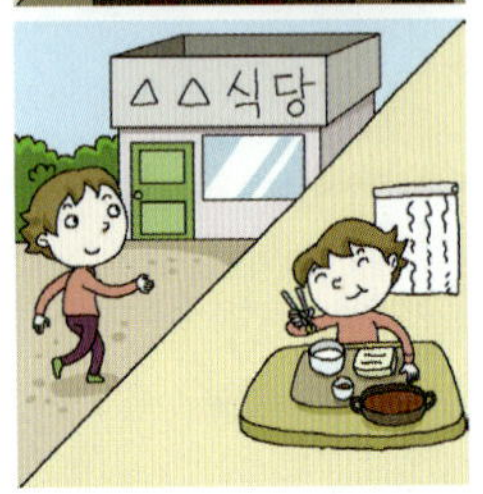

식당에 갈 거예요. 식당**에서** 밥을 먹을 거예요.
我去食堂。要在食堂吃饭。

Track **045**

语法重点

在名词后使用"**에서**"，表明某行为或动作展开的地点。相当于汉语的"在"。

地点名词 + 에서
백화점**에서** 쇼핑해요.
도서관**에서** 공부해요.
우체국**에서** 편지를 보내요.
커피숍**에서** 커피를 마셔요.
헬스클럽**에서** 운동해요.

对话

A 어디에서 살아요?		**A** 你住在哪里？	
B 서울에서 살아요.		**B** 住在首尔。	
A 어제 뭐 했어요?		**A** 你昨天干什么了？	
B 명동에서 친구를 만났어요.		**B** 昨天在明洞见了朋友。	
A 내일 뭐 할 거예요?		**A** 你明天干什么？	
B 도서관에서 공부할 거예요.		**B** 明天在图书馆学习。	

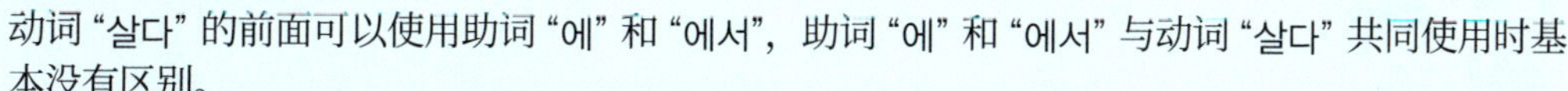

请注意！

动词"살다"的前面可以使用助词"에"和"에서"，助词"에"和"에서"与动词"살다"共同使用时基本没有区别。

- 저는 서울에 살아요. (○)　(在首尔居住或在首尔的意思。)
- 저는 서울에서 살아요. (○) (强调在首尔生活的动作或行动。)

有什么不同?

에	에서
指代人或事物的动作发生的地点或状态存在的地点，主要与表明移动、位置或存在的动词结合使用。	表明某种行为或动作发生的场所，可以和多种动词结合使用。
• 시청은 서울에 있어요. (○) 　市政府在首尔。	• 시청은 서울에서 있어요. (×)
• 집에 에어컨이 없어요. (○) 　家里没有空调。	• 집에서 에어컨이 없어요. (×)
• 식당에 밥을 먹어요. (×)	• 식당에서 밥을 먹어요. (○) 　我在食堂吃饭。
• 학교에 한국어를 배웠어요. (×)	• 학교에서 한국어를 배웠어요. (○) 　我在学校学习韩语。

看下列图片，使用 "에서" 完成对话。

(1) 

A 어디에서 일해요?

B ________________________.

(2) 

A 어디에서 기차를 타요?

B ________________________.

(3) 

A 토요일에 뭐 할 거예요?

B ________________________.

(4) 

A 어제 저녁에 뭐 했어요?

B ________________________.

09 N에서 N까지, N부터 N까지

학교**에서** 집**까지** 걸어왔어요.
我从学校走着回家。

서울**에서** 부산**까지** 시간이 얼마나 걸려요?
从首尔到釜山要花多长时间?

오전 9시**부터** 오후 5시**까지** 일해요.
从上午9点到下午5点工作。

语法重点

表述某件事情或某种行为发生的地点或者时间的范围时使用，相当于汉语的"从……到……"。表述地点时一般使用"N에서 N까지"，表示时间范围时使用"N부터 N까지"。有时两种形式没有区分，都可以使用。

地点에서 地点까지 (地点的范围)	时间부터 时间까지 (时间的范围)
집**에서** 학교**까지** 버스로 20분쯤 걸려요. 한국**에서** 일본**까지** 배로 갈 수 있어요. 여기**에서** 저기**까지** 몇 미터(m)예요? (= 여기부터 저기까지 몇 미터(m)예요?)	점심시간은 오후 1시**부터** 2시**까지**입니다. 월요일**부터** 금요일**까지** 학교에 가요. 7월**부터** 8월**까지** 방학이에요. (= 7월에서 8월까지 방학이에요.)

对话

Track **048**

A 여기에서 학교까지 멀어요?
B 네, 버스로 한 시간쯤 걸려요.

A 이 도서관은 토요일에 문을 엽니까?
B 네, 토요일은 오전 10시부터
오후 4시까지 엽니다.

A 명동에서 동대문까지 어떻게 가요?
B 지하철 4호선을 타고 가세요.

A 从这里到学校远吗?
B 是的，坐公交车需要一小时左右。

A 这个图书馆星期六开门吗?
B 是的，星期六上午10点到下午4点开门。

A 从明洞到东大门怎么去呢?
B 请乘坐地铁4号线去。

练习一下

看下列图片，使用 “N에서 N까지” 或 “N부터 N까지” 完成对话。

(1)

A 서울______ 제주도______ 얼마나 걸립니까?
B 비행기로 1시간 걸립니다.

(2)

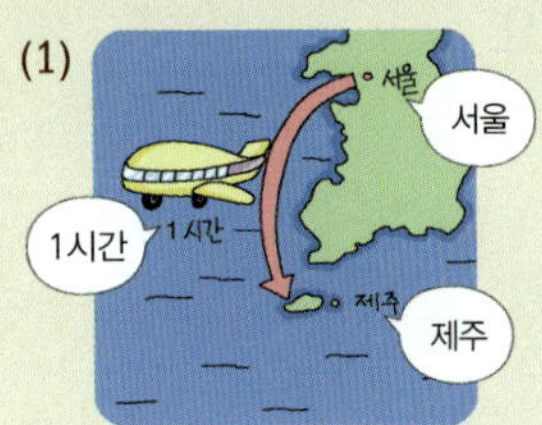

A ____________________ 얼마나 걸려요?
B 자전거로 10분 걸려요.

(3)

A 몇 시부터 몇 시까지 점심시간이에요?
B 오후 1시________ 2시______ 점심시간입니다.

(4)

A 언제부터 언제까지 학교 축제예요?
B ____________________ 학교 축제예요.

(10. 8~10. 10)

N에게/한테

재준 씨가 캐럴 씨에게 선물을 줍니다.
在俊送给凯洛儿礼物。

선생님이 학생들에게 한국어를 가르칩니다.
老师教学生们韩语。

동생이 개한테 밥을 줘요.
妹妹给小狗喂食。

语法重点

"에게/한테"与表示人或动物的名词相结合，该名词是受到某种行动影响的对象。较之"에게"，"한테"更加口语化。前面的名词为人或动物时，使用"에게/한테"，不是人或动物(植物、物品、地点等)时，使用"에".

并非所有动词都能够使用"에게/한테"，能够使用"에게/한테"的动词有"주다(给)"、"선물하다(送礼物)"、"던지다(投)"、"보내다(送)"、"부치다(寄)"、"쓰다(写)"、"전화하다(打电话)"、"묻다(问)"、"가르치다(教)"、"말하다(说)"、"팔다(卖)"、"가다(去)"、"오다(来)"等。

人·动物 + 에게/한테	物品·植物·地点 + 에
개에게 줘요	나무에 물을 줘요
친구에게 소포를 보내요	중국에 소포를 보내요
선생님한테 물어봐요	회사에 물어봐요
친구한테 전화해요	사무실에 전화해요
아기가 엄마한테 와요	친구가 우리 집에 와요

对话

A 누구한테 편지를 써요?

B 고향 친구한테 편지를 써요.

A 왜 꽃을 샀어요?

B 여자 친구한테 선물할 거예요.

A 선생님, 남산도서관 전화번호가
  몇 번이에요?

B 미안해요. 잘 몰라요.
  114에 전화해 보세요.

A 你给谁写信?

B 给家乡的朋友写信。

A 你为什么买了花?

B 我要送给女朋友作为礼物。

A 老师，南山图书馆的电话号码是多少?

B 对不起,我不太清楚。你打114吧。

请注意! 

❶ 当给朋友、弟弟妹妹或晚辈某样东西的时候，使用 "에게 주다"。但当对象是需要尊敬的 "할아버지 , 할머니 , 아버지 , 어머니 , 선생님 , 사장님" 时，则将 "에게/한테" 变换为 "께"，"주다" 变换为 "드리다"。(参考: 请参照 "韩语概要" 的05 "敬语表达方式"。)

- 나는 할아버지**에게** 선물을 **주었습니다.** → 나는 할아버지**께** 선물을 **드렸습니다.**
  我给爷爷送了礼物。
- 사장님**에게** 전화를 **했습니다.** → 사장님**께** 전화를 **드렸습니다.**
  我给社长打了电话。
- 아버지**에게** 말했습니다. → 아버지**께** 말씀드렸습니다.
  我告诉了爸爸。

❷ 从别人那里得到某样东西或者学习某样东西时，使用 "에게서 받다/배우다"、"한테서 받다/배우다"。这时也可以省略 "서"，而使用 "에게 받다/배우다"、"한테 받다/배우다"。当从需要尊敬的对象那里得到或学习时，要用 "께" 代替 "에게서"、"한테서"。

- 내 생일에 친구**에게서** 선물을 받았습니다. = 내 생일에 친구**에게** 선물을 받았습니다.
  我生日时收到了朋友的礼物。
- 이정아 선생님**한테서** 한국말을 배웠습니다. = 이정아 선생님**한테** 한국말을 배웠습니다.
  我跟李静雅老师学习韩语。
- 어렸을 때 할아버지**께** 한자를 배웠습니다.
  小时候跟爷爷学习汉字。

看下列图片，使用 "에(게)/한테" 完成句子。

(1) 

캐럴 씨가 남자 친구______ 전화해요.

(2) 

아이가 칠판______ 그림을 그립니다.

(3) 

댄 씨가 ______________ 공을 던집니다.

(4) 

요코 씨가 꽃______ 물을 줍니다.

11 N도

무쿨 씨는 인도 사람이에요.
그리고 친구**도** 인도 사람이에요.
木库尔是印度人。而且他的朋友也是印度人。

아버지는 키가 커요. 그리고 저**도** 키가 커요.
爸爸个子高。而且我的个子也高。

왕징 씨는 사과를 좋아해요.
그리고 딸기**도** 좋아해요.
王静喜欢苹果。而且也喜欢草莓。

语法重点

"도"使用在充当主语或宾语的名词之后，罗列对象或补充前面的对象时使用，相当于汉语的"也"。

名词 + 도
나는 한국 사람입니다. 그리고 친구**도** 한국 사람입니다.
아버지는 돈이 많습니다. 그리고 시간**도** 많습니다.
나는 사과를 좋아합니다. 그리고 수박**도** 좋아합니다.
나는 공부를 잘합니다. 그리고 운동**도** 잘합니다.

主格助词后如果使用，应将主格助词省略后使用"도"。

- 나는 한국 사람이에요. 그리고 친구**는도** 한국 사람이에요. (×)
  - → 나는 한국 사람이에요. 그리고 친구**도** 한국 사람이에요. (○)
    我是韩国人。而且我的朋友也是韩国人。

宾格助词后如果使用，应将宾格助词"을/를"省略后使用"도"。

- 나는 사과를 좋아해요. 그리고 딸기를도 좋아해요. (×)
  → 나는 사과를 좋아해요. 그리고 딸기도 좋아해요. (○)
    我喜欢苹果。而且也喜欢草莓。

"도"和主格助词、宾格助词以外的其他助词一同使用时，不省略"도"前面的助词。

- 일본에 친구가 있어요. 그리고 미국에도 친구가 있어요. (○)
  在日本我有朋友。而且在美国也有朋友。
  일본에 친구가 있어요. 그리고 미국도 친구가 있어요. (×)

- 집에서 공부해요. 그리고 도서관에서도 공부해요. (○)
  我在家学习。而且也在图书馆学习。
  집에서 공부해요. 그리고 도서관도 공부해요. (×)

- 친구에게 선물을 주었어요. 그리고 동생에게도 선물을 주었어요. (○)
  我送给朋友礼物了。而且也送给弟弟礼物了。
  친구에게 선물을 주었어요. 그리고 동생도 선물을 주었어요. (×)

对话

Track **052**

A 무엇을 먹을 거예요?　　　　　　　A 你打算吃什么？

B 비빔밥을 먹을 거예요.　　　　　　B 我要吃拌饭，还要吃大酱汤。
　그리고 된장찌개도 먹을 거예요.

A 요즘 무엇을 배워요?　　　　　　　A 你最近在学习什么？

B 한국어를 배워요.　　　　　　　　B 在学习韩语，还在学习跆拳道。
　그리고 태권도도 배워요.

A 어제 생일 파티에 누가 왔어요?　　A 昨天的生日派对谁来参加了？

B 마틴 씨가 왔어요.　　　　　　　　B 马丁来了，而且阳子也来了。
　그리고 요코 씨도 왔어요.

看下列图片，使用"도"完成对话。

(1) 

A 무슨 음식을 좋아해요?
B 불고기를 좋아해요. 그리고 비빔밥______ 좋아해요.

(2) 

A 누가 예뻐요?
B 하영 씨가 예뻐요.
그리고 __________________.

(3) 

A 어제 누구를 만났어요?
B 친구를 ___________.
그리고 여자 친구___________.

(4) 

A 어제 시장에서 무엇을 샀어요?
B 바지를 __________.
그리고 __________________.

12 N만

Track **053**

语法重点

"만"表明排除其他，只选择某一个。相当于汉语的"只/仅/光"。使用在数字之后时表明最少限定于该数量。在表述排除或进行选择的名词后面使用"만"。

名词 + 만
캐럴 씨는 바지**만** 입어요.
그 식당은 월요일**만** 쉬어요.
영원히 제니퍼 씨**만** 사랑할 거예요
우리 아이는 하루 종일 게임**만** 해요.

助词"만"在句子中可以和助词"이/가"、"은/는"、"을/를"等替换使用，也可以共同使用，在共同使用时，"만"的后面使用"이"、"은"、"을"，变形为"만이"、"만은"、"만을"。

- 준호만 대학에 입학했어요. (○) = 준호만이 대학에 입학했어요. (○)
  只有俊浩考上大学了。

- 민우는 다른 책은 안 읽고 만화책만 읽어요. (○)
  = 민우는 다른 책은 안 읽고 만화책만을 읽어요. (○)
  珉宇不读其他书，只看漫画书。

但是除了"이/가"、"은/는"、"을/를"之外的其他助词，放在"만"前面变形为"에서만"、"에게만"、"까지만"。

- 우리 딸은 학교에서만 공부하고 집에서는 공부하지 않아요. (○)
  我女儿只在学校学习，在家里不学习。
  우리 딸은 학교만에서 공부하고 집에서는 공부하지 않아요. (×)

- 준호 씨에게만 선물을 줬어요. (○)　　　　　只给了俊浩礼物。
  준호 씨만에게 선물을 줬어요. (×)

- 제이슨 씨는 12시까지만 공부하고 자요. (○) 杰森只学习到12点就睡觉。
  제이슨 씨는 12시만까지 공부하고 자요. (×)

对话

Track 054

A 학생들이 다 왔어요?　　　　　　　　　A 学生们都来了吗？
B 부디 씨만 안 왔어요.　　　　　　　　　B 只有布第没有来。
　다른 학생들은 다 왔어요.　　　　　　　　其他学生都来了。

A 커피에 설탕과 크림 다 넣으세요?　　　A 咖啡里糖和奶油都放吗？
B 설탕만 넣어 주세요.　　　　　　　　　　B 请只放糖。

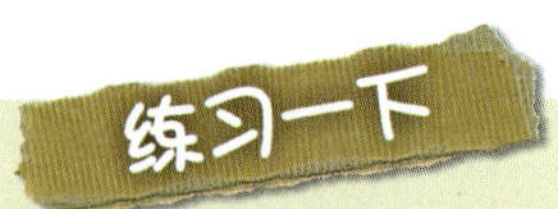

看下列图片，使用"만"完成对话。

(1)

A 캐럴 씨와 댄 씨 모두 미국 사람이에요?
B 아니요, ___________________________.
　　　　　　　　　　(캐럴 씨)

(2)
A 동생에게도 편지를 썼어요?
B 아니요, ___________________________.
　　　　　　　　　　(부모님)

(3)
A 남편이 집에서도 회사 일을 해요?
B 아니요, ___________________________.
　　　　　　　　　　(회사)

13 N밖에

사과가 한 개**밖에** 안 남았어요.
只剩一个苹果了。

Track **055**

냉장고에 우유**밖에** 없어요.
冰箱里只剩牛奶了。

선물을 한 개**밖에** 못 받았어요.
只收到了一个礼物。

语法重点

"밖에"表述没有其他可能性只有唯一一个选择的情况。相当于汉语的"只/除⋯⋯之外"。"밖에"前面使用的名词包含非常少或小的含义。后面只能使用否定形式。

名词 + 밖에	否定形式	例句
	안 (= –지 않다)	학생들이 두 명**밖에** 안 왔어요.
	못 (= –지 못하다)	그 돈으로는 사과를 한 개**밖에** 못 사요.
	없어요	음식이 조금**밖에** 없어요.
	몰라요	한국어는 '안녕하세요'**밖에** 몰라요.

助词**"밖에"**后面一般使用否定句，但不能使用**"아니다"**，也不能使用命令句、劝诱句。

- 민우는 학생밖에 아니에요. (×)

- 토마토를 조금밖에 사지 마세요. (×) → 토마토를 조금만 사세요. (○)
  只买一些西红柿就行了。

- 10분밖에 기다리지 맙시다. (×) → 10분만 기다립시다. (○) 只等10分钟吧。

(参考：请参照第3课 "助词" 的11 "N만" 和15的 "N(이)나 ①"。)

对话

A 그 책을 많이 읽었어요?

B 어려워서 다섯 쪽밖에 못 읽었어요.

A 파티에 사람들이 많이 왔어요?

B 30명을 초대했어요.
그런데 20명밖에 안 왔어요.

A 시간이 얼마나 남았어요?

B 10분밖에 안 남았어요.

A 那本书读了很多了吗?

B 因为很难，只读了5页。

A 派对来了很多人吗?

B 邀请了30个人。但只来了20个人。

A 时间还剩多少?

B 只剩下10分钟了。

有什么不同?

虽然助词 "밖에" 和助词 "만" 具有相同的含义，但 "만" 既可以用在肯定句，也可以用在否定句，
而 "밖에" 只能用在否定句。

밖에	만
• 교실에 재준 씨밖에 있어요. (×) 교실에 재준 씨밖에 없어요. (○) 教室里只有在俊。 • 가게에서 과일밖에 샀어요. (×) 가게에서 과일밖에 안 샀어요. (○) 我在店里只买了水果。	• 교실에는 재준 씨만 있어요. (○) 教室里只有在俊。 교실에는 재준 씨만 없어요. (○) 教室里只有在俊不在。(其他学生都在。) • 가게에서 과일만 샀어요. (○) 我在店里只买了水果。 가게에서 과일만 안 샀어요. (○) 我在店里只有水果没买。(其他东西都买了。)

看下列图片，使用 "밖에" 完成对话。

(1)

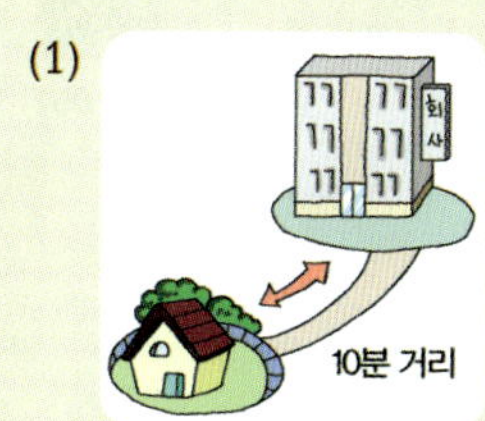

A 집에서 회사까지 시간이 많이 걸려요?
B 아니요, 집에서 회사까지 10분________ 안 걸려요.

(2)

A 어제 많이 잤어요?
B 아니요, 세 시간________ 못 잤어요.

(3)

A 반에 여학생이 많아요?
B ________________________.

(4)

A 집에 에어컨이 있어요?
B 아니요, ________________________.

14 N(으)로

Track **057**

여기에서 오른쪽**으로** 가세요.
请从这里往右走。

서울에서 제주도까지 비행기**로** 가요.
从首尔乘坐飞机到济州岛。

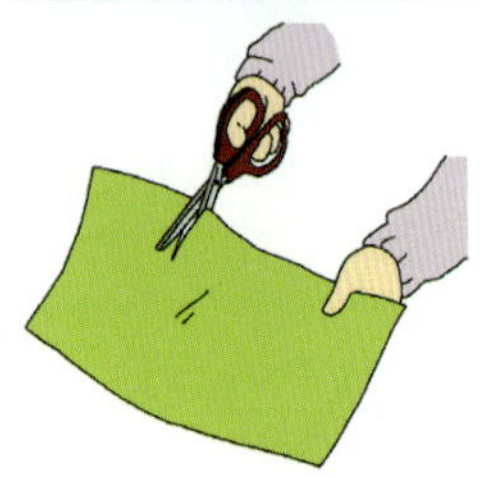

가위**로** 종이를 잘라요.
用剪刀剪纸。

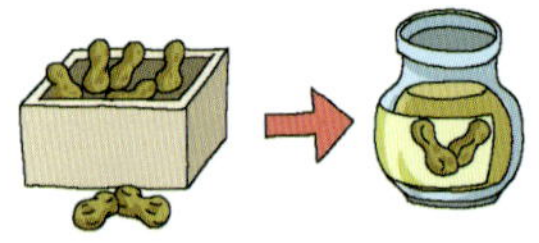

땅콩**으로** 잼을 만들었어요.
用花生制作了酱。

语法重点

1 "**(으)로**"表明方向(朝向某个地点) 的助词。相当于汉语的"朝/向"。前面名词以元音或"ㄹ"结尾使用"**로**",其他以辅音结尾的使用"**으로**"。

- 오른쪽으로 가세요. 은행이 나와요.　请朝右拐。那边有银行。
- 앞으로 쭉 가세요. 우체국이 있어요.　请向前一直走。有邮局。

2 "**(으)로**"还表明移动方式、手段、工具、材料时使用。相当于汉语的"用/通过/乘坐"。

- 부산에 기차로 갈 거예요.　乘坐火车去釜山。

- 가위로 종이를 잘라요.   用剪刀剪纸。
- 밀가루로 빵을 만들어요.   用面粉做面包。

以元音或 "ㄹ" 结尾的名词 + 로	以辅音结尾的名词 + 으로
버스**로** 가요.	왼쪽**으로** 가세요.
비행기**로** 왔어요.	오른쪽**으로** 가세요.
지하철**로** 갈 거예요.	트럭**으로** 가요.
한국어**로** 말하세요.	콩**으로** 만들어요.
칼**로** 잘라요.	젓가락**으로** 먹어요.

对话

Track **058**

A 실례합니다. 은행이 어디에 있어요?   A 不好意思，请问银行在哪里？

B 저 약국 앞에서 오른쪽으로 가세요.   B 从那个药店前面朝右拐。

A 서울에서 부산에 어떻게 가요?   A 从首尔怎么去釜山？

B 기차로 가세요. 기차가 빨라요.   B 乘坐火车去。火车快。

A 이 과자가 맛있어요. 뭐로 만들었어요?   A 这个点心好吃。是用什么做的呢？

B 이 과자는 쌀로 만들었어요.   B 这个点心是用大米做的。

A 한국 사람은 숟가락으로 밥을 먹어요.   A 韩国人用勺子吃饭。

B 일본 사람은 젓가락으로 밥을 먹어요.   B 日本人用筷子吃饭。

请注意！ 

移动方式不是名词而是动词时，使用 "–아/어서"，变形为 "걸어서"、"뛰어서"、"달려서"、"운전해서"、"수영해서" 等。

- 학교에서 집까지 걸어서 가요.   从学校走着回家。
- 서울에서 부산까지 운전해서 갔어요.   从首尔开车去釜山。
- 부산에서 제주도까지 수영해서 갈 거예요. 要从釜山游泳去济州岛。

❶ "차로 왔어요" 和 "운전해서 왔어요" 有什么不同呢?

"차로 왔어요" 表示乘车来的，可能是主语开车，也可能是别人开车。但是 "운전해서 왔어요" 肯定是主语开车来的。

민우 씨가 차로 왔어요.	민우 씨가 운전해서 왔어요.
* 珉宇乘坐车来的情况。	* 珉宇乘坐车来的情况。
* 珉宇开车的情况。	* 珉宇开车的情况。
* 即使不是珉宇开车也无妨的情况使用。	* 不是珉宇开车的情况下不使用。

❷ "–(으)로 가다" 和 "–에 가다" 有什么不同呢?

"–(으)로 가다" 将焦点放在方向性，表明朝着某方向行进。"–에 가다" 将焦点放在目的地，所以这时没有方向性，只出现目的地。

(으)로 가다	에 가다
* 焦点集中于方向性。	* 焦点集中于目的地。
에릭 씨가 집으로 가요. (○) 艾力克回家。	에릭 씨가 집에 가요. (○) 艾力克回家。
오른쪽으로 가세요. (○)　　请往右拐。	오른쪽에 가세요. (×)

练习一下

看下列图片，使用 "으로" 完成句子。

(1) 

A 집에서 회사까지 어떻게 가요?

B ___________ 가요.

C ___________ 가요.

D ___________ 가요.

(2) 

A 집에서 한강공원까지 어떻게 가요?

B ___________ 가요.

(3) 

숙제를 ________ 하지 마세요. ______ 쓰세요.

(4) 

계란하고 밀가루______ 빵을 만들어요.

Track **059**

아침에 빵**이나** 밥을 먹어요.
早上吃面包或饭。

목이 말라요. 물**이나** 주스 주세요.
我口渴。请给我水或果汁。

방학에 제주도**나** 설악산에 가고 싶어요.
假期想去济州岛或者雪岳山。

语法重点

"이나" 表述罗列出两个以上的名词，选择其中一个时使用。名词以元音结尾使用 "나"，以辅音结尾使用 "이나"。（参考：请参照第4课 "罗列与对比" 的02 "A/V-거나"。）

以元音结尾的名词 + 나	以辅音结尾的名词 + 이나
잡지**나** 신문을 봐요.	신문**이나** 잡지를 봐요.
딸기**나** 수박을 사요.	수박**이나** 딸기를 사요.
우유**나** 물을 마셔요.	물**이나** 우유를 마셔요.
바다**나** 산에 가요.	산**이나** 바다에 가요.
축구**나** 수영을 해요.	수영**이나** 축구를 해요.

当 "(이)나" 出现在主格助词后时，将 "이/가" 省略使用 "(이)나"，出现在宾格助词后时，将宾格助词 "을/를" 省略使用 "(이)나"。

- 어머니**가나** 아버지가 요리해요. (×) → 어머니**나** 아버지가 요리해요. (○) 父亲或母亲做饭。
- 빵**을이나** 밥을 먹어요. (×) → 빵**이나** 밥을 먹어요. (○) 我吃面包或米饭。

当"(이)나"与助词"에, 에서, 에게"一同使用时，前面名词使用"(이)나"后面名词使用"에, 에서, 에게"，也可以将助词后面使用"(이)나"变形为"에나, 에서나, 에게나"。但是"(이)나"只使用一次时更加自然。

- 토요일**에나** 일요일에 운동해요. (○) = 토요일**이나** 일요일에 운동해요. (○)
  我星期六或星期天运动。

- 산**에나** 바다에 가요. (○) = 산**이나** 바다에 가요. (○)
  我们去山上或去海边。

- 공원**에서나** 커피숍에서 데이트해요. (○) = 공원**이나** 커피숍에서 데이트해요. (○)
  我们去公园或咖啡厅约会。

- 선생님**에게나** 한국 친구에게 질문해요. (○) = 선생님**이나** 한국 친구에게 질문해요. (○)
  我向老师或韩国朋友问问题。

对话

Track **060**

A 무엇을 살 거예요?
B 구두나 가방을 살 거예요.

A 이 문법 문제를 잘 모르겠어요.
B 이 선생님이나 김 선생님에게
　물어보세요.

A 你打算买什么？
B 打算买皮鞋或者包。

A 我不太明白这个语法问题。
B 问一下李老师或者金老师吧。

练习一下

看下列图片，使用"(이)나"完成对话。

(1)

A 명동에 어떻게 가요?
B 지하철______ 버스를 타세요.

(2)
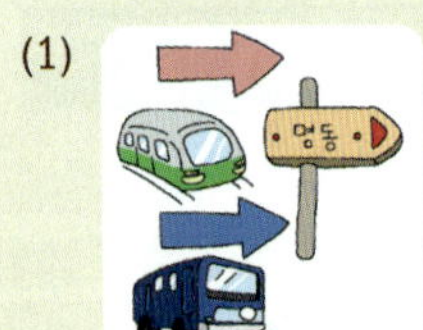

A 어디에서 책을 읽을 거예요?
B 도서관_______ 공원에서 읽을 거예요.

(3)

A 방학에 어디에 갈 거예요?
B _______________ 갈 거예요.

Track **061**

친구를 두 시간**이나** 기다렸어요.
我等朋友等了两个小时。

아이가 여덟 명**이나** 있어요.
他们有八个孩子。

사과가 맛있어요. 그래서 열 개**나** 먹었어요.
苹果好吃。所以我吃了十个。

语法重点

"(이)나"表述数量比预期的多出很多或者超越了一般人所想的标准。相当于汉语的"多达/超过"。以元音结尾的名词使用"나"，以辅音结尾的名词使用"이나"。

以元音结尾的名词 + 나	以辅音结尾的名词 + 이나
바나나를 일곱 개**나** 먹었어요.	친구에게 다섯 번**이나** 전화했어요.
한 시간 동안 30페이지**나** 읽었어요.	어제 열두 시간**이나** 잤어요.

(参考：请对照第3课 "助词" 的11 "N밖에"。)

对话 

A 어제 술을 많이 마셨어요?
B 네, 맥주를 열 병이나 마셨어요.

A 기차 시간이 얼마나 남았어요?
B 30분이나 남았어요.

A 마틴 씨는 자동차가 많아요?
B 네, 5대나 있어요.

A 你昨天喝了很多酒吗?
B 是的，昨天喝了十瓶啤酒。

A 火车还有多久到站?
B 还剩30分钟。

A 马丁有很多车吗?
B 是的，有五辆车。

有什么不同?

助词 "밖에" 表述数量比预期的少或者没有达到一般的标准。而助词 "(이)나" 则是表示数量比预期的多或者超越了一般的标准。同样的数量，不同的人既可能感到比预期的少，也可能感到多。这些都可以用 "밖에"、"(이)나" 来表达。

- 물이 반**밖에** 없어요.
  水只剩下一半了。(比预期的少。)

- 물이 반**이나** 있어요.
  水还剩一半呢。(比预期的多。)

A 우리는 아이가 네 명**밖에** 없어요.
  我们只有四个孩子。(表述并不多。)

B 네 명**이나** 있어요? 저는 한 명인데요.
  居然有四个呢? 我只有一个。(表述比一般标准多。)

댄　　이번 시험에서 80점**이나** 받았어요.
  这次考试得了80分呢。(一般戴尼都得70分，所以认为考得好。)

왕징　이번 시험에서 80점**밖에** 못 받았어요.
  这次考试只得了80分。(一般王静都得90分，所以认为考得不好。)

看下列图片，使用 "(이)나" 完成对话。

(1) 

A 오늘 길이 너무 막혔어요.
B 맞아요. 회사까지 __________ 걸렸어요.
(1시간)

(2) 

A 그 영화가 재미있어요?
B 네, 너무 재미있어요. 그래서 __________ 봤어요.
(3번)

(3) 

A 책이 그렇게 어려워요?
B 네, __________ 읽었어요. 그런데 아직도 모르겠어요.
(5번)

(4) 

A 조엘 씨 집에는 개가 정말 많아요.
B 몇 마리 있어요?
A __________ 있어요.
(10마리)

(5) 

A 티루엔 씨는 커피를 정말 많이 마셔요.
B 맞아요. 하루에 __________ 마셔요.
(6잔)

Track 063

파티에 20명**쯤** 왔어요.
大约20个人来参加了派对。

공항에 한 시**쯤** 도착했어요.
大约一点左右到达了机场。

2,700원　3,200원

요즘 토마토가 3,000원**쯤** 해요.
最近西红柿大约3,000元左右。

语法重点

"쯤" 用于时间、数量、数字之后表示大概，相当于汉语的"大概/大约"。

名词 + 쯤
한 시**쯤** 만납시다.
10,000원**쯤** 있어요.
두 달**쯤** 배웠어요.
5번**쯤** 만났어요.

对话

Track 064

A 내일 몇 시쯤 만날까요?

B 1시쯤 어때요?
　수업이 12시 50분에 끝나요.

A 明天大概几点见面？

B 一点左右怎么样？
　12点50上完课。

A 학교에서 집까지 얼마나 걸려요?　　A 从学校到家要多久？
B 버스로 30분쯤 걸려요.　　B 坐公交车大概30分钟左右。

A 한국에 언제 오셨어요?　　A 你什么时候来韩国的？
B 1년 전쯤 왔어요.　　B 大概一年前来的。

请注意！

表述大致价钱时，较之 "N쯤이다"，"N쯤 하다" 更常用。

A 사과가 요즘 얼마쯤 해요?　　苹果最近价格如何？
B 요즘 3개에 2,000원쯤 해요.　　最近3个大概2,000元左右。

A 중국까지 비행기 표가 얼마쯤 해요?　　到中国的飞机票大概多少钱？
B 글쎄요, 300,000원쯤 할 거예요.　　嗯，大概要300,000元左右。

练习一下

看下列图片，使用 "쯤" 完成对话。

(1) 

A 오늘 몇 시에 일어났어요?

B ________________________.

(2) 

A 고향까지 얼마나 걸려요?

B ________________________.

(3) 

A 영국에서 얼마나 여행했어요?

B ________________________.

(4) 

A 남대문시장에서 청바지가 얼마쯤 해요?

B ________________________.

Track **065**

가수**처럼** 노래를 잘 불러요.
唱歌唱得像歌手一样好。

하영 씨는 천사**같이** 착해요.
夏颖像天使一样善良。

영화배우**같이** 잘생겼어요.
他长得像电影演员一样帅。

语法重点

"처럼/같이"表述某种模样或行动和前面的名词相同或具有相似之处。可以和"N같이"相替换。相当于汉语的"像/如同"。

名词 + 처럼/같이
인형**처럼** 예뻐요. (= 인형**같이** 예뻐요.)
아기**처럼** 웃어요. (= 아기**같이** 웃어요.)
엄마**처럼** 친절해요. (= 엄마**같이** 친절해요.)
실크**처럼** 부드러워요. (= 실크**같이** 부드러워요.)
하늘**처럼** 높아요. (= 하늘**같이** 높아요.)

对话

Track **066**

A 댄 씨가 정말 한국말을 잘하지요?

B 네, 저도 댄 씨처럼 한국말을 잘했으면 좋겠어요.

A 戴尼很会说韩语，对吧？

B 是的，我也希望像戴尼一样能说韩语。

A 그 남자가 어때요?
B 코미디언같이 재미있어요.

A 서울이 복잡해요?
B 네, 일본 도쿄처럼 복잡해요.

A 那个男人怎么样?
B 像喜剧演员一样有趣。

A 首尔拥挤吗?
B 是的，像日本东京一样拥挤。

请注意！

"처럼/같이" 也可以用来借助动物或者自然物比喻某种特征。所以，可怕的人可以比作 "호랑이처럼 무섭다"，可爱的人可以比作 "토끼처럼 귀엽다"，行动慢的人或动作可以比作 "거북이처럼 느리다"，胖人可以比作 "돼지처럼 뚱뚱하다"。心胸宽广的人可以比作 "바다처럼 마음이 넓다" 等。

练习一下

看下列图片，在括号内填写恰当的答案。

(1) 우리 언니는 요리사처럼 요리를 잘해요.　（　　）
(2) 슬퍼서 아이처럼 울었어요.　（　　）
(3) 눈이 별처럼 빛나요.　（　　）
(4) 우리 할아버지는 호랑이처럼 무서워요.　（　　）
(5) 돌고래처럼 수영을 잘해요.　（　　）
(6) 우리는 가족같이 친해요.　（　　）

19 N보다

비행기가 기차**보다** 빨라요.
(= 기차**보다** 비행기가 빨라요.)
飞机比火车快。

동생이 언니**보다** 더 커요.
(= 언니**보다** 동생이 더 커요.)
妹妹比姐姐还高。

백화점이 시장**보다** 더 비싸요.
(= 시장**보다** 백화점이 더 비싸요.)
百货商店比市场还贵。

Track **067**

语法重点

"보다" 前面的内容作为比较的标准，相当于汉语的 "比"。名词后面使用 "보다" 成为 "N이/가 N보다 ～하다"，将主语和 "보다" 的位置互换，也可以变形为 "N보다 N가 ～하다"。一般和 "더"、"덜" 等副词一同使用，也可以将副词省略。

名词 + 보다
사과**보다** 딸기를 (더) 좋아해요.
동생**보다** 수영을 (더) 잘해요.
어제**보다** 오늘이 (덜) 추워요.
작년**보다** 올해 눈이 많이 왔어요.

对话

Track **068**

A 봄을 좋아해요, 여름을 좋아해요?
B 여름보다 봄을 더 좋아해요.

A 댄 씨, 토요일이 바빠요,
　일요일이 바빠요?
B 저는 일요일에 교회에 가요.
　그래서 토요일보다 일요일이 더 바빠요.

A 제주도하고 서울하고
　어디가 더 따뜻해요?
B 제주도가 서울보다 더 따뜻해요.

A 你喜欢春天还是夏天?
B 比起夏天，我更喜欢春天。

A 戴尼，星期六忙还是星期天忙?
B 我星期天去教会，所以星期天更忙。

A 济州岛和首尔哪里更温暖?
B 济州岛更温暖。

看下列图片，使用 "보다" 完成对话。

(1)  

(적비, 5kg)　(운롱, 3kg)

A 누구의 가방이 더 무거워요?
B ________________________.

(2)  

A 소파가 편해요, 의자가 편해요?
B ________________________.

(3)  

(₩50,000)　(₩30,000)

A 어느 것이 더 싸요?
B ________________________.

(4) 

A 한국에서 어느 나라가 더 가까워요?
B ________________________.

웨슬리 씨는 일요일**마다** 교회에 가요.
卫斯理每个星期天都去教会。

Track **069**

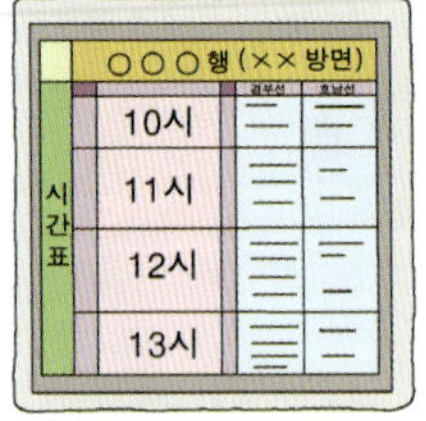

기차는 한 시간**마다** 있어요.
火车每小时有一趟。

나라**마다** 국기가 달라요.
每个国家的国旗都不同。

语法重点

1 "마다" 与表示时间的内容结合，表示在一定的期间内反复出现相同的行动或者状况。相当于汉语的"每"。

- 두 달마다 머리를 잘라요. 每两个月剪一次头。
- 오 분마다 지하철이 와요. 每五分钟地铁来一趟。

2 "마다" 还表述一个都不遗漏，全部。相当于汉语的"每"。"마다"用于名词之后。

- 주말마다 여행을 가요. 每周末都去旅行。
- 점심시간에는 식당마다 자리가 없어요. 午饭时间每个食堂都没有空位子。

名词 + 마다
1시간**마다** 버스가 출발해요.
날**마다** 청소해요.
해**마다** 외국 여행을 해요.
토요일**마다** 가족하고 전화해요.

对话

A 이번 주 금요일 저녁에 시간 있어요?

B 금요일마다 태권도를 배워요.
그래서 시간이 없어요.

A 비행기가 자주 있어요?

B 이틀마다 있어요.

A 컴퓨터가 교실마다 있어요?

B 네, 모든 교실에 다 있어요.

A 这周星期五晚上有时间吗?

B 每个星期五都学习跆拳道。
所以没时间。

A 经常有飞机航班吗?

B 每两天有一班。

A 每个教室都有电脑吗?

B 是的，所有教室都有。

请注意!

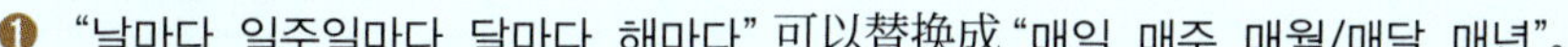

❶ "날마다, 일주일마다, 달마다, 해마다" 可以替换成 "매일, 매주, 매월/매달, 매년"。

- 날마다 회사에 가요. = 매일 회사에 가요.
  每天去公司。

- 일주일마다 회의가 있어요. = 매주 회의가 있어요.
  每周都有会议。

- 달마다 잡지가 나와요. = 매월/매달 잡지가 나와요.
  每个月都有杂志。

- 해마다 이사해요. = 매년 이사해요.
  每年都搬家。

❷ 表述 "집" 时，不使用 "집마다"，而使用 "집집마다"。

- 요즘에는 집집마다 인터넷을 사용해요. 最近家家户户都使用网络。

看下列图片，使用 "마다" 完成对话。

(1) 

A 부디 씨, 고향에 자주 가세요?

B __________________.
(방학)

(2) 

A 한국 사람은 젓가락, 숟가락으로 식사해요.

B 미국 사람은 나이프와 포크, 인도 사람은 손으로 식사해요.
__________ 식사 방법이 달라요.
(나라)

(3) 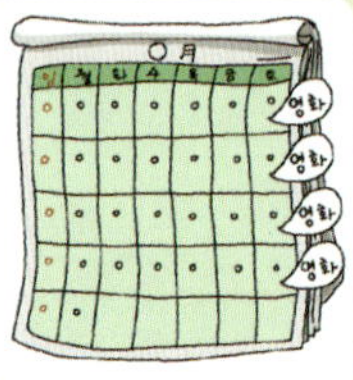

A 영화를 보세요?

B 네, __________ 봐요.
(토요일)

(4) 

A 몇 분마다 지하철이 와요?

B 출근 시간에는__________________.
(5분)

Unit 4.

罗列与对比

01 A/V-고

캐럴 씨는 키가 **크고** 날씬해요.
凯洛儿个子高而且苗条。

민우 씨는 한국 사람**이고** 댄 씨는 영국 사람입니다.
珉宇是韩国人，戴尼是英国人。

어제 파티에서 티루엔 씨가 노래도 **부르고** 춤도 췄어요.
昨天在派对上，迪鲁恩既唱了歌又跳了舞。

语法重点

1 "−고"表述罗列两个以上的行动或状态、事实时使用，相当于汉语的"和/与/既……又……"。动词和形容词词干后使用"−고"。

- 형은 **커요. 그리고** 동생은 작아요. 哥哥个子高。而弟弟个子矮。
  → 형은 **크고** 동생은 작아요. 哥哥个子高，而弟弟个子矮。

2 "−고"还可以表述前文的行动进行后发出后文的行动时使用，相当于汉语的"然后"。时态在前文中不体现，而是体现在后文中。
(参考：请参照第5课"时间表达方式"的03"V−고나서"。)

- 어제 밥을 **먹었어요. 그리고** 숙제를 했어요.
  昨天吃了饭，然后做了作业。
  → 어제 밥을 **먹고** 숙제를 했어요. 〔어제 밥을 먹었고 숙제를 했어요. (×)〕
  昨天吃了饭后做了作业。

基本形	-고	基本形	-고
오다	오고	예쁘다	예쁘고
보다	보고	바쁘다	바쁘고
읽다	읽고	넓다	넓고
찾다	찾고	작다	작고
공부하다	공부하고	날씬하다	날씬하고

请注意！

罗列同一主语产生的两个以上的事实时，使用 "N도 Vst고 N도 V"。

- 형은 수영을 잘해요. 그리고 농구도 잘해요.
  哥哥游泳游得好。还有篮球也打得好。

  → 형은 수영**도** 잘**하고** 농구**도** 잘해요.
  哥哥不仅游泳游得好，而且篮球打得好。

- 저는 딸기를 좋아해요. 그리고 바나나도 좋아해요.
  我喜欢草莓。也喜欢香蕉。

  → 저는 딸기**도** 좋아**하고** 바나나**도** 좋아해요.
  我既喜欢草莓，又喜欢香蕉。

※ **Vst**是动词词干。

对话

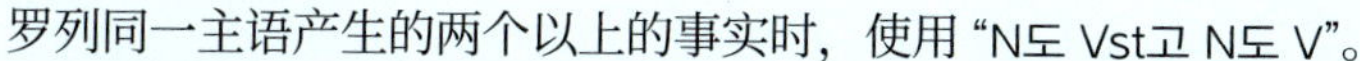

Track **072**

A 내일 뭐 할 거예요?

B 오전에는 친구를 만나고
  오후에는 도서관에 갈 거예요.

A 어제 뭐 했어요?

B 피자도 먹고 영화도 봤어요.

A 여자 친구가 어때요?

B 똑똑하고 예뻐요.

A 你明天干什么？

B 上午见朋友，下午去图书馆。

A 你昨天做什么了？

B 吃了披萨，还看了电影。

A 你女朋友怎么样？

B 既聪明又漂亮。

看下列图片，使用 "-고" 完成对话。

(1) 

A 날씨가 어때요?
B 바람이 ＿＿＿＿＿＿ 추워요.
　　　　(불다)

(2) 

A 디나 씨 남자 친구가 어때요?
B ＿＿＿＿＿＿＿＿＿＿＿＿.
　　(멋있다, 친절하다)

(3) 

A 가족들은 주말에 보통 뭐 해요?
B 오빠는 ＿＿＿＿＿, 언니는 ＿＿＿＿＿.
　　　　(운동하다, 데이트하다)

(4) 

A 어제 왕징 씨의 집에서 뭐 했어요?
B ＿＿＿＿＿도 ＿＿고 ＿＿＿＿도 ＿＿＿＿.
　　　(요리를 하다, 텔레비전을 보다)

02 A/V-거나

아침에 빵을 **먹거나** 우유를 마셔요.
早上吃面包或者喝牛奶。

Track **073**

주말에 음악을 **듣거나** 영화를 볼 거예요.
周末听音乐或者看电影。

바쁘거나 가방이 무거울 때 택시를 타요.
忙的时候或者包很沉的时候坐出租车。

语法重点

"**-거나**"使用在动词或形容词之后，表示选择前后中的一个。相当于汉语的"或"。一般出现两个内容，有时也出现三个以上的内容。动词和形容词词干后使用"**-거나**"。名词后使用"**(이)나**"。

(参考：请参照第3课 "助词" 的15 "N(이)나 ①"。)

보다 + **-거나** → 보거나	먹다 + **-거나** → 먹거나

基本形	-거나	基本形	-거나
자다	자거나	듣다	듣거나
만나다	만나거나	돕다	돕거나
만들다	만들거나	공부하다	공부하거나

对话

A 이번 주말에 뭐 할 거예요?　　　A 你这个周末打算做什么？

B 운동을 할 거예요.　　　　　　 B 我打算运动。
　테니스를 치거나 수영을 할 거예요.　　打网球或者游泳。

A 목이 아파요.　　　　　　　　　 A 嗓子很疼。

B 그럼 생강차를 마시거나 사탕을 드세요.　B 那么喝生姜茶或者吃糖吧。

A 결혼기념일에 뭐 할 거예요?　　 A 结婚纪念日做什么呢？

B 여행을 가거나 외식을 할 거예요.　B 去旅行或者出去吃饭。

看下列图片，使用 "–거나" 完成对话。

(1)

A 너무 피곤해요. 저녁 식사 어떻게 해요?

B ＿＿＿＿＿＿＿＿＿＿ 피자를 주문합시다.
　　(외식을 하다)

(2)

A 안녕! 잘 있어요. 건강하세요. 2년 후에 올게요.

B 잘 가요. 가끔 편지를 ＿＿＿＿＿ 이메일을 보내세요!
　　　　　　　　　(쓰다)

(3)

A 이 단어를 잘 몰라요.

B 한국어 선생님에게 ＿＿＿＿＿ 사전을 찾으세요.
　　　　　　　　　(물어보다)

(4)

A 시간이 있으면 보통 뭐 하세요?

B ＿＿＿＿＿＿＿＿＿ 그림을 그려요.
　　(영화를 보다)

Track **075**

한국말은 어렵지만 재미있어요.
韩语虽然难，但是有趣。

형은 크지만 동생은 작아요.
虽然哥哥个子高，但是弟弟矮。

하영 씨는 많이 먹지만 날씬해요.
夏颖虽然吃很多，但是很苗条。

语法重点

"–지만"当后文出现与前文相反的内容时使用。相当于汉语的"但是"。动词和形容词词干后使用"–지만"。过去时态使用"–았/었지만"。

사다 + **–지만** → 사지만　　　　　　좋다 + **–지만** → 좋지만

基本形	–지만	基本形	–지만
보다	보지만	슬프다	슬프지만
먹다	먹지만	배고프다	배고프지만
배우다	배우지만	작다	작지만
수영하다	수영하지만	편하다	편하지만

(参考：请对照第4课"罗列与对比"的04 "A/V–(으)ㄴ/는데 ①"。)

对话

A 오늘 날씨가 어때요?	**A** 今天天气怎么样？
B 바람이 불지만 춥지는 않아요.	**B** 虽然刮风，但不冷。
A 요코 씨, 아파트가 어때요?	**A** 阳子的房子怎么样？
B 작지만 깨끗해요.	**B** 虽然小，但是很干净。
A 댄 씨가 한국말을 잘해요?	**A** 戴尼的韩语说得很好吗？
B 네, 외국 사람이지만 한국말을 잘해요.	**B** 是啊，虽然他是外国人，但是韩语说得很好。

看下列图片，使用 "–지만" 完成对话。

(1) 

    A 한국 음식이 어때요?

    B _________________.
           (맵다, 맛있다)

(2) 

    A 언니가 학생이에요?

    B 저는 __________ 언니는 __________.
           (학생이다)   (회사원이다)

(3) 

    A 주말에도 바빠요?

    B 평일에는 __________ 주말에는 __________.
           (바쁘다)   (한가하다)

(4) 

    A 나탈리아 씨, 추워요?

    B 네, ___________________.
           (옷을 많이 입다, 춥다)

04 A/V-(으)ㄴ/는데 ①

Track **077**

낮에는 차가 **많은데** 밤에는 차가 없어요.
白天车很多，但晚上没有车。

저는 오빠는 **있는데** 언니는 없어요.
我有哥哥，但没有姐姐。

노래는 **못하는데** 춤은 잘 춰요.
虽然歌唱得不好，但舞跳得好。

语法重点

此句型当后文出现与前文相反或形成对照的状况或结果时使用，相当于汉语的"但是/可是"。形容词现在时态，以元音结尾的词干后使用"－ㄴ데"，以辅音结尾的词干后使用"－은데"。动词现在时态、过去时态和"있다/없다"都使用"－는데"。

形容词与 "이다" 现在时态		动词现在时态	动词/形容词过去时态
收音×	收音○		
－ㄴ데	－은데	－는데	－았/었는데
예쁜데 학생인데	높은데 적은데	오는데　읽는데 있는데　없는데	왔는데　　많았는데 의사였는데　학생이었는데

基本形	-(으)ㄴ/는데	基本形	-(으)ㄴ/는데
크다	큰데	가다	가는데
낮다	낮은데	마시다	마시는데

*멀다	먼데	일하다	일하는데
*덥다	더운데	*듣다	듣는데
*빨갛다	빨간데	*살다	사는데
귀여웠다	귀여웠는데	만났다	만났는데

* 不规则变形

(参考：请对照第4课 "罗列与对比" 的03 "A/V-지만"。)

对话

Track 078

A 왜 그 시장에 안 가요?

B 가격은 싼데 너무 멀어요.

A 你为什么不去那个市场？

B 虽然价格便宜，但太远了。

A 회사가 어때요?

B 일은 많은데 월급은 적어요.

A 公司怎么样？

B 事情很多，但是工资低。

看下列图片，使用 "-(으)ㄴ/는데" 完成对话。

(1) 

A 그 식당 어때요?

B ___________________________.
  (맛있다, 비싸다)

(2) 

A 티루엔 씨 집이 어때요?

B 방은 ___________ 화장실은 ___________.
  (크지 않다)   (2개이다)

(3) 

A 캐럴 씨는 결혼했어요?

B 아니요, 아직 ___________ 남자 친구는 있어요.
  (결혼 안 하다)

(4) 

A 저녁 먹었어요?

B 네, ___________ 배가 고파요.
  (먹다)

Unit 5.

时间表达方式

2년 **전에** 한국에 왔습니다.
我两年前来到韩国的。

식사 **전에** 이 약을 드세요.
饭前请服用这个药。

수영하기 전에 준비운동을 해요.
在游泳之前做准备运动。

语法重点

此句型表示某个时间之前或者某种行动之前，相当于汉语的"……之前"。表达形式有"时间 **전에**"、"N **전에**"、"V-기 전에"。

"N **전에**"主要与和"**하다**"结合的名词一同使用。所以也可以在具有相同意思的动词词干后使用"**-기 전에**"。例如"**식사 전에**"与"**식사하기 전에**"的意思相同。但不和"**하다**"结合使用的动词后只能用"**-기 전에**"。

名词 + 전에	动词词干 + -기 전에
식사 + **전에** → 식사 전에	식사하다 + **-기 전에** → 식사하기 전에

时间 + 전에	N + 전에	基本形	V-기 전에
1시간 전에	식사 전에	식사(하다)	식사하기 전에
한 달 전에	여행 전에	여행(하다)	여행하기 전에
2년 전에	방문 전에	방문(하다)	방문하기 전에
1시 전에	수업 전에	수업(하다)	수업하기 전에

하루 전에	운동 전에	자다	자기 전에
		마시다	마시기 전에
−		죽다	죽기 전에

对话

A 같이 점심 식사해요.

B 미안해요. 1시간 전에 식사했어요.

A 一起吃午饭吧。

B 不好意思，我一小时之前吃过饭了。

A 다음 달에 결혼하지요?

B 네, 결혼하기 전에 이것저것 준비할 게 많네요.

A 你下个月就要结婚了吧？

B 是的，结婚之前要准备很多事情。

A 한국에 오기 전에 어디에 살았어요?

B 뉴욕에서 살았어요.

A 你来韩国之前在哪里生活？

B 我在纽约生活。

有什么不同?

"1시 전에" 和 "1시간 전에" 有什么不同呢?

- 1시 전에 오세요.
  (12点50分来也行，12点或11点来也行。但是要在一点之前来。)

- 1시간 전에 오세요.
  (如果约会时间是3点，要在一个小时前，也就是2点来。)

做下列图片(가)的动作之前做些什么好呢？在图片(나)中选择最恰当的答案连接，并使用
"전에"或"-기 전에"完成句子。

(가)	(나)

(1)    •   •ⓐ 

(2)    •   •ⓑ 

(3)    •   •ⓒ 

(4)    •   •ⓓ 

(1) _______________ 서류를 복사해요.

(2) _______________ 손을 씻어요.

(3) _______________ 전화해요.

(4) _______________ 기도해요.

한 달 **후에** 아기가 태어나요.
孩子一个月后出生。

밥을 **먹은 후에** 이를 닦아요.
吃完饭后刷牙。

대학교 졸업 **후에** 취직을 했어요.
大学毕业后就业了。

(= 대학교를 **졸업한 후에** 취직을 했어요.)

语法重点

此句型表示某个时间之后或者某种行动之后，相当于汉语的"……之后"。表达形式有"时间 **후에**"、"N **후에**"、"V-(으)ㄴ **후에**"。

动词词干以元音结尾使用"**-ㄴ 후에**"，以"ㄹ"结尾将"ㄹ"省略使用"**-ㄴ 후에**"，动词词干以辅音结尾使用"**-은 후에**"。"**-(으)ㄴ 후에**"也可替换成"**-(으)ㄴ 다음에**"。

名词	动词	
名词 + 후에	以元音结尾	以辅音结尾
식사 **후에**	가다 + **-ㄴ 후에** → 간 후에	먹다 + **-은 후에** → 먹은 후에

时间 + 후에	N 후에	基本形	V-ㄴ 후에	基本形	V-은 후에
1시 후에	식사 후에	식사하다	식사한 후에	받다	받은 후에
1시간 후에	입학 후에	입학하다	입학한 후에	벗다	벗은 후에
한 달 후에	방학 후에	오다	온 후에	읽다	읽은 후에

3년 후에	졸업 후에	만나다	만난 후에	*듣다	들은 후에
		*놀다	논 후에	*짓다	지은 후에
–		*만들다	만든 후에	*돕다	도운 후에

* 不规则变形

对话

Track 082

A 언제 고향에 돌아가요?

B 1년 후에 가요.

A '집들이'가 뭐예요?

B 한국에서 이사한 후에 하는 파티예요.

A 수업 후에 시간 있어요?

B 미안해요. 바빠요. 수업이 끝난
다음에 식당에서 아르바이트를 해요.

A 你什么时候回家乡?

B 一年后回去。

A "집들이"是什么意思?

B 是在韩国搬家后举行的聚会。

A 你下课后有时间吗?

B 不好意思，我很忙。
下课后要到饭店打工。

有什么不同?

"1시 후에" 和 "1시간 후에" 有什么不同呢?

- 1시 후에 오세요.
  (1点10分来也行，2点或3点来或者那之后来也行，但要过了一点要来。)

- 1시간 후에 오세요.
  (如果约会时间是3点，那么在一个小时后，也就是4点再来。)

练习一下

做下列图片(가)的动作之后做些什么好呢？在图片(나)中选择最恰当的答案连接，并使用“후에”或“-(으)ㄴ 후에”完成句子。

(가)　　　　　　　　　　　　(나)

(1) 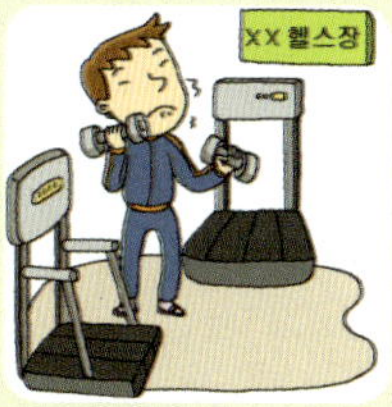

•　　　　　　• ⓐ 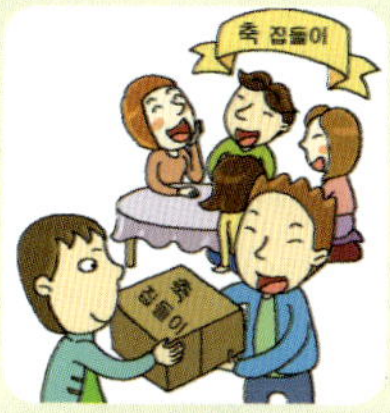

(2) 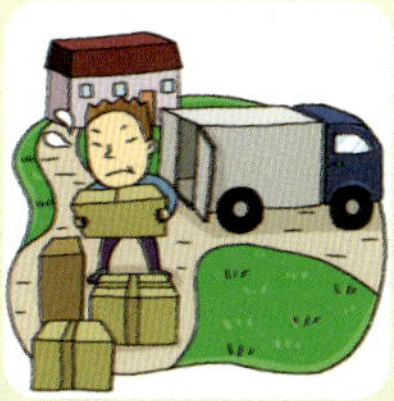
•　　　　　　• ⓑ 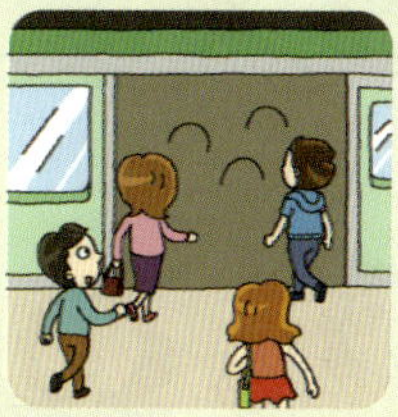

(3) 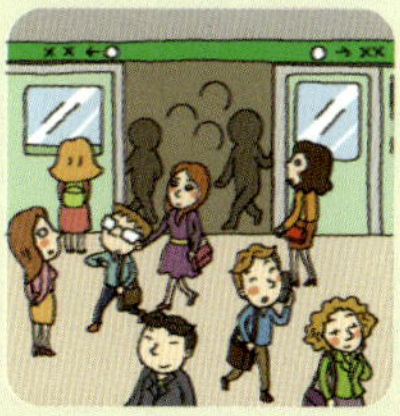
•　　　　　　• ⓒ 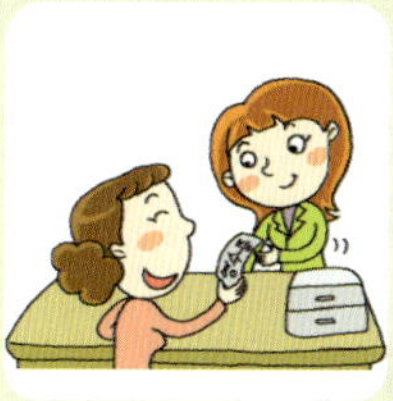

(4) 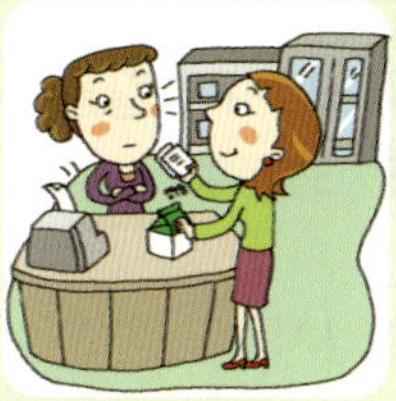
•　　　　　　• ⓓ 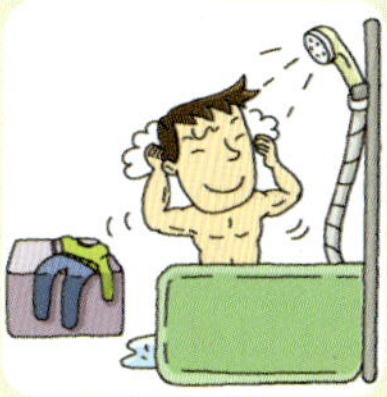

(1) ________________ 샤워해요. (운동하다)

(2) ________________ 집들이를 해요. (이사하다)

(3) ________________ 지하철을 타요. (내리다)

(4) ________________ 영수증을 받아요. (우유를 사다)

03 V-고 나서

일을 하고 나서 쉽니다.
做完事情之后休息。

텔레비전을 보고 나서 잡니다.
看完电视后睡觉。

아침을 먹고 나서 신문을 봅니다.
吃了早饭后看报纸。

语法重点

"-고 나서"表述一个行动结束后，接着进行下一个行动，相当于汉语的"……后"。有些情况下，"-고 나서"的"나서"可以省略，而不影响其意思。所以"일을 하고 나서 쉬세요."和"일을 하고 쉬세요."意思相同。但是"-고 나서"比"-고"能够更加明确地表达出前面行为的完成。

보다 + **-고 나서** → 보고 나서　　　　먹다 + **-고 나서** → 먹고 나서

基本形	-고 나서	基本形	-고 나서
끝나다	끝나고 나서	듣다	듣고 나서
먹다	먹고 나서	돕다	돕고 나서
읽다	읽고 나서	공부하다	공부하고 나서

"-고 나서"表明时间上的顺序，所以只能和动词一同使用。并且前文的主语和后文的主语一致的移动动词，但"가다(去)"、"오다(来)"、"들어가다(进去)"、"들어오다(进来)"、"나가다(出去)"、"나오다(出来)"、"올라가다(上去)"、"내려가다(下去)"以及"일어나다(起来)"、"앉다(坐)"、"눕다(躺)"、"만나다(见面)"等动词，不使用"-고"、"-고 나서"，而使用"-아/어서"。

- 나는 학교에 가고 나서 (나는) 공부해요. (×)
  → 나는 학교에 가서 (나는) 공부해요. (○)
    我去学校(我)学习。

- (나는) 오늘 버스에서 앉고 나서 (나는) 왔어요. (×)
  → (나는) 오늘 버스에서 앉아서 (나는) 왔어요. (○)
    (我)今天坐公交车来的。

对话

Track **084**

A 김 부장님, 서류를 언제까지 드릴까요?　　A 金部长，什么时候把资料给您呢？

B 회의가 끝나고 나서 주세요.　　B 会议结束后给我吧。

A 듣기 시험을 어떻게 봐요?　　A 听力考试如何进行呢？

B 문제를 두 번 읽을 거예요.　　B 会读两遍题目。
　문제를 잘 듣고 나서 대답을 찾으세요.　　仔细听问题然后找出答案。

A '독후감'이 뭐예요?　　A "독후감"是什么？

B 책을 읽고 나서 쓰는 글이에요.　　B 是读书后写的文章。

看下列图片，使用 "-서" 或 "-고 나서" 完成句子。

　　댄 씨는 아침에 (1)_______________ 샤워를 합니다. (2)_________________________ 아침 식사를 합니다. 한국 음식이 맛있습니다. 아침을 (3)_____________ 학원에 갑니다. 학원에 (4)_______ 학생들에게 영어를 가르칩니다. 영어 수업은 12시에 끝납니다. 영어를 (5)_________________ 친구하고 영화를 봅니다. 영화를 (6)_______________ 커피를 마십니다.

　　저녁 6시부터 9시까지 한국어 수업이 있습니다. 한국어는 쉽지 않습니다. 그렇지만 재미있습니다. 한국어 수업이 (7)_____________ 헬스장에 갑니다. 헬스장에서 운동을 합니다. (8)_______________ 집에 갑니다. 집에 (9)_______ 텔레비전을 봅니다. 한국 드라마가 재미있습니다. 댄 씨는 12시에 잡니다.

Track **085**

바나나를 **까서** 먹었어요.
剥了香蕉皮吃香蕉。

네 시간 동안 공원에 **앉아서** 이야기했어요.
在公园坐着聊了4个小时。

여자 친구에게 목걸이를 **사(서)** 주었어요.
买了项链送给女朋友。

语法重点

"–아/어서"是表示时间前后关系的连接词尾，表明当前面的行为正在发生的状态下出现后面的行为。前后行为存在非常密切的关系，如果前面的行为不发生，也就无法产生后面的行为。"–아/어서"中的"서"也可以省略。某些动词（例如"가다""오다""서다"等）中不能省略"서"。词干以"ㅏ，ㅗ"结尾，使用"아서"，其他以元音结尾的使用"–어서"，"하다"动词变形为"해서"。

词干以"ㅏ，ㅗ"结尾	词干以"ㅏ，ㅗ" 以外的元音结尾	以"하다"结尾
가다 + **–아서** → 가서	씻다 + **–어서** → 씻어서	결혼하다 → 결혼해서

基本形	–아/어서	基本形	–아/어서
사다	사서	만들다	만들어서
팔다	팔아서	요리하다	요리해서
앉다	앉아서	입학하다	입학해서
만나다	만나서	숙제하다	숙제해서
*쓰다	써서	*굽다	구워서

* 不规则变形

过去、现在、将来时态不用于前面的动词，而仅用在后面动词。

- 어제 친구를 만나서 영화를 봤어요.
  昨天和朋友见面看了电影。

- 내일 친구를 만나서 영화를 볼 거예요.
  明天要见朋友并一起看电影。

前后动词主语一致。

- 나는 어제 친구를 만나서 (나는) 영화를 봤어요. (○)
  我昨天和朋友见面看了电影。

  나는 어제 친구를 만나서 친구는 영화를 봤어요. (×)

对话

Track **086**

A 왜 사과를 깎지 않고 먹어요?

B 사과를 깎아서 먹으면 맛이 없어요.

A 为什么不削了苹果皮再吃?

B 苹果削了皮再吃不好吃。

A 오늘 학교에 지하철로 왔어요?

B 네, 그런데 한 시간 동안 서서 와서 다리가 아파요.

A 今天坐地铁来学校的?

B 是的，但是站了一个小时，腿很疼。

A 왜 아르바이트를 해요?

B 돈을 벌어서 카메라를 살 거예요.

A 为什么要打工?

B 要赚钱买照相机。

有什么不同?

❶ 和表示时间前后关系的连接词尾 "-아/어서" 相似的有 "-고"。"-아/어서" 主要用于前后行为有密切关系的情况下，而 "-고" 前后行为没有关联性，只是体现时间上的前后而已。

- 과일을 씻어서 (그 과일을) 먹어요.
  洗过水果之后吃(同一个水果)。

- 과일을 씻고 (다른 음식을) 먹어요.
  洗水果，然后吃(其他食物)。

- 친구를 만나서 (그 친구와 같이) 영화를 봤어요.
  见了朋友(和同一个朋友一起)看了电影。

- 친구를 만나고 (나 혼자 또는 다른 사람과) 영화를 봤어요.
  见了朋友(自己一个人或者和其他人)看了电影。

❷ 与着装动词 (입다, 신다. 쓰다, 들다……) 一同使用时，不用 "-아/어서" 而使用 "-고"。

- 코트를 입어서 공부해요. (×) → 코트를 입고 공부해요. (○) 穿上外套，然后学习。

- 사람들이 우산을 써서 가요. (×) → 사람들이 우산을 쓰고 가요. (○) 人们打着伞走。

- 아이가 안경을 써서 책을 봐요. (×) → 아이가 안경을 쓰고 책을 봐요. (○) 孩子戴上眼镜后看书。

看下列图片，选择恰当的动词并使用"-아/어서"完成对话。

| 가다 | 들어가다 | 만나다 | 만들다 | 사다 |

(1) 

A 어제 뭐 했어요?

B 어제 고등학교 친구를 _______ 같이 식사했어요.

(2) 

A 오늘 퇴근 후에 뭐 할 거예요?

B 노래방에 ______ 노래할 거예요.

(3) 

A 보통 빵을 ______ 먹어요?

B 아니요, 우리는 빵을 _________ 먹어요.

(4) 

A 날씨가 추워요.

B 그러면 커피숍에 __________ 이야기해요.

방학 **때** 아르바이트를 해요.
放假时打工。

4살 **때** 사진이에요.
4岁时的照片。

시험 볼 **때** 옆 사람의 시험지를 보지 마세요.
考试时请不要看旁人的试卷。

语法重点

"때" 表述动作或者状态进行的时候或进行的期间。相当于汉语的"……的时候"。名词后使用"때"，动词或形容词词干以元音或"ㄹ"结尾使用"–ㄹ 때"，以辅音结尾使用"–을 때"。

名词	动词	
名词 + 때	以元音或"ㄹ"结尾	以辅音结尾
방학 + **때** → 방학 때	가다 + **–ㄹ 때** → 갈 때	먹다 + **–을 때** → 먹을 때

N 때	基本形	A/V–ㄹ 때	基本形	A/V–을 때
10살 때	보다	볼 때	있다	있을 때
시험 때	만나다	만날 때	없다	없을 때
고등학교 때	끝나다	끝날 때	받다	받을 때
점심 때	나쁘다	나쁠 때	좋다	좋을 때
저녁 때	피곤하다	피곤할 때	*듣다	들을 때

크리스마스 때	*살다	살 때	*붓다	부을 때
휴가 때	*만들다	만들 때	*덥다	더울 때

* 不规则变形

对话

Track 088

A 몇 살 때 첫 데이트를 했어요?

B 20살 때 했어요.

A 초등학교 때 친구들을 자주 만나요?

B 아니요, 자주 못 만나요.

A 이 옷은 실크예요.
　세탁할 때 조심하세요.

B 네, 알았어요.

A 你几岁的时候第一次约会?

B 20岁的时候。

A 经常和小学时候的同学见面吗?

B 不，不经常见面。

A 这件衣服是丝绸的。
　洗涤时要小心。

B 好的，知道了。

请注意!

"때" 不使用在 "오전"、"오후"、"아침"、"요일" 的后边。

• 오전 때 공부를 해요. (×) → 오전에 공부를 해요. (○)　　上午学习。

• 오후 때 운동을 해요. (×) → 오후에 운동을 해요. (○)　　下午运动。

• 월요일 때 공항에 가요. (×) → 월요일에 공항에 가요. (○)　星期一去机场。

有什么不同?

"크리스마스에" 和 "크리스마스 때" 有什么不同呢?

某些名词（저녁, 점심, 방학……）"N때" 和 "N에" 具有相同的意义。但如同 크리스마스、추석、명절 …… 等某些名词则在意义上发生变化，"N에" 指代当天，"N때" 指代那天前后。即 "크리스마스 때" 指圣诞节12月25日前后，前面或后面的一段时间包含在内。

• 크리스마스 때 圣诞节前后，前面或后面的时间都包含在其中，那期间

• 크리스마스에 圣诞节当天 (12月25日)

"저녁"、"점심"、"방학" 等名词后面使用 "때" 或 "에" 没有明显区别。

• 저녁 때 = 저녁에, 점심 때 = 점심에, 방학 때 = 방학에

看下列图片，选择恰当的单词并使用 "때" 或 "-(으)ㄹ 때" 完成句子。

덥다	식사	없다	크리스마스

(1)

A ___________ 뭐 해요?
B 친구들과 파티를 할 거예요.

(2)

A 한국에서는 ___________ 수저를 사용합니다.
B 미국에서는 포크와 나이프를 사용해요.

(3)

A 햄버거 좋아해요?
B 시간이 ___________ 햄버거를 먹어요.

(4)

A 이게 뭐예요?
B 부채예요. ___________ 사용해요.

밥을 **먹으면서** TV를 봅니다.
一边看电视一边吃饭。

우리 언니는 피아노를 **치면서** 노래를 해요.
我姐姐一边弹钢琴一边唱歌。

운전하면서 전화하지 마세요. 위험해요.
开车时请不要打电话。很危险。

语法重点

"–(으)면서"表明前后动作行为或状态同时发生。相当与汉语的"一边……一边……"。动词词干以元音结尾或以"ㄹ"结尾使用"–면서",以其他辅音结尾使用"–으면서"。

以元音或"ㄹ"结尾	以辅音结尾
가다 + **–면서** → 가면서	먹다 + **–으면서** → 먹으면서

基本形	–면서	基本形	–으면서
보다	보면서	받다	받으면서
부르다	부르면서	읽다	읽으면서
기다리다	기다리면서	*듣다	들으면서
공부하다	공부하면서	*걷다	걸으면서
*울다	울면서	*짓다	지으면서
*만들다	만들면서	*돕다	도우면서

＊ 不规则变形

前后文主语一致。即必须是同一个人。

- 하영 씨는 노래를 하면서 재준 씨는 피아노를 칩니다. (×)
  → (하영 씨는) 노래를 하면서 (하영 씨는) 피아노를 칩니다. (○)
    (夏颖)一边唱歌(夏颖)一边弹钢琴。
  → 하영 씨가 노래를 하는 동안 재준 씨는 피아노를 칩니다. (○)
    夏颖唱歌的时候，在俊弹钢琴。

前后文动词的主语不一致时，使用"–는 동안"。

- 동생이 청소를 하는 동안 언니는 빨래를 했습니다.
  弟弟打扫卫生时姐姐在洗衣服。

(参考：请参照第5课 "时间表达方式" 的09 "N 동안, V–는 동안"。)

"–(으)면서" 前面的动词不与过去、将来时态结合使用，一般使用现在时态。

- 어제 하영 씨는 노래를 했으면서 피아노를 쳤습니다. (×)
  → 어제 하영 씨는 노래를 하면서 피아노를 쳤습니다. (○)
    昨天夏颖一边唱歌一边弹钢琴。

对话

Track **090**

A 음악을 좋아해요?

A 你喜欢音乐吗?

B 네, 그래서 음악을 들으면서 공부를 해요.

B 是的，所以我一边听音乐一边学习。

A 어제 많이 바빴어요?

A 你昨天很忙吗?

B 네, 그래서 샌드위치를 먹으면서 일했어요.

B 是的，所以一边吃三明治一边工作。

A 요즘 왜 피곤해요?

A 你最近为什么很累?

B 학교에 다니면서 아르바이트를 해요. 그래서 피곤해요.

B 一边上学一边打工，所以很累。

看下列图片，使用 "–(으)면서" 完成对话。

(1)

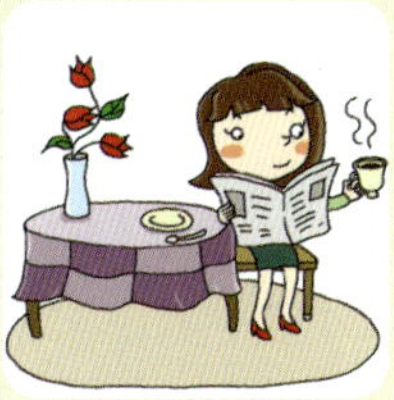

______________________________________.
(커피를 마시다, 신문을 보다)

(2)

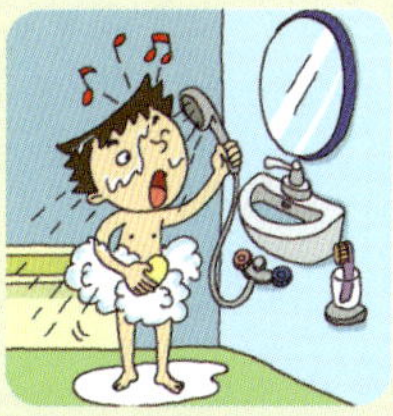

______________________________________.
(노래를 하다, 샤워를 하다)

(3)

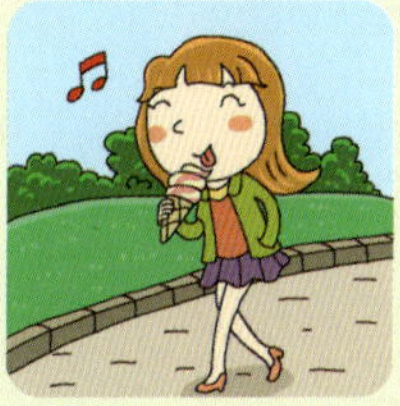

______________________________________.
(아이스크림을 먹다, 걷다)

(4)

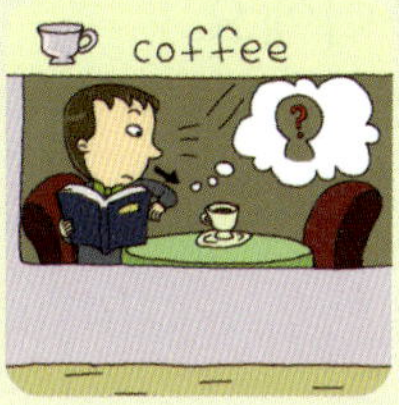

______________________________________.
(친구를 기다리다, 책을 읽다)

지하철 공사 중입니다.
地铁施工中。

(= 지하철 공사하는 중입니다.)
现在地铁正在施工中。

Track **091**

사장님은 회의 중입니다.
社长开会中。

(= 사장님은 회의하는 중입니다.)
社长正在开会。

지금 집에 가는 중이에요.
现在正在回家的路上。

이사할 거예요. 그래서 집을 찾는 중이에요.
我想要搬家。所以正在寻找房子。

语法重点

此句型与体现动作内容的名词一同使用，表示正在进行某个行为。相当于汉语的"正在……中"。名词后使用"중"，动词词干后使用"–는 중"。

名词 + 중	动词词干 + –는 중
회의 + **중** → 회의 중	회의하다 + **–는 중** → 회의하는 중

基本形	N 중	V–는 중
수업(하다)	수업 중	수업하는 중

회의(하다)	회의 중	회의하는 중
공사(하다)	공사 중	공사하는 중
통화(하다)	통화 중	통화하는 중
가다		가는 중
먹다	–	먹는 중
배우다		배우는 중
*만들다		만드는 중

＊ 不规则变形

对话

Track 092

A 왜 이렇게 길이 막혀요?

B 백화점이 세일 중이에요.
그래서 길이 막혀요.

A 여보세요? '한국무역회사'입니까?
김 과장님 좀 부탁합니다.

B 김 과장님은 지금 외출 중이십니다.
오후 5시에 들어오실 겁니다.

A 운전면허증 있어요?

B 요즘 운전을 배우는 중이에요.
다음 주에 운전면허 시험을 봐요.

A 路上怎么这么堵呢?

B 百货商店正在打折。
所以路上堵。

A 喂，是韩国贸易公司吗?
请转接一下金科长。

B 金科长正在外面。
下午5点回来。

A 你有驾驶执照吗?

B 最近正在学习开车。
下周考驾驶执照。

请注意!

"-는 중이다" 和 "-고 있다" 意义相似。但是 "-고 있다" 没有主语的限制，而 "-는 중이다" 主语
不能使用与表示自然现象的主语。

- 비가 오는 중이에요. (×) → 비가 오고 있어요. (○)　　正在下雨。
- 눈이 오는 중이에요. (×) → 눈이 오고 있어요. (○)　　正在下雪。
- 바람이 부는 중이에요. (×) → 바람이 불고 있어요. (○)　正在刮风。

看下列图片，并连接恰当的句子。

(1)  • • ⓐ 수리 중

(5)  • • ⓔ 쓰는 중

(2)  • • ⓑ 샤워 중

(6)  • • ⓕ 생각하는 중

(3)  • • ⓒ 임신 중

(7)  • • ⓖ 만드는 중

(4)  • • ⓓ 통화 중

(8)  • • ⓗ 읽는 중

너무 피곤해서 집에 **오자마자** 잤어요.
因为很累，所以一回家就睡了。

불이 **나자마자** 소방차가 왔어요.
刚一着火消防车就来了。

수업이 **끝나자마자** 학생들은 교실을 나갔어요.
一下课学生们就走出教室。

语法重点

"**–자마자**"表述某一个事件或者行动结束后立刻发生后面的行动。动词词干后使用"**–자마자**"。相当于汉语的"一……就……"。

가다 + **–자마자** → 가자마자　　　먹다 + **–자마자** → 먹자마자

基本形	–자마자	基本形	–자마자
보다	보자마자	씻다	씻자마자
켜다	켜자마자	앉다	앉자마자
끝나다	끝나자마자	듣다	듣자마자
시작하다	시작하자마자	묻다	묻자마자
만들다	만들자마자	눕다	눕자마자

前后文主语可以一致，也可以不一致。

- (내가) 집에 오자마자 (내가) 잤어요.
  (我)一回到家(我)就睡了。
- 엄마가 나가자마자 아기가 울어요.
  (妈妈)一出去(孩子)就哭。

前文中的动词不体现时态，后文中的动词体现时态。

- 집에 갔자마자 잤어요. (×) → 집에 가자마자 잤어요. (○)
  一回家就睡了。
- 집에 갈 거자마자 잘 거예요. (×) → 집에 가자마자 잘 거예요. (○)
  一回家就要睡觉。

对话

Track **094**

A 정아 씨와 언제 결혼할 거예요?

B 대학교를 졸업하자마자 결혼할 거예요.

A 你什么时候和静雅结婚？

B 大学一毕业就打算结婚。

A 오늘 왜 기분이 안 좋아요?

B 어제 우산을 샀어요.
  그런데 우산을 사자마자 잃어버렸어요.

A 今天为什么心情不好？

B 昨天买了雨伞。

  可是刚买了雨伞就丢了。

A 배가 너무 불러요. 누워서 좀 자고
  싶어요.

B 밥을 먹자마자 누우면 건강에
  안 좋아요.

A 肚子好饱。想躺下睡一会儿。

B 刚吃完饭就躺下对健康不好。

下面的人们都做了什么呢？连接左边的图片和右边的图片，选择恰当的单词并使用"–자마자"
完成句子。

끊다　　　　나가다　　　　시작하다　　　　오다

(1)

(2)

(3)

(4)

ⓐ

ⓑ

ⓒ

ⓓ

(1) 집에 ______________________ 컴퓨터를 켜요.

(2) 엄마가 방에서 ______________________ 아기가 울어요.

(3) 영화가 ______________________ 자요.

(4) 전화를 ______________________ 나갔어요.

09 N 동안, V-는 동안

Track **095**

어제 4시간 **동안** 공부했어요.
昨天我学习了4个小时。

곰은 겨울 **동안에** 겨울잠을 자요.
熊在冬季冬眠。

친구들이 점심을 **먹는 동안** 나는 숙제를 했어요.
朋友们吃午饭的时候我做作业了。

语法重点

此句型表述从某一时刻开始到某一时刻结束，或者某一行动开始到某一行动结束的时间长度时使用。相当于汉语的"在……期间"。名词后使用"**동안**"，动词后使用"**-는 동안**"。

가다 + **-는 동안** → 가는 동안 　　　　먹다 + **-는 동안** → 먹는 동안

N 동안	基本形	V-는 동안
10분 동안	자다	자는 동안
일주일 동안	읽다	읽는 동안
한 달 동안	듣다	듣는 동안
방학 동안	여행하다	여행하는 동안
휴가 동안	*살다	*사는 동안

* 不规则变形

"V-는 동안" 前后动词的主语既可以一致，也可以不同。

- (내가) 한국에서 사는 동안 (나는) 좋은 친구들을 많이 만났어요.
  (我)在韩国生活期间(我)遇见了很多好朋友。

- 내가 친구들과 노는 동안 동생은 학교에서 열심히 공부했어요.
  我和朋友玩的时候，弟弟在学校努力学习了。

对话

Track **096**

A 얼마 동안 한국에 있을 거예요?

B 3년 동안 있을 거예요.

A 방학 동안에 뭐 할 거예요?

B 친척 집을 방문할 거예요.

A 비행기가 2시간 후에 출발해요.

B 그러면 비행기를 기다리는 동안
  면세점에서 쇼핑을 합시다.

A 你要在韩国待多久呢?

B 打算待3年。

A 你放假期间打算干什么呢?

B 打算去亲戚家。

A 飞机两小时后出发。

B 那么等飞机这段时间我们去免税店购物吧。

有什么不同?

"-(으)면서" 和 "-는 동안" 有什么不同呢?

"-(으)면서" 用于同一个人在同一时间进行两个动作时使用。但是 "-는 동안(에)" 前后主语可以不一致。即前文的主语在进行某种行动的时间内，后文主语也在进行某种行动。

-(으)면서	-는 동안에
前后文主语必须一致。	前后文主语可以不一致。
• 하영 씨는 음악을 들으면서 책을 읽었습니다. 夏颖一边听音乐一边看书。	• 하영 씨가 음악을 듣는 동안에 재준 씨는 책을 읽었습니다. 夏颖听音乐的时候在俊在读书。
10:00~10:30	10:00~10:30

看下列图片，使用 "동안" 或 "-는 동안" 完成对话。

(1) 

여러분, ___________ 휴식 시간이에요.

(2) 

___________ 식당에서 아르바이트를 했어요.

(3) 

어머니가 ___________ 아버지가 청소를 해요.

(4) 

아이가 ___________ 산타클로스가 선물을 주고 가요.

10 V-(으)ㄴ 지

저는 한국에 온 지 2년이 되었습니다.
我来韩国已经两年了。

담배 끊은 지 한 달 되었어요.
我戒烟已经一个月了。

컴퓨터 게임을 한 지 5시간이 넘었어요.
我玩电脑游戏已经5个小时了。

语法重点

"-(으)는 지"表明事件从发生起点开始经过了多长时间。相当于汉语的"自从/从……已经……"。使用形态有"-(으)ㄴ 지 ~ 되다'、'-(으)ㄴ 지 ~ 넘다'、'-(으)ㄴ 지 ~ 안 되다"等。动词词干以元音或"ㄹ"结尾时使用"-ㄴ 지",以辅音结尾时使用"-은 지"。

以元音或"ㄹ"结尾	以辅音结尾
가다 + **-ㄴ 지** → 간 지	먹다 + **-은 지** → 먹은 지

基本形	-ㄴ 지	基本形	-은 지
오다	온 지	끊다	끊은 지
사귀다	사귄 지	*듣다	들은 지
공부하다	공부한 지	*걷다	걸은 지
*놀다	논 지	*짓다	지은 지
*만들다	만든 지	*돕다	도운 지

* 不规则变形

对话 

A 언제부터 한국어를 공부했어요?

B 한국어를 공부한 지 6개월이 되었어요.

A 남자 친구와 얼마나 사귀었어요?

B 사귄 지 3년이 넘었어요.

A 你从什么时候学习韩语的?

B 我学习韩语有6个月了。

A 你和男朋友交往多久了?

B 我们交往超过3年了。

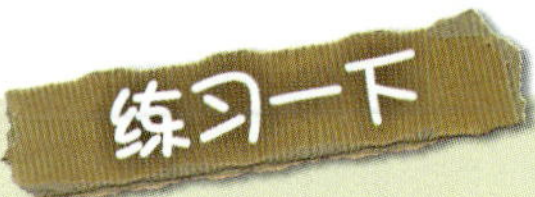

看下面的年表，使用 "–(으)ㄴ 지" 完成句子。

(1) 리처드 씨는 대학교를 ____________ 9년 되었습니다.

(2) 리처드 씨는 ____________ 5년 넘었습니다.

(3) 리처드 씨는 한국에 ____________ 4년 되었습니다.

(4) 리처드 씨는 ____________ 4년 되었습니다.

(5) 리처드 씨는 ____________ 2년이 좀 안 되었습니다.

(6) 리처드 씨는 ____________ 1년 5개월이 되었습니다.

(7) 리처드 씨는 ____________ 4년이 좀 넘었습니다.

能力与可能性

01 V-(으)ㄹ 수 있다/없다
02 V-(으)ㄹ 줄 알다/모르다

V–(으)ㄹ 수 있다/없다

이 영화를 볼 수 있어요.
我们可以看这部电影。

저 영화를 볼 수 없어요.
我们不能看那部电影。

운전면허증이 있어요. 운전할 수 있어요.
我有驾驶证，会开车。

운전면허증이 없어요. 운전할 수 없어요.
我没有驾驶证，不会开车。

한자를 배웠어요. 한자를 읽을 수 있어요.
我学过汉字，会读汉字。

한자를 안 배웠어요. 한자를 읽을 수 없어요.
我没学过汉字，不会读汉字。

Track **099**

语法重点

此句型表明能力或者可能性。具备能力或者可能性时，使用"–(으)ㄹ 수 있다"，不具备能力或者可能性时，使用"–(으)ㄹ 수 없다"。相当于汉语的"能/不能、会/不会、可以/不可以"。动词词干以元音或"ㄹ"结尾时，使用"–ㄹ 수 있다/없다"，以辅音结尾时使用"–을 수 있다/없다"。

以元音或"ㄹ"结尾	以辅音结尾
가다 + **–ㄹ 수 있다/없다** → 갈 수 있다/없다	먹다 + **–을 수 있다/없다** → 먹을 수 있다/없다

基本形	–ㄹ 수 있어요/없어요	基本形	–을 수 있어요/없어요
가다	갈 수 있어요/없어요	받다	받을 수 있어요/없어요
만나다	만날 수 있어요/없어요	*듣다	들을 수 있어요/없어요
수영하다	수영할 수 있어요/없어요	*걷다	걸을 수 있어요/없어요
*놀다	놀 수 있어요/없어요	*짓다	지을 수 있어요/없어요
*살다	살 수 있어요/없어요	*돕다	도울 수 있어요/없어요

***** 不规则变形

对话 

A 무슨 운동을 할 수 있어요?

B 축구를 할 수 있어요. 그리고 태권도도 할 수 있어요. 그렇지만 수영은 할 수 없어요.

A 요코 씨, 오늘 저녁에 만날 수 있어요?

B 미안해요. 만날 수 없어요. 약속이 있어요.

A 한국 드라마를 이해할 수 있어요?

B 네, 드라마는 조금 이해할 수 있어요. 그렇지만 뉴스는 이해할 수 없어요.

A 你会做什么运动?

B 我会踢足球。还会跆拳道。
但是不会游泳。

A 阳子，今天晚上可以见面吗?

B 不好意思，没办法见面。
我有约会。

A 你能理解韩国电视剧吗?

B 能，电视剧可以理解一点。
但是理解不了新闻。

请注意! 

"-(으)ㄹ 수 있다/없다" 和 "가" 一同使用变成 "-(으)ㄹ 수가 있다/없다"，比 "-(으) 수 있다/없다" 更具有强调性。

- 떡볶이가 매워서 먹을 수 없어요.　炒年糕很辣，所以不能吃。
- 떡볶이가 매워서 먹을 수가 없어요.炒年糕很辣，所以实在不能吃。
- 길이 막혀서 갈 수 없어요.　　　　路很堵，走不了。
- 길이 막혀서 갈 수가 없어요.　　　路很堵，无论用什么方法都走不了。

练习一下

看下列图片，选择恰当的单词并使用 "-(으)ㄹ 수 있다/없다" 完成对话。

걷다	고치다	부르다	열다	추다

(1)

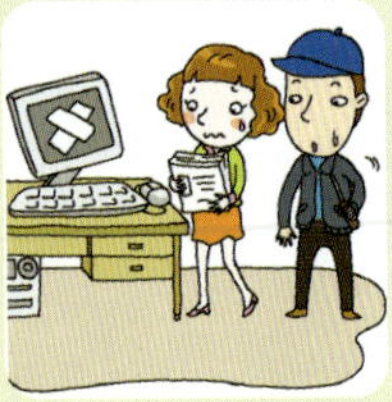

A 컴퓨터가 고장 났어요.

B 내가 ______________.

(2)

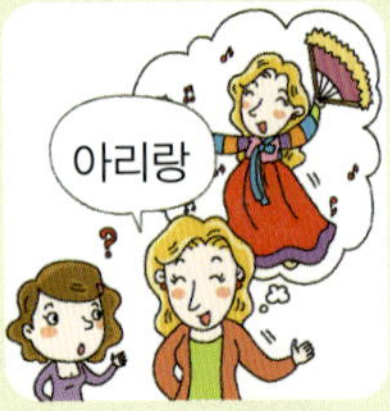

A 한국 노래를 ______________?

B 네, '아리랑'을 ______________.

한국 춤도 ______________.

(3)

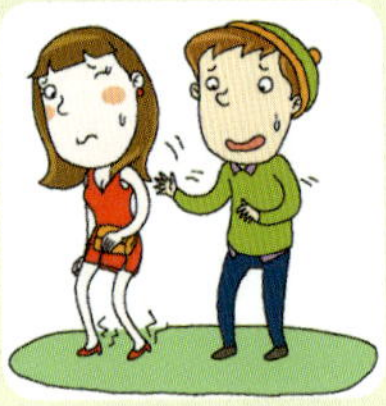

A 왜 그래요?

B 발이 아파요. ______________.

(4)

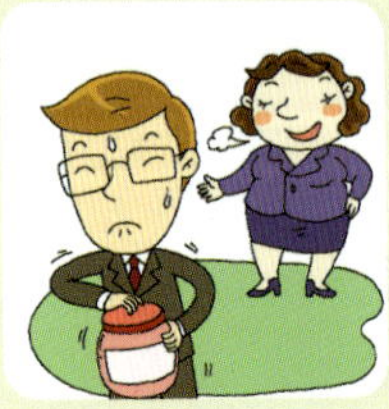

A 이 병을 ______________.

B 걱정하지 마세요. 내가 ______________.

02 V–(으)ㄹ 줄 알다/모르다

딸기잼을 만들 줄 알아요.
我会做草莓酱。

휴대 전화로 사진을 보낼 줄 몰라요.
我不会用手机传送照片。

된장찌개를 맛있게 끓일 줄 알아요.
我会做美味的大酱汤。

语法重点

此句型表述知道或不知道，具备或不具备实施某种行为的方法、能力。动词词干以元音或"ㄹ"结尾时使用"–ㄹ 줄 알다/모르다"，以辅音结尾时使用"–을 줄 알다/모르다"。相当于汉语的"会/不会，能/不能"。

以元音或"ㄹ"结尾	以辅音结尾
보내다 + –ㄹ 줄 알다/모르다 → 보낼 줄 알다/모르다	입다 + –을 줄 알다/모르다 → 입을 줄 알다/모르다

基本形	–ㄹ 줄 알아요/몰라요	基本形	–을 줄 알아요/몰라요
쓰다	쓸 줄 알아요/몰라요	읽다	읽을 줄 알아요/몰라요
고치다	고칠 줄 알아요/몰라요	접다	접을 줄 알아요/몰라요
사용하다	사용할 줄 알아요/몰라요	*굽다	구울 줄 알아요/몰라요
*만들다	만들 줄 알아요/몰라요	*짓다	지을 줄 알아요/몰라요

* 不规则变形

A 캐럴 씨, 컴퓨터 게임 '스타크래프트'를 할 줄 알아요?

A 凯洛儿，你会玩电脑游戏《星际争霸》吗？

B 아니요, 할 줄 몰라요. 어떻게 해요?

B 不，不会，怎么玩呢？

A 무슨 음식을 만들 줄 알아요?

A 你会做什么菜？

B 저는 잡채하고 스파게티를 만들 줄 알아요.

B 我会做杂菜和意大利面。

有什么不同?

–(으)ㄹ 줄 알다/모르다	–(으)ㄹ 수 있다/없다
知道或不知道，具备或不具备实施某种行为的方法、能力。	不仅在表述是否具备做某事的能力时，而且在是否能做那件事时也可以使用。

–(으)ㄹ 줄 알다/모르다

知道或不知道，具备或不具备实施某种行为的方法、能力。

• 나는 딸기잼을 만들 줄 몰라요.
我不知道做草莓酱的方法。

此句型表示可能的意思时不可使用。

• 오늘 저녁에 만날 줄 알아요? (×)
• 오늘 저녁에 만날 수 있어요? (○)
今天晚上我们可以见面吗？

–(으)ㄹ 수 있다/없다

不仅在表述是否具备做某事的能力时，而且在是否能做那件事时也可以使用。

• 나는 딸기잼을 만들 수 없어요.
(1) 我不知道做草莓酱的方法。
(2) 我知道做草莓酱的方法，但是因为没有草莓或其他理由，现在没办法做草莓酱的状况。

看下列图片，选择恰当的单词并使用 "–(으)ㄹ 줄 알다/모르다" 完成对话。

두다	사용하다	타다

(1)

A 자전거를 탈 줄 알아요?

B 네, 외발자전거도 ________________.

(2)

A 바둑 ________________?

B 체스는 ________________.
그렇지만 바둑은 ________________.

(3)

A 이거 어떻게 사용해요?

B 글쎄요. 저도 ________________.

命令与义务，许可与禁止

01 V-(으)세요

Track **103**

여기 **앉으세요**.
请这儿坐。

책 15쪽을 **보세요**.
请看书第15页。

이 길로 쭉 **가세요**.
请沿着这条路一直走。

语法重点

"-(으)세요"表述对于听者恭敬地拜托某事或者请求、指示或命令时使用，相当于汉语的"请……"。在这样的情况下，可以使用"-아/어요"，但"-(으)세요"比"-아/어요"更显得恭敬。词干以元音结尾时使用"-세요"，以辅音结尾时使用"-으세요"。但有个别单词变形较特别。格式体使用"-(으)십시오"。

以元音结尾	以辅音结尾
가다 + **-세요** → 가세요	앉다 + **-으세요** → 앉으세요

基本形	-세요	基本形	-(으)세요	基本形	特殊变形
사다	사세요	입다	입으세요	먹다/마시다	드세요
오다	오세요	찾다	찾으세요	자다	주무세요
주다	주세요	받다	받으세요	말하다	말씀하세요
운동하다	운동하세요	벗다	벗으세요	있다	계세요

*만들다	만드세요	*듣다	들으세요	◆ 주다	주세요
*살다	사세요	*걷다	걸으세요		드리세요

* 不规则变形

◆ (参考：请参照 "韩语概要" 的5 "敬语表达方式"。)

表述命令的时候，"–(으)세요" 不能与 "이다" 和 "形容词" 一同使用，只能用于动词。

- 의사이세요 (×) → 의사가 되세요. (○) 成为医生吧。
- 기쁘세요 (×) → 기뻐하세요. (○)　　　您高兴点。
  (※形容词变为动词后使用。)

(参考：请参照第18课 "词类变化" 的04 "A–아/어하다"。)

但个别使用 "하다" 的形容词习惯性地和 "–으세요" 结合使用。

- 할아버지, 건강하세요. 오래오래 사세요.
  爷爷，祝您健康，长命百岁。
- 민우 씨, 결혼 축하해요. 행복하세요.
  珉宇，祝贺你结婚，祝你幸福。

对话

Track **104**

A 살을 빼고 싶어요.
B 그럼 야채를 많이 드세요.
　그리고 운동을 많이 하세요.

A 我想减肥。
B 那多吃蔬菜吧。
　还有多运动。

A 여기에 이름과 전화번호를 쓰세요.
B 알겠습니다.

A 请在这里写上姓名和电话号码。
B 知道了。

A 여러분, 조용히 하세요!
　자, 사장님, 말씀하세요.
B 고마워요, 김 부장.

A 请大家安静一下!
　社长，请讲。
B 金部长，谢谢。

你应该怎么回答? 看下列图片，选择恰当的句子并连接。

(1) 

ⓐ 학교에 일찍 오세요.

(2) 

ⓑ 들어오세요.

(3) 

ⓒ 한국어로 말하세요.

(4) 

ⓓ 많이 드세요.

02 V-지 마세요

술을 마시지 마세요.
请不要喝酒。

Track **105**

전화하지 마세요.
请不要打电话。

수업 시간에 자지 마세요.
上课时间请不要睡觉。

语法重点

"-지 마세요"是在对听话的人请求、说服、指示或者命令不要做某种行动的时候使用。是"-(으)세요"的否定形式，相当于汉语的"请不要……"。格式体是"-지 마십시오"。动词词干后使用"-지 마세요"。

가다 + **-지 마세요** → 가지 마세요	먹다 + **-지 마세요** → 먹지 마세요

基本形	-지 마세요	基本形	-지 마세요
사다	사지 마세요	운동하다	운동하지 마세요
오다	오지 마세요	듣다	듣지 마세요
읽다	읽지 마세요	만들다	만들지 마세요

"-지 마세요"不能同"이다"或形容词一起使用，只能用于动词。

- 변호사이지 마세요. (×)
- 슬프지 마세요. (×) → 슬퍼하지 마세요. (○)　　　　请不要悲伤。
- 기분 나쁘지 마세요. (×) → 기분 나빠하지 마세요. (○)　　请不要难过。
  (※形容词变形为动词后使用。)

(参考：请参照第18课"词类变化"的04 "A-아/어하다"。)

对话

A 버스를 탈까요?

B 길이 막히니까 버스를 타지 마세요.
지하철을 타세요.

A 이 영화 어때요? 재미있어요?

B 이 영화를 보지 마세요. 재미없어요.

A 음악을 너무 크게 듣지 마세요.
귀에 안 좋아요.

B 네, 알겠어요.

A 我们坐公交车怎么样?

B 因为路上堵，不要坐公交车了。
坐地铁吧。

A 这部电影怎么样？有趣吗?

B 别看这部电影了。没意思。

A 请不要大声听音乐。
对耳朵不好。

B 好的，知道了。

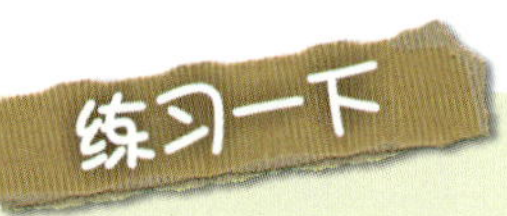

下面的朋友具有某些问题。看下列图片，使用 "–지 마세요" 完成对话。

(1) 

A 너무 뚱뚱해요. 살을 빼고 싶어요.

B 그러면 ___________________________. (햄버거를 먹다)

(2) 

A 요즘 목이 너무 아파요.

B 그러면 ___________________________. (담배를 피우다)

(3) 

A 요즘 밤에 잠을 못 자요.

B 그럼 ___________________________. (커피를 마시다)

(4) 

A 요즘 눈이 많이 아파요.

B 그럼 ___________________________. (컴퓨터게임을 하다)

내일 시험이 있어요. 그래서 공부해야 돼요.
明天有考试，所以得学习。

여자 친구 생일이라서 선물을 사야 돼요.
因为是女朋友生日，所以要买礼物。

먹기 전에 돈을 내야 해요.
吃以前要先付钱。

语法重点

此句型表述某事需要履行义务、有需要或者一定要具备某种条件时使用。相当于汉语的"得/应该/要……"。词干元音以"ㅏ, ㅗ"结尾时使用"-아야 되다/하다"，以其他元音结尾时使用"-어야 되다/하다"，以"하다"结尾的动词和形容词变形为"해야 되다/하다"。过去时态是"-아/어야 됐어요/했어요"。

词干以"ㅏ, ㅗ"结尾	词干以"ㅏ, ㅗ"以外的元音结尾	以"하다"结尾
앉다 + **-아야 되다/하다** → 앉아야 되다/하다	기다리다 + **-어야 되다/하다** → 기다려야 되다/하다	공부하다 → 공부해야 되다/하다

基本形	-아/어야 돼요/해요	基本形	-아/어야 돼요/해요
가다	가야 돼요/해요	청소하다	청소해야 돼요/해요
보다	봐야 돼요/해요	*쓰다	써야 돼요/해요
읽다	읽어야 돼요/해요	*자르다	잘라야 돼요/해요
배우다	배워야 돼요/해요	*듣다	들어야 돼요/해요

* 不规则变形

Track **107**

对话

A 주말에 같이 영화 볼까요?

B 미안해요. 어머니 생신이라서
고향에 가야 돼요.

A 여름에 제주도에 가려고 해요.

B 비행기 표를 예약했어요?
사람이 많아서 미리 예약해야 돼요.

A 어제 왜 파티에 안 오셨어요?

B 일이 많아서 회사에서 일해야 됐어요.

A 周末一起看电影怎么样?

B 不好意思，因为是妈妈的生日，我得回家乡。

A 夏天想要去济州岛。

B 你预定机票了吗?
因为人很多，所以要提前预定。

A 您昨天为什么没来参加派对?

B 因为事情很多，要在公司工作。

请注意!

"–아/어야 되다/하다" 的否定形式有没必要做某事的 "–지 않아도 되다" 和禁止做出某种行动的
"–(으)면 안 되다"。

❶ –지 않아도 되다 (不用/不需要)

(参考：请参照第7课 "命令与义务，许可与禁止" 的06 "A/V–지 않아도 되다"。)

A 내일 회사에 가요?

B 아니요. 내일은 휴가라서 회사에 가지 않아도 돼요.

明天去公司吗?

不，明天是休息日，不用去公司。

A 공원까지 버스로 가요?

B 가까워요. 그래서 버스를 타지 않아도 돼요. 걸어가도 돼요.

坐公交车去公园吗?

很近。所以不用坐公交车，走着可以去。

❷ –(으)면 안 되다 (不应该/不能)

(参考：请参照第7课 "命令与义务，许可与禁止" 的05 "A/V–(으)면 안 되다"。)

- 박물관에서는 사진을 찍으면 안 돼요.

在博物馆里不能照相。

- 실내에서 담배를 피우면 안 돼요.

不能在室内吸烟。

看下列图片，使用"-아/어야 되다/하다"完成对话。

(1) 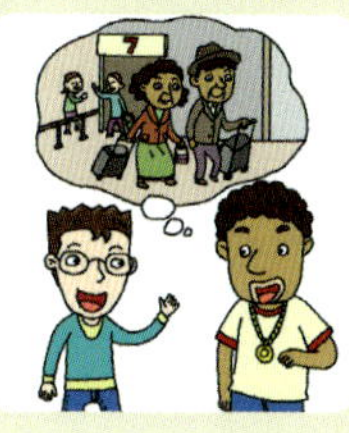

A 오늘 시간 있으면 같이 테니스 칠까요?
B 미안해요. 부모님이 한국에 오셔서 ＿＿＿＿＿＿＿＿＿.
　　　　　　　　　　　　　　　　　　　 (공항에 가다)

(2) 

A 파리에서 일하고 싶어요.
B 그러면 ＿＿＿＿＿＿＿＿＿.
　　　　 (프랑스어를 잘하다)

(3) 

A 같이 술 한잔할까요?
B 미안해요. 오늘 ＿＿＿＿＿＿＿＿＿.
　　　　　　　　 (운전하다)

　그래서 같이 술을 못 마셔요.

(4) 

A 약속이 있어서 시내에 1시까지 가야 해요.
B 그럼 ＿＿＿＿＿＿＿＿＿.
　　　 (12시에 출발하다)

(5) 

A 어제 왜 헬스클럽에 안 왔어요?
B 몸이 많이 아파서 ＿＿＿＿＿＿＿＿＿.
　　　　　　　　　 (병원에 가다)

04 A/V-아/어도 되다

사진을 **찍어도 돼요**?
我可以照相吗?

여기 **앉아도 돼요**?
我可以坐在这里吗?

펜을 **써도 돼요**?
我可以用这支笔吗?

语法重点

"**–아/어도 되다**"表述对某个行动或者某种状态的许可或允许。相当于汉语的"可以……"。词干元音以"ㅏ, ㅗ"结尾时使用"**–아도 되다**",其他的元音使用"**–어도 되다**",以"**하다**"结尾的动词和形容词变形为"**해도 되다**"。"**–아/어도 되다**"也可以用"**–아/어도 괜찮다**"、"**아/어도 좋다**"代替使用。

词干以"ㅏ, ㅗ"结尾	词干以"ㅏ, ㅗ"以外的元音结尾	以"하다"结尾
사다 + **–아도 되다** → 사도 되다	마시다 + **–어도 되다** → 마셔도 되다	구경하다 → 구경해도 되다

基本形	–아/어도 돼요	基本形	–아/어도 돼요
가다	가도 돼요	*듣다	들어도 돼요
보다	봐도 돼요	*쓰다	써도 돼요
읽다	읽어도 돼요	*자르다	잘라도 돼요
요리하다	요리해도 돼요	*눕다	누워도 돼요

* 不规则变形

对话

Track **110**

A 밤에 전화해도 돼요?

B 물론이에요. 전화하세요.

A 창문을 열어도 돼요?

B 그럼요, 열어도 돼요.

A 라디오를 켜도 돼요?

B 아이가 자고 있어요. 켜지 마세요.

A 我晚上可以给你打电话吗？

B 当然，打吧。

A 可以打开窗户吗？

B 当然，可以打开。

A 可以打开收音机吗？

B 孩子在睡觉。别开了。

看下列图片，选择恰当的单词并使用 "–아/어도 되다" 完成对话。

들어가다	술을 마시다	쓰다	켜다

(1) 

A 선생님, ＿＿＿＿＿＿＿＿?

B 아니요, 술을 마시지 마세요.

(2) 

A 에어컨을 ＿＿＿＿＿＿＿?

B 네, 켜세요.

(3) 

A 지금 ＿＿＿＿＿＿＿?

B 공연이 시작했어요. 쉬는 시간에 들어가세요.

(4) 

A 전화를 ＿＿＿＿＿＿＿?

B 네, 쓰십시오.

실내에서 담배를 피우면 안 돼요.
不可以在室内吸烟。

Track **111**

운전 중에 전화하면 안 돼요.
开车的时候不可以打电话。

지금 길을 건너면 안 돼요.
现在不许过马路。

语法重点

"–(으)면 안 되다"表述禁止或限制听者做出某种行动。并且还表明根据社会习惯或常识从而禁止或不允许某种行动或状态。相当于汉语的"不可以/不能……"。词干以元音或"ㄹ"结尾使用"–면 안 되다",以辅音结尾使用"–으면 안 되다"。

以元音或"ㄹ"结尾	以辅音结尾
가다 + **–면 안 돼요** → 가면 안 돼요	먹다 + **–으면 안 돼요** → 먹으면 안 돼요

基本形	–면 안 돼요	基本形	–으면 안 돼요
자다	자면 안 돼요	앉다	앉으면 안 돼요
보다	보면 안 돼요	받다	받으면 안 돼요
운동하다	운동하면 안 돼요	*듣다	들으면 안 돼요
*놀다	놀면 안 돼요	*붓다	부으면 안 돼요

* 不规则变形

对话

A 수업 시간에 영어로 말해도 돼요?

B 수업 시간에는 영어로 말하면
안 돼요. 한국말을 하세요.

A 한국에서는 밥을 먹을 때 코를 풀면
안 돼요.

B 아, 그래요? 몰랐어요.

A 도서관에서 얘기하면 안 돼요.

B 아, 죄송합니다.

A 上课的时候说英语可以吗?

B 上课时不能说英语，请说韩语。

A 在韩国，吃饭的时候不能擤鼻涕。

B 啊，是吗？我不知道。

A 在图书馆里不能说话。

B 啊，对不起。

请注意！

"–(으)면 안 되다" 的双重否定 "–지 않으면 안 되다" 是表述一定要做某种行动时进行强调的表达方式。

- 8월은 휴가철이니까 비행기 표를 미리 사지 않으면 안 돼요. (= 표를 미리 사야 돼요.)
  8月份是休假季节，如果不提前买票的话不行。(=要提前买票。)

- 병이 심각해서 수술하지 않으면 안 돼요. (= 수술해야 돼요.)
  因为病情严重，所以不做手术不行。(=必须要做手术。)

- 다음 주에 중요한 시험이 있어서 공부하지 않으면 안 돼요. (= 공부해야 돼요)
  下周有重要的考试，不学习不行。(必须得学习。)

看下列图片，选择恰当的单词并使用 "–(으)면 안 되다" 完成对话。

> 들어오다   마시다   버리다   키우다

(1) 

A 기숙사에서 개를 키워도 돼요?
B 아니요, 개를 ＿＿＿＿＿＿＿＿＿＿.

(2) 

A 선생님, 커피를 마셔도 돼요?
B 커피를 ＿＿＿＿＿＿＿＿＿＿.

(3)

A 여기에 쓰레기를 ＿＿＿＿＿＿＿＿＿＿.
B 죄송합니다.

(4)

A 들어가도 돼요?
B ＿＿＿＿＿＿＿＿＿＿. 옷을 갈아입고 있어요.

A/V-지 않아도 되다 (안 A/V-아/어도 되다)

Track **113**

유치원생은 버스 요금을 내지 않아도 돼요.
幼儿园学生不用买公交车票。

평일이니까 영화 표를 미리 사지 않아도 돼요.
因为是平日，所以不用提前买电影票。

금요일에는 정장을 입지 않아도 돼요.
星期五不穿正装也可以。

语法重点

"-지 않아도 되다" 表述没有一定要求保持某种状态或做出某种行动。是表明有义务做出某种行动的 "-아/어야 되다/하다" 的否定形式。相当于汉语的 "不……也可以/行"。词干后使用 "-지 않아도 되다" 或 "안 -아/어도 되다"。

(参考：请参照第16课 "条件与假设" 的03 "A/V-아/어도" 的活用方法。)

가다 + **-지 않아도 되다**	먹다 + **-지 않아도 되다**
→ 가지 않아도 되다 (= 안 가도 되다)	→ 먹지 않아도 되다 (= 안 먹어도 되다)

基本形	-지 않아도 돼요	안 -아/어도 돼요
사다	사지 않아도 돼요	안 사도 돼요
보다	보지 않아도 돼요	안 봐도 돼요
기다리다	기다리지 않아도 돼요	안 기다려도 돼요
전화하다	전화하지 않아도 돼요	전화 안 해도 돼요

*듣다	듣지 않아도 돼요	안 들어도 돼요
*쓰다	쓰지 않아도 돼요	안 써도 돼요
*자르다	자르지 않아도 돼요	안 잘라도 돼요

* 不规则变形

对话

A 오늘 회식에 꼭 가야 돼요?

B 바쁘면 안 가도 돼요.

A 저는 다이어트해야 돼요!

B 지금도 날씬해요.
다이어트하지 않아도 돼요.

A 一定要参加今天的聚餐吗?

B 如果忙的话不去也行。

A 我一定要减肥!

B 现在也挺苗条的。
不用减肥也行。

看下列图片，使用 "–지 않아도 되다" 或 "안 –아/어도 되다" 完成对话。

(1) 

A 많이 기다려야 해요?

B 사람이 없으니까 많이 ___________________.

(2) 

A 주사를 맞아야 돼요?

B 아니요, 심하지 않아서 주사를 ___________________.

(3) 

A 책을 사야 돼요?

B 도서관에 있으니까 ___________________.

(4) 

A 내일도 일찍 일어나요?

B 내일은 수업이 오후에 있으니까 ___________________.

希望表达方式

- **01** V–고 싶다
- **02** A/V–았/었으면 좋겠다

Track **115**

한국말을 잘 못해요. 한국말을 잘하고 싶어요.
我韩语不好。我想学好韩语。

가족을 2년 동안 못 만났어요. 가족이 보고 싶어요.
我和家人2年没见面了。想念家人。

딸기를 먹고 싶어요.
我想吃草莓。

语法重点

"-고 싶다" 表述叙述者想要或希望的内容时使用。相当于汉语的 "想/希望……"。动词词干后使用 "-고 싶다",主语是第一、二人称时使用 "-고 싶다",第三人称时使用 "-고 싶어 하다"。

(参考: 请参照 "请注意!"。)

사다 + **-고 싶다** → 사고 싶다   읽다 + **-고 싶다** → 읽고 싶다

基本形	-고 싶어요	基本形	-고 싶어요
가다	가고 싶어요	받다	받고 싶어요
보다	보고 싶어요	먹다	먹고 싶어요
만나다	만나고 싶어요	결혼하다	결혼하고 싶어요
만들다	만들고 싶어요	듣다	듣고 싶어요
울다	울고 싶어요	눕다	눕고 싶어요

对话

Track **116**

A 뭐 마시고 싶어요?

B 졸려요. 커피를 마시고 싶어요.

A 크리스마스에 무슨 선물을 받고 싶어요?

B 예쁜 장갑을 받고 싶어요.

A 你想喝什么？

B 很困，想喝咖啡。

A 圣诞节想收到什么礼物？

B 想收到漂亮的手套。

请注意!

❶ 主语是第三人称时使用 "–고 싶어 하다"。

（参考：请参照第18课 "词类变化" 的04 "A–아/어하다"。）

- 에릭 씨는 자동차를 사고 싶어요. (✕) → 에릭 씨는 자동차를 사고 싶어 해요. (○) 艾力克想买车。

❷ "–고 싶다" 不能和形容词结合使用，但形容词后使用 "–아/어지다" 变为动词形后可以和 "–고 싶다" 结合使用。

（参考：请参照第19课 "状态表达方式" 的03 "A–아/어지다"。）

- 날씬하고 싶어요. (✕) → 날씬해지고 싶어요. (○) 想要变得苗条。

❸ "–고 싶다" 可以和助词 "을/를" 或 "이/가" 结合使用。

- 가족이 보고 싶어요. (○) 我想念家人。
- 가족을 보고 싶어요. (○) 我想念家人。

练习一下

下面是来到韩国的人们的谈话。看下列图片，使用 "–고 싶다" 完成句子。

(1) _______________________.
　　　(제주도, 말을 타다)

(2) _______________________.
　　　(가수, 사인을 받다)

(3) _______________________.
　　　(휴대 전화, 사다)

(4) _______________________.
　　　(좋아하는 가수, 만나다)

(5) _______________________.
　　　(쇼핑, 하다)

02 A/V-았/었으면 좋겠다

차가 있었으면 좋겠어요.
我要是有辆车就好了。

돈이 많았으면 좋겠어요.
我要是钱很多就好了。

크리스마스에 눈이 왔으면 좋겠어요.
圣诞节如果下雪就好了。

语法重点

"–았/었으면 좋겠다"表述对于还尚未实现的事情表达自己的希望或期待。而且当内心的期待与现在事实相反时，也可利用假设来表达。相当于汉语的"如果/要是……就好了"。词干元音以"ㅏ, ㅗ"结尾时使用"–았으면 좋겠다"，以其他元音结尾时使用"–었으면 좋겠다"，以"하다"结尾的动词和形容词变形为"–했으면 좋겠다"。

除了"–았/었으면 좋겠다"，还使用"–았/었으면 하다"，"–았/었으면 좋겠다"更加强调希望或期待。

词干以"ㅏ, ㅗ"结尾	词干以"ㅏ, ㅗ"以外的元音结尾	以"하다"结尾
가다 + –았으면 좋겠다 → 갔으면 좋겠다	먹다 + –었으면 좋겠다 → 먹었으면 좋겠다	여행하다 → 여행했으면 좋겠다

基本形	–았/었으면 좋겠어요	基本形	–았/었으면 좋겠어요
오다	왔으면 좋겠어요	밝다	밝았으면 좋겠어요
사다	샀으면 좋겠어요	길다	길었으면 좋겠어요
있다	있었으면 좋겠어요	따뜻하다	따뜻했으면 좋겠어요
학생이다	학생이었으면 좋겠어요	친절하다	친절했으면 좋겠어요
부자이다	부자였으면 좋겠어요	*부르다	불렀으면 좋겠어요
작다	작았으면 좋겠어요	*듣다	들었으면 좋겠어요

＊ 不规则变形

对话

Track **118**

A 언제 결혼하고 싶어요?

B 따뜻한 봄에 결혼했으면 좋겠어요.

A 요즘도 바빠요?

B 네, 계속 바빠요.
　좀 쉬었으면 좋겠어요.

A 이번 방학에 뭐 할 거예요?

B 친구들하고 스키장에 갈 거예요.
　방학이 빨리 왔으면 좋겠어요.

A 你想什么时候结婚?

B 我希望在温暖的春天结婚。

A 你最近忙吗?

B 是的，我一直很忙。
　要是能休息一下就好了。

A 你这个假期计划做什么?

B 打算和朋友去滑雪场。
　快点放假就好了。

与 "–았/었으면 좋겠다" 意义相同的还有 "–(으)면 좋겠다"。"–았/었으면 좋겠다" 表述在希望还尚
未实现的状态下假设已经得以实现时使用，强调的意味更强。

- 돈이 많으면 좋겠어요.　(单纯希望有很多钱。)
- 돈이 많았으면 좋겠어요.(在现在没有钱的状况下设想相反的状况，增强假设、强调。)

1　看下列图片，使用 "–았/었으면 좋겠다" 完成对话。

(1) 

A 올해 소원이 뭐예요?

B ________________________________. (애인이 생기다)

(2) 

A 죽기 전에 무엇을 하고 싶어요?

B ________________________________. (세계 여행을 하다)

(3)

A 내년에 무엇을 하고 싶어요?

B ________________________________. (아파트로 이사하다)

2　看下列图片，仿照例子完成句子。

例子　노래를 못해요. <u>노래를 잘했으면 좋겠어요.</u>

(1) 

키가 작아요. ________________________________.

(2) 

회사 일이 너무 힘들어요. ________________________________.
(주말이다)

(3) 

운동을 못해요. ________________________________.

Unit 9.

理由与原因

Track **119**

만나서 반갑습니다.
见到您很高兴。

기분이 **좋아서** 춤을 췄어요.
因为心情好所以跳舞了。

늦어서 죄송합니다.
对不起，我来晚了。

语法重点

"−아/어서"前文的内容是后文的理由或原因，相当于汉语的"因为……"。词干元音以"ㅏ, ㅗ"结尾时使用"−아서"，以其他元音结尾时使用"−어서"，以"하다"结尾的动词和形容词变形为"해서"。"이다"变形为"이어서"，但在对话中常使用"이라서"。

词干以"ㅏ, ㅗ"结尾	词干以"ㅏ, ㅗ"以外的元音结尾	以"하다"结尾
오다 + **−아서** → 와서	읽다 + **−어서** → 읽어서	날씬하다 → 날씬해서

基本形	−아/어서	基本形	−아/어서
가다	가서	좁다	좁아서
살다	살아서	길다	길어서
있다	있어서	피곤하다	피곤해서

이다	이어서(이라서)	*바쁘다	바빠서
운동하다	운동해서	*춥다	추워서
청소하다	청소해서	*듣다	들어서

* 不规则变形

"–아/어서" 不用于命令句或劝诱句。

- 이 신발은 커서 다른 신발을 보여 주세요. (×)
  → 이 신발은 크니까 다른 신발을 보여 주세요. (○)
    这双鞋太大，请给我看看其他的鞋。

- 오늘 약속이 있어서 내일 만날까요? (×)
  → 오늘 약속이 있으니까 내일 만날까요? (○)
    今天有约会，明天见面如何？

- 이게 좋아서 이걸로 삽시다. (×)
  → 이게 좋으니까 이걸로 삽시다. (○)
    这个挺好的，买这个吧。

(参考：请参照第9课 "理由与原因" 的02 "A/V–(으)니까 ①"。)

"–아/어서" 前面不能出现 **"–았/었–"** 或 **"–겠–"** 等的时态。

- 밥을 많이 먹었어서 배가 아파요. (×)
  → 밥을 많이 먹어서 배가 아파요. (○)
    吃了很多饭，肚子疼。

- 이 옷이 예쁘겠어서 입고 싶어요. (×)
  → 이 옷이 예뻐서 입고 싶어요. (○)
    这件衣服很漂亮想穿一下。

(参考：请参照第5课 "时间表达方式" 的04 "V-아/어서"。)

对话

Track **120**

A 토요일에 시간이 있어요?

B 이번 주는 바빠서 시간이 없어요.

A 이 옷을 왜 안 입어요?

B 그 옷은 작아서 못 입어요.

A 집에 갈 때 버스를 타요?

B 아니요, 퇴근 시간에는 차가 많아서
  지하철을 타요.

A 你星期六有时间吗?

B 这周很忙没时间。

A 你为什么不穿这件衣服?

B 这件衣服太小穿不上。

A 你坐公交车回家吗?

B 不，下班时间车很多，我坐地铁回家。

看下列图片，选择恰当的单词并使用 "-아/어서" 完成对话。

많다	마시다	맛있다	오다

(1)

A 왜 이 식당에 사람이 많아요?

B 음식이 __________ 사람이 많아요.

(2)

A 내일 영화를 볼까요?

B 숙제가 __________ 영화를 못 봐요.

(3)

A 어디에 가요?

B 친구가 한국에 __________ 공항에 가요.

(4)

A 왜 약을 먹어요?

B 어제 술을 많이 __________ 머리가 아파요.

Track **121**

길이 **막히니까** 지하철을 탑시다.
因为路很堵，我们坐地铁吧。

추우니까 창문 좀 닫아 주세요.
挺冷的，把窗户关上吧。

샤워를 **하니까** 기분이 좋아요.
洗了澡心情很好。

语法重点

"–(으)니까"表述对某件事情的理由或原因。相当于汉语的"因为/由于……"。词干以元音或"ㄹ"结尾时使用"–니까"，以辅音结尾时使用"–으니까"。

以元音或"ㄹ"结尾	以辅音结尾
사다 + **–니까** → 사니까	먹다 + **–으니까** → 먹으니까

基本形	–니까	基本形	–으니까
보다	보니까	있다	있으니까
오다	오니까	읽다	읽으니까
이다	이니까	넓다	넓으니까
아프다	아프니까	*듣다	들으니까
크다	크니까	*덥다	더우니까
피곤하다	피곤하니까	*살다	사니까

* 不规则变形

对话

A 부장님, 이번 주에 회의가 있습니까?

B 이번 주는 바쁘니까 다음 주에 합시다.

A 여자 친구에게 무슨 선물을 할까요?

B 수연 씨가 꽃을 좋아하니까
꽃을 선물하세요.

A 部长，这周有会议吗？

B 这周太忙了，下周开会吧。

A 我给女朋友买什么礼物好呢？

B 秀妍喜欢花，所以给她买花作为礼物吧。

有什么不同?

-아/어서	-(으)니까
❶ 不能用于命令句或劝诱句。	❶ "-(으)세요"、"(으)ㄹ까요?"、"(으)ㅂ시다" 等可以和命令句或劝诱句一同使用。
• 시간이 없어서 빨리 가세요. (×)	• 시간이 없으니까 빨리 가세요. (○) 没时间了，快点走吧。
• 다리가 아파서 택시를 탈까요? (×)	• 다리가 아프니까 택시를 탈까요? (○) 腿很疼，（我们）坐出租车怎么样？
❷ 不能与 "-았/었" 或 "-겠-" 等时态一同使用。	❷ 可以与 "-았/었-"、"-겠-" 等时态一同使用。
• 한국에서 살았어서 한국어를 잘해요. (×)	• 한국에서 살았으니까 한국어를 잘해요. (○) 在韩国生活过，所以韩语好。
❸ 主要用于对一般性理由的说明。	❸ 在叙述主观性的理由或提出某种根据来阐明理由时，或者告知对方也知道的内容时使用。
A 왜 늦었어요? 为什么迟到了？ **B** 차가 막혀서 늦었어요. 因为车很堵，所以迟到了。	**A** 왜 늦었어요? 为什么迟到了？ **B** 차가 막히니까 늦었어요. 因为车很堵，所以迟到了。
❹ 可以与 "반갑다"、"고맙다"、"감사하다"、"미안하다" 等问候语一同使用。	❹ 不能与 "반갑다"、"고맙다"、"감사하다"、"미안하다" 等问候语一同使用。
• 만나서 반갑습니다. (○) 见到您很高兴。	• 만나니까 반갑습니다. (×)

1 选择恰当的单词并使用 "–(으)니까" 完成对话。

> 가다　　　고장 났다　　　깨끗하다　　　모르다　　　일이 많다

(1) A 몇 번 버스가 시청 앞에 가요?

　　 B 저는 잘 ________ 운룡 씨한테 물어보세요.

(2) A 지금 컴퓨터 좀 사용할 수 있어요?

　　 B 이 컴퓨터는 ______________ 옆 컴퓨터를 쓰세요.

(3) A 오늘 피곤해요?

　　 B 네, ______________ 너무 피곤해요.

(4) A 어느 식당으로 갈까요?

　　 B 학교 앞 식당이 맛있고 ______________ 거기로 갈까요?

(5) A 우리 이번 주 토요일에 같이 영화 봐요.

　　 B 이번 주 토요일은 회사에 ______________ 일요일에 봅시다.

2 在正确的答案上画圈。

(1) 돈이 (없어서 / 없으니까) 쇼핑하지 맙시다.

(2) (더워서 / 더우니까) 에어컨을 켤까요?

(3) 열이 많이 (나서 / 나니까) 병원에 가세요.

(4) (도와주셔서 / 도와주시니까) 감사합니다.

(5) 1시간 전에 (떠났어서 / 떠났으니까) 곧 도착할 거예요.

N 때문에, A/V-기 때문에

눈 **때문에** 길이 미끄러워요.
因为下雪，路很滑。

아이 **때문에** 피곤해요.
因为孩子的缘故，感到很累。

외국인**이기 때문에** 한국말을 잘 못해요.
因为是外国人，所以韩语不好。

语法重点

"때문에"和"-기 때문에"说明后文的理由或者原因的表达方式。相当于汉语的"因为/因此"。"-기 때문에"在表述明确的理由时使用，与"-아/어서"或"-(으)니까"相比，主要用于书面语中。前面是名词时与"때문에"结合使用，是动词或形容词时与"-기 때문에"结合使用。

名词 + 때문에	动词/形容词 + -기 때문에
아기 + **때문에** → 아기 때문에	바쁘다 + **-기 때문에** → 바쁘기 때문에

名词	N 때문에	基本形	A/V-기 때문에
비	비 때문에	살다	살기 때문에
감기	감기 때문에	배우다	배우기 때문에
친구	친구 때문에	크다	크기 때문에
남편	남편 때문에	귀엽다	귀엽기 때문에
교통	교통 때문에	멀다	멀기 때문에

"–기 때문에" 不能用于命令句或劝诱句。

- 날씨가 춥기 때문에 따뜻한 옷을 입으세요. (×)
  → 날씨가 추우니까 따뜻한 옷을 입으세요. (○)
    天气很冷，衣服穿暖和点吧。

- 친구들이 기다리기 때문에 빨리 갑시다. (×)
  → 친구들이 기다리니까 빨리 갑시다. (○)
    朋友们在等着，快点去吧。

- 날씨가 좋기 때문에 산에 갈까요? (×)
  → 날씨가 좋으니까 산에 갈까요? (○)
    天气很好，去登山怎么样？

对话

Track **124**

A 왜 늦었어요?
B 비 때문에 차가 많이 막혔어요.

A 你为什么迟到了？
B 因为下雨所以车很堵。

A 토요일에 만날 수 있어요?
B 토요일은 친구 생일이기 때문에 만날 수 없어요.

A 星期六能见面吗？
B 星期六是朋友生日，没法见面。

A 방학에 여행 갈 거예요?
B 아니요, 가고 싶지만 아르바이트를 하기 때문에 못 가요.

A 假期要去旅行吗？
B 不，虽然想去，但因为要打工，所以不能去。

有什么不同?

N 때문에	N이기 때문에
• 아기 때문에 밥을 못 먹어요. 因为孩子的原因（不睡觉、一直哭等）我没办法吃饭。	• 아기이기 때문에 밥을 못 먹어요. 因为孩子还小，所以还不能吃饭。（只能喝牛奶。）
• 학생 때문에 선생님이 화가 나셨어요. 因为学生的原因（说了谎话等）所以老师生气了。	• 학생이기 때문에 공부를 열심히 해야 해요. 因为是学生，所以应该努力学习。

看下列图片，使用 "때문에" 或 "–기 때문에" 完成对话。

(1) 

A 오늘 왜 학교에 안 가요?

B ______________________ 학교에 안 가요.
  (휴일이다)

(2) 

A 내일 주말이에요. 우리 만나서 놀까요?

B ______________________ 못 놀아요.
  (약속이 있다)

(3) 

A 여보세요. 여보, 오늘 일찍 와요?

B 미안해요. ______________________ 늦을 거예요.
  (회사 일)

(4) 

A 민우 씨, 왜 그래요? 머리가 아파요?

B 네, ______________________ 머리가 아파요.
  (향수 냄새)

10.

请求与帮助

01 V-아/어 주세요, V-아/어 주시겠어요?

02 V-아/어 줄게요, V-아/어 줄까요?

V-아/어 주세요, V-아/어 주시겠어요?

문 좀 **닫아 주세요**.
请关一下门。

사진 좀 **찍어 주시겠어요?**
你能帮我们照张相吗?

자리를 **안내해 드리세요**.
把客人带到位子上。

语法重点

此句型在请求别人帮助做出某种行动时使用，相当于汉语的"能帮忙……吗?/请(帮我)……"。"-아/어 주시겠어요?"比"-아/어 주세요"更能表现出对对方的照顾和恭敬。获得帮助的对象如果是长辈或需要恭敬对待的人时，使用"-아/어 드리세요"。词干以元音"ㅏ, ㅗ"结尾时使用"-아 주세요/주시겠어요?"，以其他元音结尾时使用"-어 주세요/주시겠어요?"，以"하다"结尾的动词时变形为"-해 주세요/주시겠어요"。

词干以"ㅏ, ㅗ"结尾	词干以"ㅏ, ㅗ"以外的元音结尾	以"하다"结尾
앉다 + **-아 주세요** → 앉아 주세요	찍다 + **-어 주세요** → 찍어 주세요	청소하다 → 청소해 주세요

基本形	-아/어 주세요	-아/어 주시겠어요?
사다	사 주세요	사 주시겠어요?
켜다	켜 주세요	켜 주시겠어요?

빌리다	빌려 주세요	빌려 주시겠어요?
들다	들어 주세요	들어 주시겠어요?
소개하다	소개해 주세요	소개해 주시겠어요?
안내하다	안내해 주세요	안내해 주시겠어요?
*쓰다	써 주세요	써 주시겠어요?
*끄다	꺼 주세요	꺼 주시겠어요?

* 不规则变形

对话

Track 126

A 저 좀 도와주시겠어요?
B 네, 뭘 도와 드릴까요?

A 您能帮我一下吗?
B 好的，我能帮您什么?

A 왕단 씨, 이 문법 좀 가르쳐 주세요.
B 미안해요. 저도 잘 몰라요.

A 王丹，你教教我这个语法吧。
B 对不起，我也不懂。

A 미국 회사에 이메일을 보내야 해요.
  이것 좀 영어로 번역해 주시겠어요?
B 네, 그럴게요.

A 要给美国公司发送邮件。
  你能帮忙把这个翻译成英语吗?
B 好的，我来翻译。

请注意!

"-아/어 주다"、"-아/어 드리다" 用于表述句子的主语或话者对听者或接受行为的对象能够
起到帮助的时候使用，而在已经给予了帮助的状态下则使用 "-아/어 줬어요" 或 "-아/어 드렸어요"。

- 형은 제 숙제를 잘 도와줘요.   哥哥常给我指导作业。
- 잠깐만 기다려 주세요.   请稍等一下。
- 언니가 과일을 깎아 줬어요.   姐姐给我削好了水果。
- 아직 친구에게 선물 안 해 줬어요.   我还没有把礼物给朋友呢。

下面的图画中人们在请求别人什么事情？看下列图片，选择恰当的表达并使用 "–아/어 주세요" 或 "–아/어 주시겠어요?" 完成对话。

문을 열다　　　조용히 하다　　　책을 찾다　　　천천히 이야기하다

(1)

A ________________________?

B 네, 열어 드릴게요.

(2)

A 재준 씨, ____________________.

B 네, 다시 잘 들으세요.

(3)

A ____________________.

B 네, 알겠습니다.

(4)

A ____________________?

B 네, 알겠어요.

Track **127**

우산이 두 개 있는데 **빌려줄까요?**
我有两把雨伞，借给你一把吧?

제가 **도와 드릴게요**.
我来帮助你。

선생님, 제가 **들어 드릴까요?**
老师，我来帮您拿吧?

语法重点

此句型在将要给予对方帮助的时候使用，相当于汉语的"我帮你……"。当接受行为的对象是长辈时使用"-아/어 드릴게요"或"-아/어 드릴까요"。词干元音以"ㅏ, ㅗ"结尾时使用"-아 줄게요/줄까요?"，以其他元音结尾时使用"-어 줄게요/줄까요?"，以"하다"结尾的动词变形为"해 줄게요/줄까요?"。

词干以"ㅏ, ㅗ"结尾	词干以"ㅏ, ㅗ"以外的元音结尾	以"하다"结尾
사다 + **-아 줄게요** → 사 줄게요	기다리다 + **-어 줄게요** → 기다려 줄게요	운전하다 → 운전해 줄게요

基本形	-아/어 줄게요	-아/어 줄까요?
보다	봐 줄게요	봐 줄까요?
만들다	만들어 줄게요	만들어 줄까요?
빌리다	빌려줄게요	빌려줄까요?
소개하다	소개해 줄게요	소개해 줄까요?

*돕다	도와줄게요	도와줄까요?

* 不规则变形

对话

Track **128**

A 여기요, 여기 상 좀 치워 주세요.

B 네, 손님, 금방 치워 드릴게요.

A 에어컨을 켜 주시겠어요?

B 네, 켜 드릴게요.

A 服务员，请清理一下这张桌子。

B 好的，客人，马上给您清理。

A 能帮我开一下空调吗？

B 好的，给您开。

有什么不同?

-(으)세요	-아/어 주세요
单纯地命令或要求为听者做出某种行动。	请求为话者做出某种行动。
• 이 옷이 민우 씨에게 안 어울려요. 다른 옷으로 바꾸세요. 这件衣服不适合珉宇，换穿其他的衣服吧。 (为了听者)	• 이 옷이 저에게 안 어울려요. 다른 옷으로 바꿔 주세요. 这件衣服不适合我，请给我换成其他衣服。 (为了话者)
• 다리가 아프세요? 여기 앉으세요. 您腿疼吗？请在这里坐一下吧。 (为了听者)	• 영화가 안 보여요. 앉아 주세요. 看不到电影屏幕了，请您坐下。 (为了话者)

练习一下

看下列图片，选择恰当的单词并使用 "-아/어 주세요" 或 "-아/어 줄까요?" 完成对话。

내리다	빌리다

(1)

A 망치 좀 빌려줄 수 있어요?

B 네, 있어요. ___________.

(2)

A 제가 가방을 ___________?

B 네, 고맙습니다.

尝试与经历

- **01** V-아/어 보다
- **02** V-(으)ㄴ 적이 있다/없다

갈비를 **먹어 봤어요**?
你吃过排骨吗?

한번 **입어 보세요**.
试穿一下吧。

제주도에 **가 보고** 싶어요.
我想去济州岛看看。

语法重点

此句型是对于某种行动的尝试或者经验的表达方式，相当于汉语的"曾经/尝试……"。词干元音以"ㅏ, ㅗ"结尾时使用"–아 보다"，以其他元音结尾时使用"–어 보다"，以"하다"结尾的动词变形为"해 보다"。一般来说，使用现在时态时表示"尝试"，使用过去时态时表示"经验"。

- 김치가 맛있어요. 김치를 먹어 보세요.　泡菜好吃，尝尝泡菜吧。(尝试)
- 김치를 먹어 봤어요. 맛있었어요.　　　我吃过泡菜，很好吃。(经验)

词干以"ㅏ, ㅗ"结尾	词干以"ㅏ, ㅗ"以外的元音结尾	以"하다"结尾
가다 + **–아 보다** → 가 보다	먹다 + **–어 보다** → 먹어 보다	여행하다 → 여행해 보다

基本形	–아/어 보세요	–아/어 봤어요
사다	사 보세요	사 봤어요
살다	살아 보세요	살아 봤어요
입다	입어 보세요	입어 봤어요
먹다	먹어 보세요	먹어 봤어요
공부하다	공부해 보세요	공부해 봤어요
등산하다	등산해 보세요	등산해 봤어요
*듣다	들어 보세요	들어 봤어요

* 不规则变形

对话

Track **130**

A 이 신발 신어 봐도 돼요?　　　A 我可以试穿一下这双鞋吗?

B 네, 신어 보세요.　　　B 可以, 请试穿。

A 한국 친구가 있어요?　　　A 你有韩国朋友吗?

B 아니요, 없어요.　　　B 没有。
　한국 친구를 사귀어 보고 싶어요.　　我想交韩国朋友。

A 막걸리를 마셔 봤어요?　　　A 你喝过米酒吗?

B 아니요, 안 마셔 봤어요.　　　B 没有喝过。
　어떤 맛이에요?　　是什么味道呢?

请注意!

“–아/어 보다” 表示经验的时候不能与动词 “보다” 结合使用。

• 한국 영화를 봐 봤어요. (×) → 한국 영화를 본 적이 있어요. (○) 我看过韩国电影。

1 看下列图片，仿照例子，并向朋友推荐在韩国值得去的地方。

例子 속초에 가면 _______ 설악산에 가 보세요 _______.

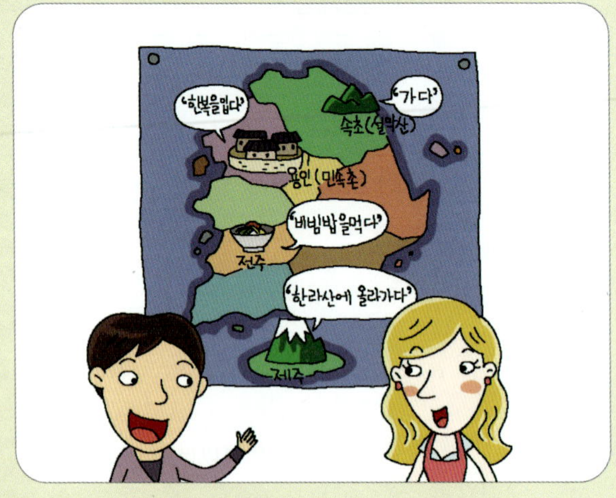

(1) 민속촌에 가면 _____________________.

(2) 전주에 가면 _____________________.

(3) 제주도에 가면 _____________________.

2 以下是两个人的对话。选择恰当的单词并使用 "–아/어 보다" 完成对话。

가다	구경하다	마시다

웨슬리: 왕징 씨, 인사동에 가 봤어요?

왕징:　아니요, (1)_____________. 웨슬리 씨는 (2)___________?

웨슬리: 네, 지난 주말에 가 봤어요.

왕징:　인사동에서 뭘 했어요?

웨슬리: 옛날 물건을 구경하고 한국 전통차를 (3)___________.

왕징:　그래요. 저도 인사동에서 전통차를 마셔 보고 싶어요.

웨슬리: 그럼 이번 주말에 인사동을 (4)___________.

02

V–(으)ㄴ 적이 있다/없다

Track **131**

인도 영화를 본 적이 있어요.
我看过印度电影。

회사에 지각한 적이 없어요.
上班没有迟到过。

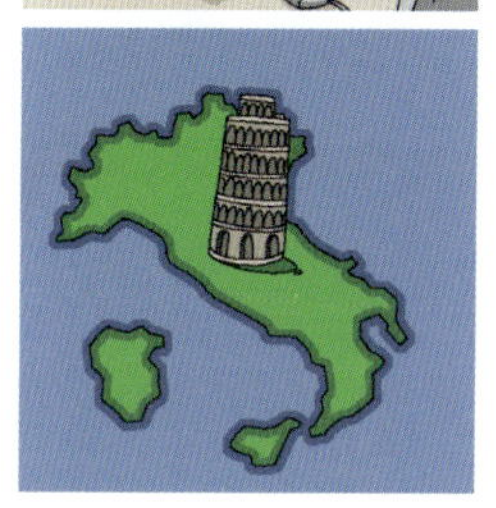

이탈리아에 가 본 적이 있어요?
你去过意大利吗？

语法重点

此句型表述过去曾经有过或没有过进行某种行动的经验，相当于汉语的"曾经……过"。有过经验时使用"–(으)ㄴ 적이 있다"，没有过经验时使用"–(으)ㄴ 적이 없다"。词干以元音结尾时使用"–ㄴ 적이 있다/없다"，以辅音结尾时使用"–은 적이 있다/없다"。"–(으)ㄴ 일이 있다/없다"也具有相似的意义，但是"–(으)ㄴ 적이 있다/없다"更加常用。

以元音结尾	以辅音结尾
보다 + **–ㄴ 적이 있다** → 본 적이 있다	입다 + **–은 적이 있다** → 입은 적이 있다

基本形	–ㄴ 적이 있다	基本形	–은 적이 있다
타다	탄 적이 있다	읽다	읽은 적이 있다
만나다	만난 적이 있다	먹다	먹은 적이 있다
여행하다	여행한 적이 있다	받다	받은 적이 있다
*만들다	만든 적이 있다	*듣다	들은 적이 있다

* 不规则变形

"–(으)ㄴ 적이 있다/없다" 和 "–아/어 보다" 结合成为 "–아/어 본 적이 있다/없다" 的形式，表明有过进行某种尝试的经验。

- 저는 미국에 가 본 적이 있어요.　我曾经去过美国。
- 한국 음식을 먹어 본 적이 없어요.　我没有吃过韩国食物。

对话

Track **132**

A 어제 명동에서 연예인을 만났어요.

B 와, 난 지금까지 한 번도 연예인을 만난 적이 없어요.

A 我昨天在明洞看见明星了。

B 哇，我到现在一次都没见过明星。

A 시장에서 물건값을 잘 깎아요?

B 아니요, 깎아 본 적이 없어요.

A 你在市场擅长砍价吗？

B 不，我没砍过价。

请注意!

"–(으)ㄴ 적이 있다" 不用于反复出现的或一般性的事情。

- 오늘 물을 마신 적이 있어요. (×)
- 화장실에 간 적이 있어요. (×)

练习一下

看下列图片，使用 "–(으)ㄴ 적이 있다/없다" 完成对话。

(1) 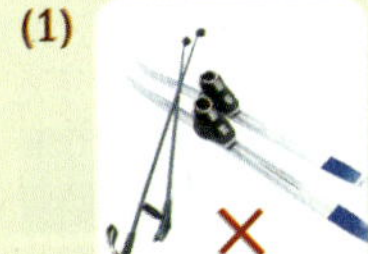 

A 이번 겨울에 스키를 탄 적이 있어요?

B 아니요, 스키를 ＿＿＿＿＿＿.
그렇지만 스케이트는 ＿＿＿＿＿＿.

(2) 

A 한국에 와서 병원에 간 적이 있어요?

B 아니요, 병원에 ＿＿＿＿＿＿.
그렇지만 약국에는 ＿＿＿＿＿＿.

(3)  

A 여권을 잃어버린 적이 있어요?

B 아니요, 여권을 ＿＿＿＿＿＿.
그렇지만 우산은 ＿＿＿＿＿＿.

Unit 12.

询问意见与提出建议

01 V–(으)ㄹ까요? ①

Track **133**

같이 **농구할까요?**
我们一起打篮球怎么样？

여기에서 좀 **쉴까요?**
在这里休息一下怎么样？

무슨 영화를 **볼까요?**
我们看什么电影呢？

语法重点

"–(으)ㄹ까요?" 表述说话人向听话的人提议一起做某事，或者询问对方的意见时使用。主语 "우리" 一般省略。相当于汉语的 "(一起)……怎么样/如何？"。回答可以是劝诱句 "–(으)ㅂ시다" 或 "–아/어 요"。(参考：请参照第12课 "询问意见与提出建议" 的03 "V–(으)ㅂ시다"。) 词干以元音或 "ㄹ" 结尾时使用 "– ㄹ까요?"，以辅音结尾时使用 "–을까요?"。

以元音或 "ㄹ" 结尾	以辅音结尾
가다 + **–ㄹ까요?** → 갈까요?	먹다 + **–을까요?** → 먹을까요?

基本形	–ㄹ까요?	基本形	–을까요?
사다	살까요?	닫다	닫을까요?
여행하다	여행할까요?	*듣다	들을까요?
*열다	열까요?	*걷다	걸을까요?

* 不规则变形

(参考：请对照第12课 "询问意见与提出建议" 的02 "V–(으)ㄹ까요? ②" 和第17课 "推测" 的02 "A/V–(으)ㄹ까요? ③"。)

对话

A 주말에 같이 노래방에 갈까요?

B 네, 좋아요. 같이 가요.

A 퇴근 후에 술 한잔할까요?

B 미안해요. 오늘 약속이 있어요.
　다음에 같이해요.

A 我们周末一起去练歌房怎么样？

B 好的，一起去吧。

A 我们下班后喝一杯怎么样？

B 不好意思，今天有约会了。
　下次一起喝酒吧。

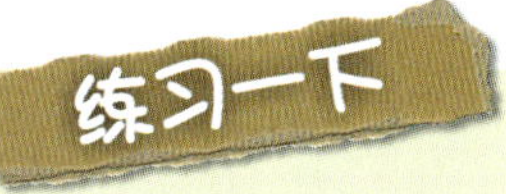

以下是布第和王静的对话。看下列图片，仿照例子，使用 "–(으)ㄹ까요?" 或 "–아/어요" 完成对话。

> 例子
>
> 부디: 왕징 씨, 우리 내일 뭐 <u>할까요?</u> (하다)
>
> 왕징: 영화 <u>봐요.</u> (보다)

부디: 무슨 영화를 (1)________ ? (보다)

왕징: 한국 영화를 (2)________. (보다)

부디: 그럼 어디에서 (3)____________ ? (만나다)

왕징: 학교 앞에서 (4)____________. (만나다)

부디: 3시 영화가 있어요.

왕징: 그럼, 영화 시작하기 전에 만나서 같이 점심을 (5)____________ ? (먹다)

부디: 네, 좋아요.

왕징: 영화 보고 나서 남대문시장에 가서 (6)____________ ? (쇼핑하다)

부디: 저는 쇼핑을 안 좋아해요. 커피 마시면서 (7)____________. (이야기하다)

왕징: 그럼, 그렇게 해요.

Track **135**

语法重点

"–(으)ㄹ까요?"是话者向听者提出自己的意见或者征询听者的意见时使用，主语是"제가"或"내가"时可以省略。相当于汉语的"……怎么样?"。回答使用命令句"–(으)세요"或"–(으)지 마세요"。词干以元音或"ㄹ"结尾时使用"–ㄹ까요?"，以辅音结尾时使用"–을까요?"。

以元音或"ㄹ"结尾	以辅音结尾
사다 + –ㄹ까요? → 살까요?	닫다 + –을까요? → 닫을까요?

基本形	–ㄹ까요?	基本形	–을까요?
가다	갈까요?	읽다	읽을까요?
오다	올까요?	놓다	놓을까요?
*만들다	만들까요?	*듣다	들을까요?

* 不规则变形

(参考：请对照第12课"询问意见与提出建议"的01 "V–(으)ㄹ까요? ①"和第17课"推测"的02 "A/V–(으)ㄹ까요? ③"。)

对话

Track **136**

A 내일 언제 전화할까요?	A 明天什么时候给你电话呢?
B 저녁에 전화하세요.	B 请晚上给我电话。
A 가족들과 부산에 갈 거예요. 어느 호텔을 예약할까요?	A 我们将和家人一起去釜山。 我应该预订哪家酒店?
B 이 호텔을 예약하세요. 가족들과 가기에 아주 좋아요.	B 预订这家酒店吧, 非常适合家人出游。
A 이 컴퓨터를 어디에 놓을까요?	A 这台电脑放在哪里好呢?
B 책상 위에 놓으세요.	B 放在桌子上吧。

使用 "–(으)ㄹ까요?" 向朋友寻求意见,使用 "–(으)세요" 或 "–지 마세요" 完成对话。

가다	가져가다	먹다	보다

(1)

A 오늘 날씨가 흐려요? 우산을 ______________?
B 네, ___________. 비가 곧 오겠어요.

(2)

A 외국 친구와 점심 약속이 있어요. 무슨 음식을 _________?
B 잡채를 ________. 외국 사람들은 잡채를 좋아해요.

(3)

A 미국에서 친구가 와요. 친구와 어디에 _______?
B 민속촌에 ________. 한국의 전통문화를 알 수 있어요.

(4)

A 내일 여자 친구와 데이트가 있어요. 이 영화를 _________?
B 이 영화를 __________. 사람들이 이 영화가 재미없대요.

한식을 **먹읍시다**.
我们吃韩餐吧。

버스를 타지 마요. 지하철을 **탑시다**.
别坐公交车了，坐地铁吧。

영화를 **보지 맙시다**.
我们不要看电影了。

Track **137**

语法重点

"**-(으)ㅂ시다**" 表述提议一起做某事的时候或者提出建议的时候使用，相当于汉语的"一起……吧"。
也可以用"**-아/어요**"。词干以元音结尾时使用"**-ㅂ시다**"，以辅音结尾时使用"**-읍시다**"。相反，
当提议一起不要做某事时使用"**-지 맙시다**"或"**-지 마요**"。

以元音结尾	以辅音结尾
가다 + **-ㅂ시다** → 갑시다	먹다 + **-읍시다** → 먹읍시다

基本形	-(으)ㅂ시다	-지 맙시다
오다	옵시다	오지 맙시다
만나다	만납시다	만나지 맙시다
여행하다	여행합시다	여행하지 맙시다
*만들다	만듭시다	만들지 맙시다
*걷다	걸읍시다	걷지 맙시다

* 不规则变形

对话 

Track **138**

A 언제 출발할까요?　　　　　A 我们什么时候出发呢？
B 10분 후에 출발합시다.　　　B 10分钟后出发吧。

A 주말에 클럽에 갈까요?　　　A 周末去俱乐部怎么样？
B 월요일에 시험이 있으니까　　B 星期一有考试，不要去俱乐部了。
　 클럽에 가지 맙시다. 같이 공부합시다.　 一起学习吧。

A 오늘 등산 갈까요?　　　　　A 今天去登山怎么样？
B 어제 비가 와서 미끄러워요.　B 昨天下了雨，路很滑。
　 다음 주에 가요.　　　　　　 下周去吧。

请注意!

“-(으)ㅂ시다” 在正式场合向多个人请求·劝告时使用，对方比话者年龄小、地位低或年龄、地位相似时使用，对长辈不能使用。对长辈是不符合礼节的表达方式。对长辈使用 “같이 -(으)세요” 较为合适。

❶ 向多个人请求·劝告
 • 여러분, 우리 모두 공부 열심히 합시다.　 我们大家一起努力学习吧。
 • 점심시간입니다. 모두들 점심 식사합시다. 午饭时间，我们一起吃饭吧。

❷ 听者比话者年龄小、地位低或年龄、地位相似
 • 사장님: 토요일에 같이 점심 식사합시다.　社长：星期六一起吃午饭吧。
 • 사원: 네, 좋습니다.　　　　　　　　　　职员：好的。

 • 재준: 요코 씨, 주말에 같이 등산 갑시다.　在俊：阳子，周末一起登山吧。
 • 요코: 그래요, 재준 씨.　　　　　　　　　阳子：好的，在俊。

❸ 对长辈
 • 선생님, 노래방에 같이 갑시다. (×)
 　→ 선생님, 노래방에 같이 가세요. (○)　老师，一起去练歌房吧。
 • 교수님, 저희와 같이 점심 먹읍시다. (×)
 　→ 교수님, 저희와 같이 점심 드세요. (○) 教授，和我们一起吃午饭吧。

智秀想和凯洛儿一起度暑假。使用 "–(으)ㅂ시다" 或 "–아/어요" 完成对于暑假计划的对话。

지수: 캐럴 씨, 이번 여름에 휴가를 같이 갈까요?

캐럴: 네, 좋아요. 같이 (1) ___________. (가다)

지수: 어디로 갈까요? 해외로 갈까요, 국내로 갈까요?

캐럴: 저는 한국 여행을 많이 못했으니까 국내로 가고 싶어요.

　　　국내 (2) ___________. (여행하다)

지수: 그래요. 아! 설악산에 가면 산과 바다에 갈 수 있어요. 설악산이 어때요?

캐럴: 설악산이 좋겠어요! 설악산에 (3) _________. (가다)

　　　바다에 가면 우리 수영도 하고 (4) _______________. (선탠도 하다)

지수: 와, 재미있겠어요.

　　　산에도 갈 거니까 운동화나 등산화도 (5) __________. (가져가다)

캐럴: 네, 알겠어요.

지수: 참, 거기에는 생선회가 유명해요. 캐럴 씨, 생선회 먹을 수 있어요?

캐럴: 물론이에요. 우리 생선회도 (6) __________. (먹다)

04 V-(으)시겠어요?

Track **139**

도넛 좀 드시겠어요?
您要不要吃甜甜圈?

방을 예약하시겠어요?
您要不要预定房间?

커피에 설탕을 넣으시겠어요?
您的咖啡里要不要放糖?

语法重点

"-(으)시겠어요?"表述郑重地向对方劝告或询问对方的意见或意图时使用。相当于汉语的"要不要……?/……行吗?"。比"-(으)ㄹ래요?/-(으)실래요?"更加格式化和郑重。动词词干以元音结尾时使用"-시겠어요?",以辅音结尾时使用"-으시겠어요?"。

以元音结尾	以辅音结尾
가다 + **-시겠어요?** → 가시겠어요?	읽다 + **-으시겠어요?** → 읽으시겠어요?

基本形	-시겠어요?	基本形	-으시겠어요?
오다	오시겠어요?	앉다	앉으시겠어요?
만나다	만나시겠어요?	받다	받으시겠어요?
구경하다	구경하시겠어요?	입다	입으시겠어요?
*만들다	만드시겠어요?	*듣다	들으시겠어요?

* 不规则变形

Track **140**

A 내일 몇 시에 오시겠어요?

B 3시까지 갈게요.

A 여보세요, 조엘 씨, 저 리라예요.
지금 통화 괜찮아요?

B 미안해요. 지금 회의 중이에요.
30분 후에 다시 전화해 주시겠어요?

A 한국의 전통 기념품을 사고 싶어요.

B 그럼, 인사동에 가 보시겠어요?

A 明天您几点来呢?

B 三点左右我能到。

A 喂，乔尔，我是莉拉。
你现在方便通话吗?

B 不好意思，现在正在开会。
你30分钟后再打来行吗?

A 我想买韩国传统纪念品。

B 那么去仁寺洞看看怎么样?

练习一下

仿照例子，选择恰当的回答并连接。

例子 김 선생님 계세요? •

(1) 머리를 어떻게 하시겠어요? •

(2) 주말에 심심해요. •

(3) 내일 제 생일 파티가 있어요.
와 주시겠어요? •

(4) 이 문제가 어려워요.
좀 가르쳐 주시겠어요? •

• ⓐ 그럼 같이 영화 보러 가시겠어요?

• ⓑ 미안해요. 저도 잘 모르겠어요.

• ⓒ 지금 수업 중이세요. 잠깐만
기다리시겠어요?

• ⓓ 짧게 잘라 주세요.

• ⓔ 네, 좋아요. 꼭 갈게요.

05 V–(으)ㄹ래요? ①

Track **141**

등산 같이 갈래요?
一起去登山怎么样？

커피 한잔하실래요?
一起去喝杯咖啡怎么样？

한강에서 배를 타지 않을래요?
一起去汉江坐船怎么样？

语法重点

"–(으)ㄹ래요?" 表述询问听者的意见或意图，或者委婉地拜托某事时使用。在口语中常用，用于较为亲密的关系中，较之 "–으시겠어요?" 没有特别郑重的感觉。相当于汉语的 "(一起)……怎么样？/如何？" 对于用 "–(으)ㄹ래요?" 提问的情况，可以用 "–(으)ㄹ래요"、"–(으)ㄹ게요" 来回答，还可以用 "–지 않을래요?/안 –(으)ㄹ래요?" 代替 "–(으)ㄹ래요?" 提问，虽然是否定形态，但和 "–(으)ㄹ래요?" 的意义相同。既亲近又不失恭敬的用法有 "–(으)실래요?"。动词词干以元音或 "ㄹ" 结尾时使用 "–ㄹ래요?"，以辅音结尾时使用 "–을래요?"。

以元音或 "ㄹ" 结尾	以辅音结尾
가다 + **–ㄹ래요?** → 갈래요?	받다 + **–을래요?** → 받을래요?

基本形	–ㄹ래요?	基本形	–을래요?
보다	볼래요?	먹다	먹을래요?
사다	살래요?	앉다	앉을래요?

운동하다	운동할래요?	*듣다	들을래요?
*놀다	놀래요?	*걷다	걸을래요?

* 不规则变形

(参考: 请对照第13课 "意志与计划" 的03 "V-(으)ㄹ래요 ②"。)

对话

Track **142**

A 저는 된장찌개를 먹을래요.

   하미 씨는 뭐 드실래요?

B 저는 갈비탕을 먹을래요.

A 유키 씨, 우리 시험 끝나고 뭐 할래요?

B 영화 볼까요?

A 서울의 야경이 보고 싶어요.

B 그럼 저녁에 N서울타워에 같이 갈래요?

A 我想吃大酱汤,

   河美你吃什么?

B 我要吃排骨汤。

A 由纪, 我们考完试做什么好呢?

B 去看电影怎么样?

A 我想看首尔的夜景。

B 那么晚上一起去N首尔塔怎么样?

练习一下

选择恰当的单词并使用 "-(으)ㄹ래요?" 完成对话。

걷다	보지 않다	쇼핑하다	앉다	타다

(1) A 흐엉 씨, 다리 아파요? 저기 의자에 ___________?

   B 아니요, 괜찮아요.

(2) A 와, 눈이 많이 왔어요. 우리 스키 _________?

   B 네, 좋아요.

(3) A 요즘 백화점에서 세일해요.

   B 그럼 오늘 백화점에서 같이 ___________?

(4) A 날씨가 정말 좋아요.

   B 그래요? 그럼 밖에 나가서 좀 _________?

(5) A 요즘 재미있는 영화가 많이 있어요. 같이 영화 ___________?

   B 미안해요. 요즘 바빠서 시간이 없어요.

13.

意志与计划

01 A/V-겠어요 ①

02 V-(으)ㄹ게요

03 V-(으)ㄹ래요 ②

Track **143**

올해에는 담배를 꼭 **끊겠습니다**.
我今年一定要戒烟。

제가 출장을 **가겠습니다**.
我去出差。

잠시 후에 인천공항에 **도착하겠습니다**.
稍后将到达仁川国际机场。

语法重点

1 "–겠어요" 在动词后使用，表明话者将要做某事的意志或意图。相当于汉语的"将/打算"。 动词词干后使用"–겠어요"，否定形态是"–지 않겠어요"或"안 –겠어요"。

- 아침마다 운동하겠어요.
  我打算每天早上运动。
- 이제 술을 마시지 않겠어요.
  从现在起打算戒酒。

"–겠어요" 表示意图或意志时不能使用第三人称做主语。

- 카일리 씨는 내일부터 다이어트를 하겠어요. (×)
  → 카일리 씨는 내일부터 다이어트를 할 거예요. (○)
    卡里准备从明天开始减肥。
  → 저는 내일부터 다이어트를 하겠어요. (○)
    我准备从明天开始减肥。

2 表明某件事情即将要发生时使用。相当于汉语的"将要/即将"。

- (기차역 안내 방송) 기차가 곧 도착하겠습니다. (火车站广播)火车马上将要进站。
- (일기 예보에서) 내일은 비가 오겠습니다. (天气预报)明天会下雨。

가다 + **–겠어요** → 가겠어요　　　　　먹다 + **–겠어요** → 먹겠어요

基本形	–겠어요	基本形	–겠어요
오다	오겠어요	읽다	읽겠어요
만나다	만나겠어요	만들다	만들겠어요
전화하다	전화하겠어요	듣다	듣겠어요

(参考: 请对照第17课 "推测" 的03 "A/V–겠어요 ②"。)

对话

Track **144**

A 왕단 씨, 지각하지 마십시오!　　　　A 王丹，你别再迟到了!

B 죄송합니다.　　　　　　　　　　　B 对不起，我从明天开始一定早来。
　내일부터는 일찍 오겠습니다.

A 외국 손님들이 오셔서 통역이　　　A 外国客人来了需要翻译。
　필요합니다.

B 부장님, 그럼 제가 통역을 하겠습니다.　B 部长，我来翻译。

A 잠시 후에는 안준호 교수님께서　　　A 稍后安俊浩教授将针对韩国经济进行讲座。
　한국 경제에 대해 강의를 하시겠습니다.

B 안녕하십니까? 안준호입니다.　　　B 大家好，我是安俊浩。

请注意!

❶ 在如下状况下习惯使用 "–겠–"。

- 처음 뵙겠습니다. 이민우입니다. 初次见面。我是李珉宇。
- 잘 먹겠습니다.　　　　　　　　我会好好吃的。
- 어머니, 학교 다녀오겠습니다.　妈妈, 我去上学了。

❷ 话者对于自己的想法不强硬地表达，而是委婉地表达出来。

A 여러분, 여기까지 알겠어요? 现在大家明白了吗?

B 아니요, 잘 모르겠어요.　　不, 不太明白。

1 下面的人们新年下了什么决心？看下列图片，使用 "–겠어요" 完成对话。

a

(1)

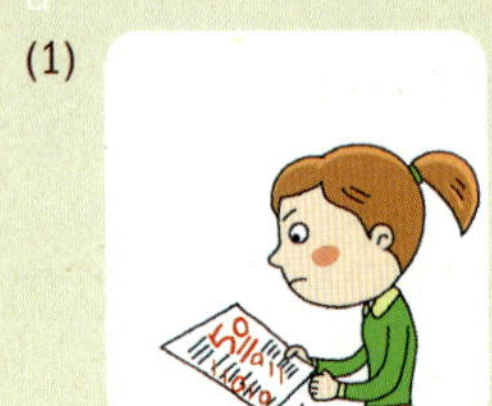

올해에는 열심히 ______________________.
(공부하다)

(2)

올해에는 아이와 더 많이 ______________________.
(놀아 주다)

(3)

올해에는 ______________________________________.
(컴퓨터 게임을 하다 ×)

2 以下是天气预报。看下列图片，使用 "–겠습니다" 完成句子。

내일 세계의 날씨를 보시겠습니다. (1) 내일 서울은 ______________________.

(2) 뉴욕은 ______________________. (3) 방콕은 ______________________.

제가 전화 **받을게요**.
我来接电话。

Track **145**

죄송합니다. 일이 있어서 먼저 **갈게요**.
对不起，我有事先走了。

저녁에 **전화할게요**.
我晚上给你电话。

语法重点

"–(으)ㄹ게요" 表述说话的人表达自己的决心、意志、向对方做承诺或和对方做某种约定的时候使用。或者话者表示自己将要做某事时也可以使用。相当于汉语的"将……"。口语中以及关系较为亲近的人之间使用。动词词干以元音或"ㄹ"结尾时使用"–ㄹ게요"，以辅音结尾时使用"–을게요"。

以元音或 "ㄹ" 结尾	以辅音结尾
가다 + **–ㄹ게요** → 갈게요	찾다 + **–을게요** → 찾을게요

基本形	–ㄹ게요	基本形	–을게요
오다	올게요	끊다	끊을게요
타다	탈게요	*듣다	들을게요
공부하다	공부할게요	*걷다	걸을게요
*열다	열게요	*돕다	도울게요

* 不规则变形

只能与表示主语意志的动词一同使用。

- 오늘 오후에는 바람이 불게요. (×)
  (刮风和主语的意志无关)

- 저는 이제부터 날씬할게요. (×)
  (和形容词不能一同使用)

只能使用第一人称作主语。

- 부디 씨가 저녁에 전화할게요. (×)
  → 부디 씨가 저녁에 전화할 거예요. (○)
  布第在晚上会打电话的。
  → 제가 저녁에 전화할게요. (○)
  我晚上会打电话的。

不用于疑问句。

- 리라 씨, 이제 늦지 않을게요? (×)
  → 리라 씨, 이제 늦지 않을 거예요? (○)
  莉拉，从现在起不再迟到了吗?

对话

Track 146

A 제 책 가지고 왔어요?

B 미안해요. 잊어버렸어요.
　내일은 꼭 가지고 올게요.

A 에릭 씨, 카일리 씨의 이메일 주소
　아세요?

B 네, 알아요. 제가 종이에 써 드릴게요.

A 你把我的书带来了吗?

B 对不起，我忘了。
　明天一定带过来。

A 艾力克，你知道卡里的电子邮件地址吗?

B 是的，知道。我给你写在纸上。

–(으)ㄹ게요	–(으)ㄹ 거예요
与听者相关，主语考虑到对方然后表达自己的意志和想法。	与听话的人无关，单方面表达主语的想法、意志或计划。
A 몸에 안 좋으니까 담배를 피우지 마세요. B 네, 담배를 안 피울게요. (听了对方的话后按照对方的话做)	A 이제부터 담배를 안 피울 거예요. B 잘 생각하셨어요. (与对方所说的内容无关，本人已经存在着不吸烟的想法)
A 그럼, 안녕히 가세요. B 네, 제가 밤에 전화할게요. (在对方希望的前提下提出会打电话)	A 그럼, 안녕히 가세요. B 네, 제가 밤에 전화할 거예요. (不管对方愿意或不愿意都会打电话)

练习一下

看下列图片，仿照例子并使用 "–(을)게요" 完成对话。

例子

A 이거 너무 어려워요. 가르쳐 줄 수 있어요?
B 그럼요. __제가 가르쳐 줄게요__.
(가르쳐 주다)

(1) 

A 웨슬리 씨가 점심을 샀으니까 제가 커피를 ____________.
(사다)

B 고마워요. 잘 마실게요.

(2) 

A 티루엔 씨, 이 서류를 팩스로 보내 주시겠어요?
B 네, 바로 ____________.
(보내 드리다)

(3) 

A 이거 비밀이니까 다른 사람한테 이야기하면 안 돼요.
B 알겠어요. ____________________.
(이야기하다 ×)

(4) 

A 내일 일찍 일어나야 하니까 오늘 늦게 자면 안 돼요.
B 네, 알겠어요. 오늘 ____________________.
(늦게 자다 ×)

Track **147**

너무 배가 불러요. 그만 **먹을래요**.
肚子太撑了，我不吃了。

커피 **마실래요**.
我要喝咖啡。

이번 방학에는 여행을 **할래요**.
我这个假期要去旅行。

语法重点

"–(으)ㄹ래요" 表述说话人表述自己要做某事的意志、意向、意愿等。口语中以及关系亲近的朋友之间使用，没有郑重的语气。相当于汉语的 "想要……"。使用疑问形态表示询问对方的意向。(参考：请参照第12课 "询问意见与提出建议" 的05 "V–(으)ㄹ래요 ①"。) 动词词干以元音或 "ㄹ" 结尾时使用 "–ㄹ래요"，以辅音结尾时使用 "–을래요"。

以元音或 "ㄹ" 结尾	以辅音结尾
가다 + **–ㄹ래요** → 갈래요	먹다 + **–을래요** → 먹을래요

基本形	–ㄹ래요	基本形	–을래요
오다	올래요	받다	받을래요
타다	탈래요	있다	있을래요
공부하다	공부할래요	*듣다	들을래요
*놀다	놀래요	*걷다	걸을래요

* 不规则变形

1 只能与动词结合使用。

- 저는 키가 클래요. (×)
  → 저는 키가 컸으면 좋겠어요. (○)
    我要是个子高就好了。

- 저는 예쁠래요. (×)
  → 저는 예뻤으면 좋겠어요. (○)
    我要是长得漂亮就好了。

(参考：请参照第8课 "希望表达方式" 的02 "A/V-았/었으면 좋겠다 ①"。)

2 只能与第一人称结合使用。

- 호앙 씨는 다음 주에 고향에 갈래요. (×)
  → 호앙 씨는 다음 주에 고향에 갈 거예요. (○)
    浩央下周回家乡。
  → 저는 다음 주에 고향에 갈래요. (○)
    我下周要回家乡。

(参考：请对照第12课 "询问意见与提出建议" 的05 "V-(으)ㄹ래요 ①"。)

对话

Track 148

A 하미 씨, 이따가 액션 영화 볼래요,
　공포 영화 볼래요?

B 저는 공포 영화는 싫어요.
　액션 영화 볼래요.

A 뭐 드실래요?

B 저는 커피를 마실래요.

A 오늘 리라 씨의 생일 파티에 안 가요?

B 네, 안 갈래요. 피곤해서 집에서 쉴래요.

A 河美，一会儿去看动作电影呢，
　还是恐怖电影呢?

B 我不喜欢恐怖电影，
　我要看动作电影。

A 你想吃点什么?

B 我想喝咖啡。

A 你今天不去莉拉的生日派对吗?

B 是的，不去。我太累，想在家休息。

看下列图片，使用"-(으)ㄹ래요"完成对话。

(1) 

A 캐럴 씨는 빨간색이 잘 어울리니까 오늘 빨간색 옷을 입으세요.
B 지난번에 빨간색을 입었으니까 오늘은 검은색 옷을 ________.
(입다)

(2) 

A 12시예요. 점심 안 드세요?
B 아침을 늦게 먹어서 저는 이따가 __________.
(먹다)

(3) 

A 방학 때 피아노 배울래, 기타 배울래?
B 기타를 __________.
(배우다)

(4) 

A 날씨가 더우니까 아이스크림 먹을래요?
B 저는 배가 아파서 ____________.
(먹다 ×)

背景与说明

01 A/V-(으)ㄴ/는데 ②

02 V-(으)니까 ②

Track **149**

추운데 창문을 닫을까요?
挺冷的，关上窗户好吗？

백화점에 가는데 같이 갈래요?
我去百货商店，你也一起去吗？

제 동생은 학생인데 공부를 아주 잘해요.
我妹妹是学生，学习很好。

많이 샀는데 이제 갈까요?
你买了很多东西了，现在走吧?

语法重点

"–(으)ㄴ/는데"在前文中揭示对于后文进行介绍的内容时，或者说明后文的背景、状况时使用。与形容词结合使用时，词干以元音结尾使用"–ㄴ데"，词干以辅音结尾使用"–은데"。动词与"–는데"结合使用。

形容词与"이다"现在时态		动词现在时态 있다/없다	动词/形容词、过去时态
收音×	收音○		
–ㄴ데	–은데	–는데	–았/었는데
바쁜데 학생인데	많은데 적은데	보는데　먹는데 있는데　없는데	봤는데　　바빴는데 의사였는데　학생이었는데

基本形	-(으)ㄴ데	基本形	는데
작다	작은데	오다	오는데
높다	높은데	기다리다	기다리는데
편리하다	편리한데	찾다	찾는데
*귀엽다	귀여운데	듣다	듣는데
*하얗다	하얀데	*살다	사는데
아팠다	아팠는데	받았다	받았는데
경찰이었다	경찰이었는데	결혼했다	결혼했는데

* 不规则变形

(参考：请对照第4课 "罗列与对比" 的03 "A/V–(으)ㄴ/는데 ①"。)

对话

Track **150**

A 요코 씨가 회사원이에요?

B 아니요, 아직 학생인데 올해
　졸업할 거예요.

A 阳子，你是公司职员吗?

B 不是，我还是学生，今年毕业。

A 학교 근처에 어느 식당이 괜찮아요?

B 학교 옆에 '만나식당'이 괜찮은데
　거기 한번 가 보세요.

A 学校附近哪家饭店好吃?

B 学校附近"曼娜食堂"挺好的，
　去那里试试吧。

A 이 옷을 어제 샀는데 마음에 안 들어요.

B 왜요? 지수 씨한테 잘 어울려요.

A 昨天买了这件衣服，但是不合心意。

B 为什么啊? 很适合智秀你啊。

看下列图片，选择恰当的单词并使用 "-(으)ㄴ/는데" 完成对话。

고프다	없다	오다	친구이다

(1) 

A 이 사람이 누구예요?
B 제 ________ 지금 미국에 있어요.

(2) 

A 배가 ________ 식당에 갈까요?
B 네, 좋아요.

(3) 

A 비가 ________ 택시를 탑시다.
B 네, 그러는 게 좋겠어요.

(4) 

A 주스 한 잔 주시겠어요?
B 주스가 ________ 커피 드릴까요?

V–(으)니까 ②

Track **151**

집에 **들어오니까** 맛있는 냄새가 나요.
回到家，闻到了香味。

아침에 **일어나니까** 선물이 있었어요.
早上一起来，看到有礼物。

집에 **오니까** 밤 12시였어요.
回到家已经晚上12点了。

语法重点

"–(으)니까"表述前文的行为促使发现了后文的结果时使用。相当于汉语的"一……发现/……之后发现……"。词干以元音结尾时使用"–니까"，词干以辅音结尾时使用"–으니까"。表达发现的"–(으)니까"只能与动词结合使用。

以元音结尾	以辅音结尾
가다 + **–니까** → 가니까	받다 + **–으니까** → 받으니까

基本形	–니까	基本形	–으니까
오다	오니까	먹다	먹으니까
배우다	배우니까	읽다	읽으니까
일어나다	일어나니까	있다	있으니까
전화하다	전화하니까	*듣다	들으니까
*만들다	만드니까	*걷다	걸으니까

* 不规则变形

表明结果(发现)的 "-(으)니까" 前面不能使用 "-았-" 或 "-겠-"。

- 아침에 회사에 갔으니까 아무도 없었어요. (×)
  → 아침에 회사에 가니까 아무도 없었어요. (○)
    早上一去公司，发现没有一个人。

- 저녁에 집에 왔으니까 어머니가 계셨어요. (×)
  → 저녁에 집에 오니까 어머니가 계셨어요. (○)
    晚上回到家，发现母亲在家。

(参考：请对照第9课 "理由与原因" 的02 "A/V-(으)니까 ①"。)

对话

Track **152**

A 제이슨 씨한테 전화해 봤어요?　　　A 你给杰森打过电话了吗？

B 네, 그런데 전화하니까 안 받아요.　　B 是的，打了电话，但是没接。

A 그 모자 얼마예요?　　　　　　　　A 那顶帽子多少钱？

B 만 원이요. 어제 백화점에 가니까　　B 一万元。昨天去百货商店，发现在打折。
　 세일을 하고 있었어요.

练习一下

连接左边的句子和右边最恰当的句子，仿照例子并完成句子。

例子 친구 집에 전화하다	ⓐ 한국 생활이 재미있어요.
(1) 지하철을 타 보다	ⓑ 생선회가 싸고 맛있었어요.
(2) 한국에서 살아 보다	ⓒ 할머니가 전화를 받으셨어요.
(3) 부산에 가다	ⓓ 빠르고 편해요.
(4) 동생의 구두를 신어 보다	ⓔ 작았어요.

例子 <u>친구 집에 전화하니까 할머니가 전화를 받으셨어요.</u>

(1) ____.

(2) ____.

(3) ____.

(4) ____.

01 V–(으)러 가다/오다

옷을 **사러** 동대문시장에 **가요**.
去东大门市场买衣服。

Track **153**

한국 팬들을 **만나러** 한국에 **왔어요**.
为了见韩国的影迷，来到了韩国。

은행에 돈을 **찾으러 가요**.
去银行取钱。

语法重点

"–(으)러 가다/오다" 表述为了实现前文的行动而去往或来到后文的地点。相当于汉语的"为了……而去/来……"动词以元音或 "ㄹ" 结尾时使用 "–러 가다/오다"，以辅音结尾时使用 "–으러 가다/오다"。

以元音或 "ㄹ" 结尾	以辅音结尾
사다 + **–러 가다** → 사러 가다	먹다 + **–으러 가다** → 먹으러 가다

基本形	–러 가요/와요	基本形	–으러 가요/와요
보다	보러 가요/와요	받다	받으러 가요/와요
배우다	배우러 가요/와요	찾다	찾으러 가요/와요
공부하다	공부하러 가요/와요	*듣다	들으러 가요/와요
*놀다	놀러 가요/와요	*짓다	지으러 가요/와요
*살다	살러 가요/와요	*돕다	도우러 가요/와요

* 不规则变形

"-(으)러"后面经常结合"가다(去)"、"오다(来)"、"다니다(上班/上学、参加)"等移动动词使用。

- 옷을 사러 시장에 가요. (○)　　　我去市场买衣服。
- 옷을 사러 돈을 찾아요. (×)
  → 옷을 사려고 돈을 찾아요. (○) 我为了买衣服取钱。

"-(으)러"前面不能使用类似于"가다(去)"、"오다(来)"、"올라가다(上去)"、"내려가다(下去)"、"들어가다(进去)"、"나가다(出去)"、"여행하다(旅行)"、"이사하다(搬家)"等表示移动的动词。

- 가러 가다 (×), 오러 가다 (×), 올라가러 가다 (×), 나가러 가다 (×)

对话

Track **154**

A 이사했어요?

B 네, 지난주에 했어요.
　주말에 우리 집에 놀러 오세요.

A 요즘 바빠요?

B 네, 조금 바빠요.
　한국 춤을 배우러 학원에 다녀요.

A 你搬家了吗?

B 是的，上周搬了家。
　周末来我家玩吧。

A 你最近忙吗?

B 是的，有点忙。
　为了学韩国舞正上舞蹈班呢。

练习一下

看下列图片，使用 "-(으)러 가다/오다" 完成对话。

(1) 

A 어떻게 오셨습니까?

B 사장님을 __________ 왔습니다.
　　　　　(만나다)

(2) 

A 어디에 가요?

B __________ 나가요. 남자 친구하고 약속이 있어요.
　(데이트하다)

(3) 

A 음식이 나왔는데 어디에 가요?

B 손을 __________ 화장실에 가요.
　　　　(씻다)

02

V-(으)려고

Track **155**

살을 **빼려고** 매일 세 시간씩 운동을 해요.
为了减肥，每天运动三个小时。

아내에게 **주려고** 선물을 샀어요.
我买了礼物想送给妻子。

잠을 **자지 않으려고** 커피를 5잔이나 마셨어요.
为了不睡觉，喝了5杯咖啡。

语法重点

"–(으)려고"表明话者的意图或计划时使用。带有前文完成某种行动的意图而进行后文的行动。相当于汉语的"为了……而……"。动词词干以元音或"ㄹ"结尾时使用"–려고"，以辅音结尾时使用"–으려고"。

以元音或"ㄹ"结尾	以辅音结尾
보다 + **–려고** → 보려고	먹다 + **–으려고** → 먹으려고

基本形	–려고	基本形	–으려고
가다	가려고	찍다	찍으려고
만나다	만나려고	읽다	읽으려고
이야기하다	공부하려고	찾다	찾으려고
*놀다	놀려고	*듣다	들으려고
*벌다	벌려고	*짓다	지으려고

* 不规则变形

对话

A 정아 씨, 요즘 학원에 다녀요?

B 네, 컴퓨터를 배우려고 학원에 다니고 있어요.

A 아까 만났는데 왜 또 전화했어요?

B 당신 목소리를 들으려고 전화했어요.

A 자려고 누웠는데 잠이 안 와요.

B 그러면 따뜻한 우유를 한 잔 마셔 보세요.

A 静雅，最近在上辅导班吗？

B 是的，为了学习电脑正在上辅导班。

A 刚见过面为什么又打电话？

B 我想听你的声音，所以打电话了。

A 为了睡觉而躺下了，但是睡不着。

B 那么试着喝杯热牛奶吧。

有什么不同?

-(으)러

❶ 与 "가다, 오다, 다니다, 올라가다, 나가다" 等移动动词结合使用。

- 친구를 만나러 커피숍에서 친구를 기다려요. (×)
- 친구를 만나러 커피숍에 가요. (○)
  我为了见朋友，去咖啡店。

❷ "-(으)러" 后的动词可以使用现在、过去、将来时态。

- 친구를 만나러 커피숍에 가요. (○)
  我为了见朋友，去咖啡店。
- 친구를 만나러 커피숍에 갔어요. (○)
  我为了见朋友去了咖啡店。
- 친구를 만나러 커피숍에 갈 거예요. (○)
  我为了见朋友要去咖啡店。

❸ 可以同 "-(으)ㅂ시다, -(으)세요" 等结合 使用。

- 밥을 먹으러 식당에 갑시다. (○)
  一起去饭店吃饭吧。
- 밥을 먹으러 식당에 가세요. (○)
  请去饭店吃饭吧。

-(으)려고

❶ 可以同所有动词结合使用。

- 친구를 만나려고 커피숍에 가요. (○)
  我去咖啡店想要见朋友。
- 친구를 만나려고 커피숍에서 친구를 기다려요. (○)
  我想见朋友，在咖啡店等朋友。

❷ 后面的动词可以使用现在、过去时态， 但从意义上来看，使用将来时态比较不 通顺。

- 친구를 만나려고 커피숍에 가요. (○)
  我去咖啡店想要见朋友。
- 친구를 만나려고 커피숍에 갔어요. (○)
  我想要见朋友，去了咖啡店。
- 친구를 만나려고 커피숍에 갈 거예요. (×)

❸ 不能与 "-(으)ㅂ시다, -(으)세요" 结合 使用。

- 밥을 먹으려고 식당에 갑시다. (×)
- 밥을 먹으려고 식당에 가세요. (×)

"

以下这些人为什么学习韩语？仿照例子完成句子。

> **例子** <u>한국 대학교에 입학하려고</u> 한국말을 배워요.

(1) _________________________ 한국말을 배워요.

(2) ____________________ 한국말을 배워요.

(3) ____________________ 한국말을 배워요.

(4) _____________________ 한국말을 배워요.

(5) ____________________ 한국말을 배워요.

03

V-(으)려고 하다

여름휴가 때 여행을 하려고 해요.
暑假的时候，我想去旅行。

결혼하면 아이를 두 명 낳으려고 해요.
结婚后，我想生两个孩子。

방학 동안 운전을 배우려고 했어요.
그런데 팔을 다쳐서 못 배웠어요.
放假期间我想学习开车。但是由于胳膊受伤没学成。

Track **157**

语法重点

"–(으)려고 하다"表述虽然主语具有进行某事的意图或计划，但尚未付诸于实际行动时使用。相当于汉语的"想/计划/打算……"。动词词干以元音或"ㄹ"结尾时使用"–려고 하다"，以辅音结尾时使用"–으려고 하다"。此外，"–(으)려고 했다"作为"–(으)려고 하다"的过去时态，表示虽然本来打算做某事，但没有实现时使用。

以元音或"ㄹ"结尾	以辅音结尾
가다 + **–려고 하다** → 가려고 하다	먹다 + **–으려고 하다** → 먹으려고 하다

基本形	–려고 해요	基本形	–으려고 해요
보다	보려고 해요	받다	받으려고 해요
사다	사려고 해요	씻다	씻으려고 해요
만나다	만나려고 해요	*듣다	들으려고 해요
취직하다	취직하려고 해요	*묻다	물으려고 해요
*놀다	놀려고 해요	*돕다	도우려고 해요

* 不规则变形

对话

A 보너스를 받으면 뭐 할 거예요?	**A** 拿到奖金准备干什么？
B 새 차를 사려고 해요.	**B** 想要买新车。

A 대학교를 졸업하면 무엇을 할 거예요?	**A** 大学毕业后打算干什么？
B 대학원에서 공부를 더 하려고 해요.	**B** 打算进研究生院继续学习。
A 저는 회사에 취직하려고 해요.	**A** 我打算到公司上班。

练习一下

凯洛儿放假时打算去旅行。观察凯洛儿的旅行包，仿照例子写出她计划要做什么。

> **例子** 호주에 가려고 해요.

(1) 어머니께 엽서를 ________________.

(2) 비행기 안에서 한국어를 ________________.

(3) 비행기 안에서 음악을 ________________.

(4) 호주에 있는 친구에게 선물을 ________________.

(5) 호주에서 골프를 ________________.

(6) 호주에서 사진을 ________________.

(7) 바다에서 수영을 ________________.

Track **159**

건강을 위해서 매일 비타민을 먹고 있습니다.
为了健康，每天吃维生素。

군인은 나라를 위해서 일하는 사람입니다.
军人是为了国家工作的人。

훌륭한 스케이트 선수가 되기 위해 열심히 연습을 합니다.
为了成为优秀的滑冰选手而努力练习。

语法重点

此句型表述进行或完成某些行动时使用。特别是话者以前句的行为作为目的而进行后面的动作。名词使用"을/를 위해서"。"위해서"是"위하여서"的缩略形式，也可以省略"서"，写成"위해"的形式。相当于汉语的"为了……"。动词词干后使用"−기 위해서"。

名词 + 을/를 위해서		动词 + −기 위해서
以元音结尾	**以辅音结尾**	
나라 + **를 위해서** → 나라를 위해서	가족 + **을 위해서** → 가족을 위해서	가다 + **−기 위해서** → 가기 위해서

N을/를 위해서	基本形	V−기 위해서
나라를 위해서	보다	보기 위해서
회사를 위해서	만나다	만나기 위해서
친구를 위해서	받다	받기 위해서
사랑을 위해서	입학하다	입학하기 위해서

남편을 위해서	벌다	벌기 위해서
건강을 위해서	듣다	듣기 위해서
가족을 위해서	돕다	돕기 위해서

"-기 위해서"不能与形容词结合使用。但是形容词添加"-아/어지다"变为动词后可以使用"-기 위해서"。

- 건강하기 위해서 운동을 합니다. (×)
  → 건강해지기 위해서 운동을 합니다. (○)
    我为了变得更健康而运动。

对话

Track 160

A 잘 부탁드립니다. 신입사원 이민우입니다.

A 请多指教。我是新职员李珉宇。

B 반갑습니다. 회사를 위해서 열심히 일해
  주십시오.

B 很高兴见到你。希望你为了公司努力工作。

A 가족을 위해서 무엇을 하세요?

A 你为了家人做些什么?

B 저는 가족을 위해서 매일 기도하고 있어요.

B 我每天为家人祈祷。

A 아파트 산 것을 축하합니다.

A 祝贺你买了房子。

B 감사합니다. 이 집을 사기 위해서
  우리 부부가 열심히 돈을 모았어요.

B 谢谢。我们夫妇非常努力地攒钱买了这套房子。

有什么不同?

-(으)려고	-기 위해서
不能与"-아/어야 해요"、"-(으)ㅂ시다"、"-(으)세요"、"-(으)ㄹ까요?"结合使用。	可以与"-아/어야 해요"、"-(으)ㅂ시다"、"-(으)세요"、"-(으)ㄹ까요?"结合使用。

-(으)려고

- 대학교에 입학하려고 열심히 공부했어요. (○)
  我为了考入大学而努力学习了。
- 대학교에 입학하려고 열심히 공부해야 해요. (×)
- 대학교에 입학하려고 열심히 공부합시다. (×)
- 대학교에 입학하려고 열심히 공부하세요. (×)

-기 위해서

- 대학교에 입학하기 위해서 열심히 공부했어요. (○)
  我为了考入大学而努力学习了。
- 대학교에 입학하기 위해서 열심히 공부해야 해요. (○)
  我为了考入大学必须努力学习。
- 대학교에 입학하기 위해서 열심히 공부합시다. (○)
  我们为了考入大学一起努力学习吧。
- 대학교에 입학하기 위해서 열심히 공부하세요. (○)
  你为了考入大学请努力学习吧。

看下列图片，选择恰当的单词并使用 "을/를 위해(서)" 或 "-기 위해(서)" 完成对话。

건강	당신	만나다	취직하다

(1)

A 매일 아침에 조깅을 해요?
B 네, 저는 _____________ 매일 아침에 조깅을 해요.

(2)

A 와, 맛있겠어요. 무슨 날이에요?
B 오늘이 당신 생일이라서 _____________ 내가 만들었어요.

(3)

A 왜 한국말을 배워요?
B 한국 회사에 _____________ 한국말을 배워요.

(4)

A 왜 한국에 왔어요?
B 한국 친구를 _____________ 왔어요.

건강 때문에 올해부터 담배를 **끊기로 했어요.**
由于考虑到健康，我决定从今年开始戒烟。

Track **161**

주말에 친구하고 같이 **등산하기로 했어요.**
打算周末和朋友一起登山。

우리는 3년 후에 **결혼하기로 했습니다.**
我们打算3年后结婚。

语法重点

1 "–기로 하다" 表述与别人约定时使用。动词词干后使用 "–기로 했다"。

> **A** 정아 씨, 사랑해요. 우리 내년에 결혼합시다.
> 静雅，我爱你。我们明年结婚吧。

> **B** 좋아요. 내년에 결혼해요.
> 好的，我们明年结婚吧!

> → 정아 씨와 나는 서로 사랑하고 있어요. 우리는 내년에 결혼하**기로 했어요.**
> 静雅和我爱着对方。我们计划明年结婚。

2 "–기로 하다" 还可以用于与自己的约定。即表述决心、决定时使用。动词词干后使用 "–기로 했다"。

> • 나는 올해부터 매일 운동하**기로 했어요.**
> 我从今年开始每天打算运动。

가다 + **–기로 했다** → 가기로 했어요　　　　먹다 + **–기로 했다** → 먹기로 했어요

基本形	–기로 했어요	基本形	–기로 했어요
만나다	만나기로 했어요	입다	입기로 했어요
공부하다	공부하기로 했어요	찍다	찍기로 했어요
놀다	놀기로 했어요	듣다	듣기로 했어요
살다	살기로 했어요	돕다	돕기로 했어요

对话

Track **162**

A 재준 씨, 오늘 왜 이렇게 기분이 좋아요?　A 在俊，今天心情为什么这么好？

B 이번 주말에 캐럴 씨와 데이트하기로　B 这个周末要和凯洛儿约会了。
했어요.

A 내일 등산 갈 때 누가 카메라를 가져와요?　A 明天登山的时候谁带照相机？

B 부디 씨가 가져오기로 했어요.　B 计划由布第带。

A 새해에 무슨 계획이 있어요?　A 新年有什么计划吗？

B 새해에는 자기 전에 꼭 일기를 쓰기로　B 新年打算睡觉之前一定要写日记。
했어요.

请注意! 

"–기로 하다" 主要使用 "–기로 했어요/했습니다" 这一过去时态，但是也有使用 "–기로 해요" 的
情景。此时表达对于对话中的某个内容进行约定。

A 내일 뭐 할까요?　　　　明天做什么？

B 등산하기로 해요. (= 등산하기로 합시다.) 去登山吧。(一起去登山吧。)

以下这些人新年计划做什么呢？看下列图片，选择恰当的单词并使用"–기로 하다"完成句子。

> 공부하다　　　끊다　　　배우다　　　사다　　　하지 않다

(1) 이민우 씨는 새해에 차를 ＿＿＿＿＿＿＿＿＿＿＿.

(2) 부디 씨는 술을 ＿＿＿＿＿＿＿＿＿.

(3) 캐럴 씨는 태권도를 ＿＿＿＿＿＿＿＿.

(4) 왕징 씨는 열심히 ＿＿＿＿＿＿＿＿.

(5) 티루엔 씨는 컴퓨터 게임을 ＿＿＿＿＿＿＿＿＿.

条件与假设

01 A/V-(으)면
02 V-(으)려면
03 A/V-아/어도

Track **163**

컴퓨터를 많이 **하면** 눈이 아파요.
如果用电脑太多的话，眼睛会疼。

나는 기분이 **좋으면** 춤을 춰요.
我心情好的话，会跳舞。

돈을 많이 **벌면** 집을 살 거예요.
如果赚到很多钱的话，会买房子。

语法重点

"–(으)면"表述前文是事实上的、一般性、反复性的后文的条件时使用，或者对不确定或没有实现的事实的假设时使用。相当于汉语的"如果……"。和表明假设含义的副词"**혹시**"、"**만일**"可以一同使用。动词词干以元音或"ㄹ"结尾时使用"–**면**"，以辅音结尾时使用"–**으면**"。

以元音或"ㄹ"结尾	以辅音结尾
가다 + **–면** → 가면	먹다 + **–으면** → 먹으면

基本形	–면	基本形	–으면
바쁘다	바쁘면	받다	받으면
만나다	만나면	있다	있으면
졸업하다	졸업하면	*듣다	들으면
*살다	살면	*덥다	더우면
*만들다	만들면	*낫다	나으면

＊ 不规则变形

"–(으)면" 的前面不能出现过去的内容。而且表述某种行动只出现一次的时候，使用 "–(으)ㄹ 때"。

- 어제 영화를 보면 울었어요. (×)
  → 어제 영화를 볼 때 울었어요. (○)
    昨天看电影哭了。

- 동생이 집에 없으면 친구가 왔어요. (×)
  → 동생이 집에 없을 때 친구가 왔어요. (○)
    弟弟不在家时朋友来了。

对话

Track **164**

A 주말에 보통 뭐 해요?

B 날씨가 좋으면 등산을 해요.
그렇지만 비나 눈이 오면 집에서
텔레비전을 봐요.

A 다음 주에 고향에 돌아가요.

B 그래요? 섭섭해요. 고향에 돌아가면
연락하세요.

A 결혼하면 어디에서 살 거예요?

B 회사 근처 아파트에서 살려고 해요.

A 你周末一般做什么?

B 天气好的话去登山。
但是下雨或下雪的话在家看电视。

A 我下周回家乡。

B 是吗? 真舍不得。
回到家乡的话一定要联系啊。

A 你结婚的话，住在哪里呢?

B 打算住在公司附近的公寓里。

请注意!

当前后文主语不一致时，前文主语不使用 "은/는"，而使用 "이/가"。

- 동생은 이야기하면 친구들이 웃어요. (×) → 동생이 이야기하면 친구들이 웃어요. (○)
  弟弟说笑话，朋友们笑了。
- 티루엔 씨는 회사에 안 오면 사무실이 조용해요. (×)
  → 티루엔 씨가 회사에 안 오면 사무실이 조용해요. (○) 迪鲁恩不来的话，办公室很安静。

连接有关的图片，选择恰当的单词并使用 "–(으)면" 完成对话。

| 가다 | 먹다 | 오지 않다 | 출발하다 |

(1)

ⓐ

(2)

ⓑ

(3)

ⓒ

(4)

ⓓ

(1) 아이스크림을 많이 __________ 살이 쪄요.

(2) 지금 __________ 3시에 도착할 수 있어요.

(3) 밤에 잠이 __________ 텔레비전을 봐요.

(4) 동대문시장에 __________ 옷이 싸요.

농구를 **잘하려면** 점프를 잘해야 돼요.
要想打好篮球，应该擅长弹跳。

Track **165**

동대문에 **가려면** 지하철 4호선을 타세요.
要想去东大门，应该乘坐地铁4号线。

이 선생님을 **만나려면** 월요일에 학교로 가세요.
要想见李老师，星期一去学校吧。

语法重点

"-(으)려면"是"-(으)려고 하면"的缩略形式。此句型和动词结合使用，表明如果具有实现前文的动作的想法或意图，应该以后文的动作为前提。因此"-아/어야 해요/돼요"、"-(으)면 돼요"、"-(으)세요"、"이/가 필요해요"、"-는 게 좋아요"等语法形态经常使用。相当于汉语的"要是想/如果想……"。动词词干以元音或"ㄹ"结尾时使用"-려면"，以辅音结尾时使用"-으려면"。

以元音或"ㄹ"结尾	以辅音结尾
가다 + **-려면** → 가려면	먹다 + **-으려면** → 먹으려면

基本形	-려면	基本形	-으려면
만나다	만나려면	받다	받으려면
취직하다	취직하려면	끊다	끊으려면
부르다	부르려면	*듣다	들으려면
*살다	살려면	*돕다	도우려면

* 不规则变形

Track **166**

A 한국말을 잘하고 싶어요.

B 한국말을 잘하려면 매일 한국말로만 이야기하세요.

A 펜을 자주 잃어버려요.

B 잃어버리지 않으려면 펜에 이름을 쓰세요.

A 사장님, 이 회사에서 일하고 싶습니다.

B 우리 회사에서 일하려면 한국말도 잘하고 컴퓨터도 잘해야 합니다.

A 我想说好韩语。

B 要想说好韩语，每天只用韩语说话吧。

A 我总是丢笔。

B 要是不想丢，就在笔上写上名字。

A 社长，我想在贵公司上班。

B 要想在我们公司上班，
韩语要说得好，电脑也要熟练。

看下列图片，连接最恰当的句子。

(1) 

ⓐ 이 문을 열려면 비밀번호를 알아야 해요.

(2) 

ⓑ 감기에 걸리지 않으려면 코트를 입으세요.

(3) 

ⓒ 공주와 결혼하려면 금사과를 가져와야 해요.

(4) 

ⓓ 식사하시려면 예약을 하셔야 합니다.

03 A/V-아/어도

크게 **말해도** 할머니가 못 들어요.
即使说话很大声，奶奶还是听不见。

이 옷이 마음에 들어요. **비싸도** 사고 싶어요.
我喜欢这件衣服。就算贵也想买。

뉴스를 **들어도** 이해하지 못해요.
即使听了新闻也听不懂。

Track **167**

语法重点

"–아/어도"表述与前文的行动或状态无关，后文的内容依旧发生。相当于汉语的"即使/就算"。词干以元音"ㅏ，ㅗ"结尾时使用"–아도"，以其他元音结尾使用"–어도"，以"하다"结尾的动词和形容词变形为"해도"。

词干以"ㅏ，ㅗ"结尾	词干以"ㅏ，ㅗ"以外的元音结尾	以"하다"结尾
가다 + **–아도** → 가도	먹다 + **–어도** → 먹어도	피곤하다 → 피곤해도

基本形	–아/어도	基本形	–아/어도
보다	봐도	켜다	켜도
찾다	찾아도	씻다	씻어도
닦다	닦아도	*듣다	들어도
공부하다	공부해도	*맵다	매워도
*바쁘다	바빠도	*부르다	불러도

* 不规则变形

A 3시까지 명동에 가야 해요.
택시를 탑시다.

B 지금 2시 50분이에요.
택시를 타도 3시까지 못 가요.

A 요즘 바빠서 아침을 못 먹어요.

B 바빠도 아침 식사를 꼭 해야 해요.
아침 식사를 안 하면 건강에 안 좋아요.

A 3点要到明洞。
我们坐出租车吧。

B 现在是2点50分。
就算坐出租车也到不了。

A 最近很忙，没法吃早餐。

B 就算是忙也要吃早餐。
不吃早餐对健康不利。

请注意!

在 "-아/어도" 前面使用表示 "어떻게 해도" 意思的 "아무리" 能够起到强调作用。

- 나는 바빠도 아침을 꼭 먹어요. → 나는 아무리 바빠도 아침을 꼭 먹어요.
  我即使忙也一定吃早餐。 → 我即使再忙也一定吃早餐。

- 그 옷이 비싸도 살 거예요. → 그 옷이 아무리 비싸도 꼭 살 거예요.
  那件衣服即使贵也要买。 → 那件衣服即使再贵也要买。

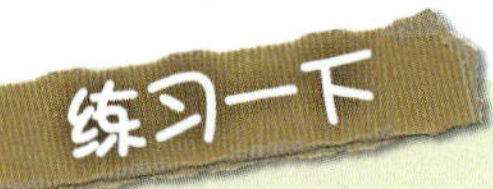

看下列图片，选择恰当的单词并使用 "-아/어도" 完成对话。

먹다	반대하다	보내다

(1) 

A 감기 다 나았어요?
B 아니요, 약을 ________ 안 나아요.

(2) 

A 두 사람이 정말 결혼할 거예요?
B 네, 부모님이 ___________ 꼭 결혼할 거예요.

(3) 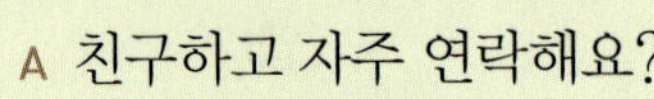

A 친구하고 자주 연락해요?
B 아니요, 편지를 ________ 친구가 답장을 안 해요.

Unit 17.

推测

Track **169**

와, **맛있겠어요**.
哇，一定很好吃。

저 포스터를 보세요. **재미있겠어요!**
看那张海报。看起来挺有意思的!

시원하겠어요.
看起来应该挺凉爽的。

语法重点

"–겠어요"是根据说话时的情景或状态推测的表达方式。相当于汉语的"应该(挺)……"。动词和形容词词干后使用"–겠어요"，对于过去的推测在"–겠–"前面结合"–았/었–"使用，变形为"–았/었겠어요"。

오다 + **–겠어요** → 오겠어요		덥다 + **–겠어요** → 덥겠어요	

基本形	–겠어요	基本形	–겠어요
보다	보겠어요	좋다	좋겠어요
되다	되겠어요	예쁘다	예쁘겠어요
받다	받겠어요	재미있다	재미있겠어요
찾다	찾겠어요	시원하다	시원하겠어요
일하다	일하겠어요	편하다	편하겠어요

(参考：请对照第13课"意志与计划"的01"A/V–겠어요 ①"。)

对话

A 이번 주에 제주도로 여행 갈 거예요.　　A 我这周要去济州岛旅游。
B 와, 좋겠어요. 저도 가고 싶어요.　　B 哇，真好呀。我也想去。

A 요즘 퇴근하고 매일 영어를 배워요.　　A 我最近下班后每天学习英语。
B 매일이요? 힘들겠어요.　　B 每天？一定挺累的。

A 이게 요즘 제가 배우는　　A 这是我最近学习的韩语书本。
　한국어 책이에요.
B 어렵겠어요.　　B 一定挺难的。

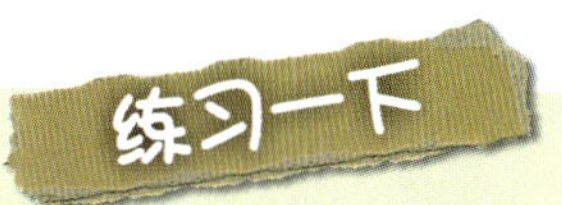

选择恰当的表达并使用 "-겠어요" 完成对话。

> 기분이 좋다　　　　바쁘다　　　　일본 요리를 잘하다
> 배가 고프다　　　　피곤하다　　　　한국말을 잘하다

(1) A 어제 일이 많아서 잠을 못 잤어요.
　　B 그래요? ____________.

(2) A 저는 한국에서 5년 살았어요.
　　B 그럼 ____________.

(3) A 어제 집에 손님들이 오셔서 음식을 많이 만들었어요.
　　B 어제 많이 ____________.

(4) A 이번 시험에서 1등을 했어요.
　　B ____________.

(5) A 저는 학원에서 1년 동안 일본 요리를 배웠어요.
　　B 그래요? 그럼 ____________.

(6) A 오늘 하루 종일 밥을 못 먹었어요.
　　B ____________.

02 A/V-(으)ㄹ 거예요 ②

Track **171**

그 옷을 입으면 **더울 거예요**.
穿那件衣服的话会热的。

하영 씨에게는 보라색 티셔츠가 잘 **어울릴 거예요**.
夏颖适合紫色的T恤衫。

7시니까 댄 씨는 벌써 **퇴근했을 거예요**.
7点了，戴尼应该已经下班了。

语法重点

"–(으)ㄹ 거예요" 表述话者以看到的、听到的或经历的事情作为依据进行推测。相当于汉语的"应该/会……"。形容词和动词词干以元音或"ㄹ"结尾时使用"–ㄹ 거예요"，以辅音结尾时使用"–을 거예요"。对于过去的推测将"–(으)ㄹ 거예요"前面结合"–았/었–"变形为"–았/었을 거예요"。

以元音或"ㄹ"结尾	以辅音结尾
사다 + **–ㄹ 거예요** → 살 거예요	먹다 + **–을 거예요** → 먹을 거예요

基本形	–ㄹ 거예요	基本形	–을 거예요
바쁘다	바쁠 거예요	입다	입을 거예요
시원하다	시원할 거예요	많다	많을 거예요
*만들다	만들 거예요	*가깝다	가까울 거예요
*길다	길 거예요	*덥다	더울 거예요

* 不规则变形

表示推测的 "–을 거예요" 不能用于疑问句。疑问句使用 "–(으)ㄹ까요?"。

> A 내가 이 옷을 입으면 멋있을까요? 〔이 옷을 입으면 멋있을 거예요? (×)〕
>   我穿这件衣服的话会好看吗?
>
> B 네, 멋있을 거예요.
>   是的, 会好看的。

(参考: 请对照第1课 "时态" 的03 "将来时态 V–(으)ㄹ 거예요 ①"。)

对话

Track **172**

A 여기에서 학교까지 버스가 있어요?	A 从这里到学校有公交车吗?
B 네, 그렇지만 자주 안 와서 지하철이 　더 편할 거예요.	B 有, 但是不经常有, 所以坐地铁更方便。
A 댄 씨에게 음악 CD를 주면 　좋아할까요?	A 送给戴尼音乐CD的话, 他会喜欢吗?
B 매일 음악을 들으면서 다니니까 　좋아할 거예요.	B 他每天听音乐, 会喜欢的。
A 요코 씨가 결혼했어요?	A 阳子结婚了吗?
B 왼손에 반지를 끼었으니까 　결혼했을 거예요.	B 她左手戴着戒指, 应该已经结婚了。

选择恰当的单词并使用 "-(으)ㄹ 거예요" 完成对话。

가다	걸리다	문을 닫다	바쁘다
예쁘다	오다	알다	자다

(1) A 민우 씨가 오늘 파티에 와요?

  B 출장 준비를 해야 하니까 아마 못 ___________.

(2) A 햄버거를 먹고 싶어요. 햄버거 가게가 문을 열었을까요?

  B 지금 밤 11시니까 ___________________.

(3) A 미국에 가려고 하는데 어디가 좋아요?

  B 댄 씨 고향이 미국이니까 잘 ___________. 댄 씨에게 물어보세요.

(4) A 티루엔 씨가 왜 회의에 안 왔어요?

  B 몸이 안 좋아서 일찍 집에 ____________.

(5) A 어제 캐럴 씨가 전화를 안 받았어요.

  B 어제 일이 많아서 ____________.

(6) A 부디 씨가 아침부터 계속 졸고 있어요.

  B 어젯밤에 파티를 해서 ___________.

(7) A 거기까지 시간이 많이 걸릴까요?

  B 지금 퇴근 시간이니까 시간이 좀 ___________.

(8) A 내일 돌잔치에 무슨 옷을 입고 갈까요?

  B 한복을 입으면 ____________.

语法重点

"–(으)ㄹ까요"表述对于尚未发生的状态或动作进行推测而提问时使用。相当于汉语的"已经/会……吗?"回答时常用"–(으)ㄹ 거예요"、"–(으)ㄴ/는 것 같아요"。形容词和动词词干以元音或"ㄹ"结尾时使用"–ㄹ까요?",以辅音结尾时使用"–을까요?"。对于过去的推测在"–(으)ㄹ까요?"前面使用"–았/었–"变形为"–았/었을까요?"。

以元音或"ㄹ"结尾	以辅音结尾
가다 + –ㄹ까요? → 갈까요?	먹다 + –을까요? → 먹을까요?

基本形	–ㄹ까요?	基本形	–을까요?
예쁘다	예쁠까요?	괜찮다	괜찮을까요?
친절하다	친절할까요?	*듣다	들을까요?
*살다	살까요?	*춥다	추울까요?

＊ 不规则变形

(参考：请对照第12课 "询问意见与提出建议" 的01 "V–(으)ㄹ까요? ①" 和02 "V–(으)ㄹ까요? ②"。)

对话

Track **174**

A 요즘 꽃이 비쌀까요?

B 졸업식 때니까 비쌀 거예요.

A 이번에 누가 승진을 할까요?

B 댄 씨가 일을 잘하니까 이번에 승진할 거예요.

A 지금 가면 길이 막힐까요?

B 아니요, 이 시간에는 길이 안 막혀요.

A 最近花贵吗?

B 因为是毕业典礼期间，会挺贵的。

A 这次谁会升职呢?

B 戴尼工作出色，应该会升职的。

A 现在走的话路上会堵吗?

B 不会的。这个时间应该不会堵。

选择恰当的单词并使用 "–(으)ㄹ까요?" 完成对话。

도착하다	돈이 많다	돌아오다	막히다	바쁘다

(1) A 웨슬리 씨가 ＿＿＿＿＿＿＿?

   B 네, 아버지가 부자니까 웨슬리 씨도 돈이 많을 거예요.

(2) A 버스를 타면 ＿＿＿＿＿＿?

   B 지금 퇴근 시간이니까 지금 버스를 타면 막힐 거예요.

(3) A 나탈리아 씨가 집에 ＿＿＿＿＿＿＿?

   B 1시간 전에 출발했으니까 지금쯤 도착했을 거예요.

(4) A 김 과장님이 ＿＿＿＿＿＿?

   B 요즘 연말이라서 바쁘실 거예요.

(5) A 선생님이 몇 시쯤 ＿＿＿＿＿＿?

   B 2시쯤 돌아오실 거예요.

04 A/V-(으)ㄴ/는/(으)ㄹ 것 같다

Track **175**

어제 비가 **온 것 같아요**.
昨天好像下雨了。

지금 비가 **오는 것 같아요**.
现在好像下着雨呢。

비가 **올 것 같아요**.
好像要下雨。

语法重点

1 此句型综合多种情况在对于过去发生的或尚未发生的状态或行动进行推测时使用。相当于汉语的 "好像/似乎……"。形容词现在或动词过去时态使用 "-(으)ㄴ",动词现在时态使用 "-는",将来时态使用 "-(으)ㄹ"。

> **A** 댄 씨, 오늘 기분이 좋은 것 같아요. 무슨 좋은 일 있어요?
> 戴尼,你今天心情好像挺好。有什么好事吗?
>
> **B** 네, 어제 아내가 딸을 낳았어요.
> 是的,昨天我妻子生了女儿。

2 此句型还可以在话者委婉表达出自己的想法或意见时使用,这种表达方式令其语气不强硬、武断,而是温和、谦逊。

> **A** 음식 맛이 어때요? 食物味道怎么样?
> **B** 좀 짠 것 같아요. 好像稍有点咸。

形容词现在时态		动词将来时态		动词 现在时态	动词将来时态	
收音×	收音○	收音×	收音○		收音×	收音○
–ㄴ 것 같다	–은 것 같다	–ㄴ 것 같다	–은 것 같다	–는 것 같다	–ㄹ 것 같다	–을 것 같다
바쁜 것 같다	많은 것 같다	간 것 같다	먹은 것 같다	가는 것 같다 먹는 것 같다	갈 것 같다	먹을 것 같다

	基本形	过去时态	现在时态	将来时态
形容词	예쁘다	–	예쁜 것 같다	예쁠 것 같다
	작다	–	작은 것 같다	작을 것 같다
	친절하다	–	친절한 것 같다	친절할 것 같다
	*춥다	–	추운 것 같다	추울 것 같다
动词	가다	간 것 같다	가는 것 같다	갈 것 같다
	찾다	찾은 것 같다	찾는 것 같다	찾을 것 같다
	결혼하다	결혼한 것 같다	결혼하는 것 같다	결혼할 것 같다
	*만들다	만든 것 같다	만드는 것 같다	만들 것 같다
	*듣다	들은 것 같다	듣는 것 같다	들을 것 같다
이다	학생이다	–	학생인 것 같다	학생일 것 같다

* 不规则变形
(※形容词过去时态将在高级阶段学习。)

对话

Track 176

A 일주일이 빨리 가는 것 같아요.

B 정말 그래요. 벌써 금요일이에요.

A 그 식당 주인이 친절한 것 같아요.

B 네, 항상 밥도 많이 주고 서비스도
좋아요.

A 더 드세요.

B 죄송해요. 배가 불러서 더 못 먹을 거
같아요.

A 一周的时间过的好像很快。

B 确实是。都已经星期五了。

A 那家饭店的主人好像很亲切。

B 是的，经常饭量给的多，
而且还赠送很多东西。

A 再多吃点吧。

B 不好意思，肚子撑了，没法再吃了。

"–(으)ㄴ 것 같다" 较之 "–(으)ㄹ 것 같다"，在具有更确切的根据时使用。而 "–(으)ㄹ 것 같다" 用于间接及不确定的推测时。

- 오늘 날씨가 더운 것 같아요. 今天天气好像挺热的。
  (看到人们很热的样子或者自己感受到了外部的炎热时进行的推测)

- 오늘 날씨가 더울 것 같아요. 今天天气好像会挺热。
  (昨天天气很热，所以估测今天可能也会热)

有什么不同?

–겠어요	–(으)ㄹ 거예요	–(으)ㄴ/는/(으)ㄹ 것 같다
没有根据或理由，在某状况中直观、瞬间的推测。	具有推测的依据，但仅是说话的人掌握有进行推测的信息。	直观性、主观性的推测，有根据或没有根据时都可以使用。

–겠어요

没有根据或理由，在某状况中直观、瞬间的推测。

A 이 식당의 음식이 맛있을까요?
　这家饭店的食物好吃吗?

B 맛있겠어요. (×)

A 제가 만들었어요. 맛있게 드세요.
　我做的。请您品尝。

B (맛있어 보이는 음식을 보는 순간) 와, 정말 맛있겠어요.
　(看到样子很好吃的食物的瞬间)
　哇，一定很好吃。

–(으)ㄹ 거예요

具有推测的依据，但仅是说话的人掌握有进行推测的信息。

A 이 식당의 음식이 맛있을까요?
　这家饭店的食物好吃吗?

B 이 식당은 손님이 많으니까 음식이 맛있을 거예요.
　这家饭店客人很多，所以应该会好吃。

–(으)ㄴ/는/(으)ㄹ 것 같다

直观性、主观性的推测，有根据或没有根据时都可以使用。

A 이 식당의 음식이 맛있을까요?
　这家饭店的食物好吃吗?

B① (잘 모르겠지만 제 생각에는) 맛있을 것 같아요.
　(虽然不知道但依我所想)好像挺好吃。

B② 사람이 많은 것을 보니까 맛있을 것 같아요.
　看到人很多的样子，所以应该好吃。

不进行直接表达，而是进行委婉的表达时使用。

A 다음 주 제 생일 파티에 올 수 있어요?
　下周的生日派对能来吗?

B 가고 싶지만 다음 주에 출장이 있어서 못 갈 것 같아요. 죄송해요.
　虽然想去，但是因为要出差，所以好像不能去。不好意思。

看下列图片，选择恰当的单词并使用"–(으)ㄴ/는/(으)ㄹ 것 같다"完成对话。

맑다   가족이다   먹다   하다

(1)   A 세 사람은 어떤 관계일까요?

      B ________________________.

(2)   A 고양이는 목욕을 했을까요?

      B ________________________.

(3)   A 오늘 날씨가 어떤 것 같아요?

      B ________________________.

(4)   A 강아지는 목욕이 끝난 후에 무엇을 할까요?

      B ________________________.

词类变化

Track **177**

가방이 예뻐요. 그 가방을 사고 싶어요.
包很漂亮，我想买那个包。

→ **예쁜** 가방을 사고 싶어요.
我想买漂亮的包。

소파에서 사람이 자요. 그 사람이 누구예요?
有人在沙发上睡觉。那个人是谁？

→ 소파에서 **자는** 사람이 누구예요?
在沙发上睡觉的人是谁？

오늘 저녁에 한국 음식을 먹을 거예요.
그 음식이 뭐예요?
今天晚上吃韩国菜。是什么韩国菜呢？

→ 오늘 저녁에 **먹을** 한국 음식이 뭐예요?
今天晚上要吃的韩国菜是什么呢？

语法重点

此句型与动词或形容词结合使用来修饰名词。相当于汉语的"的"。形容词现在时态和动词过去时态使用"–(으)ㄴ"，动词现在时态使用"–는"，动词将来时态使用"–(으)ㄹ"。形容词否定形式使用"–지 않은"，动词否定形式使用"–지 않는"。

形容词现在时态		动词过去时态		动词现在时态 与"있다/없다"	动词将来时态	
收音×	收音○	收音×	收音○		收音×	收音○
–ㄴ N	–은 N	–ㄴ N	–은 N	–는 N	–ㄹ N	–을 N
예쁜 날씬한	높은 낮은	간 본	읽은 먹은	가는 읽는 있는 없는	갈 볼	읽을 먹을

基本形	过去时态	现在时态	将来时态
넓다	–	넓은 방	–
친절하다	–	친절한 사람	–
읽다	읽은 책	읽는 책	읽을 책
먹다	먹은 빵	먹는 빵	먹을 빵
공부하다	공부한 사람	공부하는 사람	공부할 사람
*만들다	만든 요리	만드는 요리	만들 요리
*듣다	들은 음악	듣는 음악	들을 음악

* 不规则变形

对话

Track **178**

A 어떤 영화를 좋아해요?
A 你喜欢什么样的电影？

B 재미있는 영화를 좋아해요.
B 喜欢有趣的电影。

A 지금 커피를 마시는 사람이 누구예요?
A 现在正在喝咖啡的人是谁？

B 제 친구예요.
B 是我的朋友。

A 어제 간 식당이 어땠어요?
A 昨天去的饭店怎么样？

B 친절한 서비스 때문에 기분이 좋았어요.
B 服务很亲切，令人心情很好。

A 주말에 왜 못 만나요?
A 为什么周末不能见面？

B 할 일이 너무 많아서 못 만나요.
B 要做的事情实在太多，所以没法见面。

请注意!

两个以上的形容词连续使用时，只将最后一个形容词变换成冠词形式。

- 착해요. 그리고 예뻐요. 그런 여자를 좋아해요. 善良，而且漂亮。我喜欢那样的女孩子。

  → 착한 예쁜 여자를 좋아해요. (✕)
  착하고 예쁜 여자를 좋아해요. (○) 我喜欢善良而且漂亮的女孩子。

1 看下列图片，使用 "–(으)ㄴ/는/–(으)ㄹ" 完成对话。

(1)

A 어떤 음식을 먹고 싶어요?

B ____.

(맵다, 뜨겁다)

(2)

A 내일 영화 봐요? 무슨 영화를 볼 거예요?

B 내일 ____.

(보다, 해리포터)

2 阅读下文仿照例子并使用 "–(으)ㄴ/는/–(으)ㄹ" 完成句子。

어제는 날씨가 아주 例子 추웠어요. 저는 학교 앞에서 친구를 만났어요. 배가 고파서 친구와 같이 식당에 갔어요. 저는 김치찌개를 먹었어요. 김치찌개는 아주 (1)매웠어요. 친구는 불고기를 먹었어요. 불고기는 맛있고 (2)맵지 않았어요. 밥을 먹고 친구와 영화를 봤어요. 그 영화는 정말 (3)재미있었어요. 영화를 보고 친구하고 커피숍에 갔어요. 저와 친구는 커피를 마셨어요. 커피가 아주 (4)뜨거웠어요. 친구와 이야기를 많이 하고 집에 왔어요. 내일은 친구와 월드컵경기장에 (5)갈 거예요.

↓

어제는 아주 例子 **추운** 날씨였어요. 저는 학교 앞에서 친구를 만났어요. 배가 고파서 친구와 같이 식당에 갔어요. 저는 아주 (1)__________ 김치찌개를 먹었어요. 친구는 맛있고 (2)__________ 불고기를 먹었어요. 밥을 먹고 친구와 정말 (3)__________ 영화를 봤어요. 영화를 보고 친구하고 커피숍에 갔어요. 저와 친구는 (4)__________ 커피를 마셨어요. 친구와 이야기를 많이 하고 집에 왔어요. 내일 친구와 (5)__________ 곳은 월드컵경기장이에요.

---

02 A/V-기

한국말을 **공부하기**가 어려워요.
学习韩语很难。

제 취미는 **요리하기**예요.
我的兴趣爱好是做饭。

다리가 아파서 **걷기**가 힘들어요.
腿很疼，走起来很困难。

语法重点

"-기"在动词和形容词后面使用，使其变为名词。可以充当句子的主语或宾语等多种成分。动词或形容词词干结合"-기"变为名词。

1 动词与形容词变为名词形的例子

말하다 → 말하기 说　　　讲话	크다 → 크기 大　　大小	세다 → 세기 强壮　　力气
듣다 → 듣기 听　　听力	밝다 → 밝기 亮　　亮	뛰다 → 뛰기 跳　　跳高
쓰다 → 쓰기 写　　写作	굵다 → 굵기 粗　　粗	달리다 → 달리기 跑　　　跑步
읽다 → 읽기 读　　阅读	빠르다 → 빠르기 快　　　快	던지다 → 던지기 扔　　　投掷

- 집이 멀어서 학교에 오기가 힘들어요.　　因为家远，来学校很吃力。
- 한국 노래 듣기를 좋아해요.　　喜欢听韩国歌曲。
- 혼자 밥 먹기를 싫어해요.　　不喜欢自己吃饭。

달리다 + **-기** → 달리기　　　　　　받다 + **-기** → 받기

基本形	-기	基本形	-기
보다	보기	입다	입기
배우다	배우기	살다	살기
만나다	만나기	먹다	먹기
기다리다	기다리기	찾다	찾기

对话

Track **180**

A 한국어 공부할 때 뭐가 제일 어려워요?　　A 学习韩语时什么最难?
B 말하기가 제일 어려워요.　　B 口语最难。

A 왜 이 옷을 안 사요?　　A 为什么不买这件衣服?
B 그 옷은 입기가 불편해요.　　B 这件衣服穿起来不方便。
　그래서 안 사요.　　　所以不买。

A 우리 버스를 탈까요?　　A 我们坐公交车怎么样?
B 아니요, 여기는 버스 타기가　　B 不，在这里坐公交车不方便。
　불편해요. 지하철을 탑시다.　　　我们坐地铁吧。

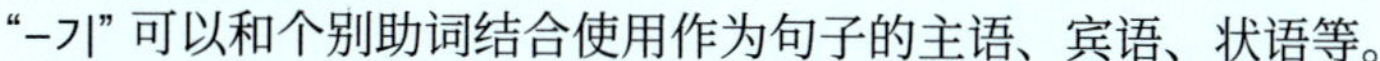

"-기" 可以和个别助词结合使用作为句子的主语、宾语、状语等。

- -기(를) 좋아하다/싫어하다
- -기(를) 바라다/원하다
- -기(를) 시작하다/끝내다/그만두다
- -기(가) 쉽다/어렵다/좋다/싫다/나쁘다/재미있다/편하다/불편하다/힘들다
- -기(에) 좋다/나쁘다

- 한국말을 잘하면 한국에서 살기가 편해요. 如果韩语说得好，在韩国生活会很方便。
- 댄 씨, 대학에 꼭 합격하기를 바라요. 戴尼，希望你顺利考入大学。
- 이 책은 글씨가 커서 보기에 좋아요. 这本书字体大，看起来很方便。

看下列图片，使用 "-기" 完成对话。

(1)

A 취미가 뭐예요?
B 제 취미는 ___________예요.
　　　　　　 (우표 모으다)

(2)

A 요리를 자주 하세요?
B 아니요. 저는 _________를 싫어해요.
　　　　　　 (요리하다)

(3)

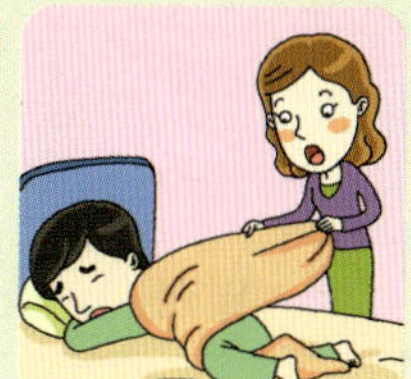

A 여보, 일어나세요, 회사에 갈 시간이에요.
B 아, 오늘은 피곤해서 ____________가 싫어요.
　　　　　　 (회사에 가다)

(4)

A 태권도 재미있어요?
B 네, 재미있는데 _________가 어려워요.
　　　　　　 (배우다)

03 A-게

Track **181**

머리를 짧게 잘랐어요.
头发剪短了。

오늘 아침에 늦게 일어났어요.
今天早上起来晚了。

크게 읽으세요.
请大声读。

语法重点

"–게" 表述后文所出现的行为的目的、标准、程度、方式、想法等，在句子中充当副词。相当于汉语的"地"。形容词词干结合 "–게" 变为副词。

예쁘다 + **–게** → 예쁘게   길다 + **–게** → 길게

基本形	–게	基本形	–게
크다	크게	가깝다	가깝게
작다	작게	멀다	멀게
쉽다	쉽게	귀엽다	귀엽게
어렵다	어렵게	편하다	편하게
짧다	짧게	깨끗하다	깨끗하게

对话

Track **182**

A 여보, 이제 무엇을 할까요?　　　A 老婆，我现在要干什么呢？

B 화장실 청소를 해 주세요.　　　B 打扫洗手间吧。
　깨끗하게 해 주세요.　　　　　　打扫干净点。

A 넥타이가 아주 멋있어요.　　　A 领带很好看。

B 고마워요. 세일해서 싸게 샀어요.　B 谢谢。因为在打折，买得挺便宜。

A 엄마, 오늘 날씨가 추워요?　　A 妈妈，今天天气冷吗？

B 응, 추우니까 따뜻하게 입어.　　B 嗯，会冷，穿暖和点。

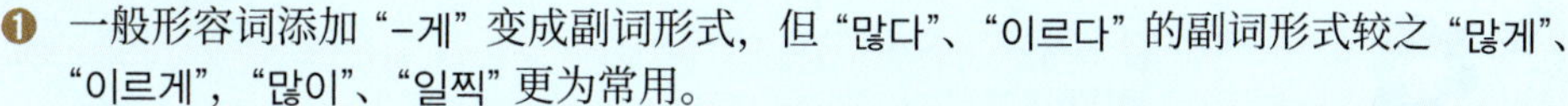

请注意!

❶ 一般形容词添加 "–게" 变成副词形式，但 "많다"、"이르다" 的副词形式较之 "많게"、"이르게"，"많이"、"일찍" 更为常用。

많다 → 많이

A 잘 먹겠습니다. 我会好好吃的。

B 많이 드세요.　多吃点。

이르다 → 일찍

A 늦어서 죄송합니다.　来晚了，对不起。

B 내일은 일찍 오세요. 明天早点来。

❷ 形容词变形为副词时，"–게" 形态和另外一种形态都可以使用。

빠르다 → 빠르게/빨리

• 비행기가 빠르게 지나가요.
　飞机很快飞过去了。

• 이쪽으로 빨리 오세요.
　快点来这边。

적다 → 적게/조금

• 소금은 적게 넣으세요.
　放一点盐。

• 커피 조금 더 드실래요?
　再来点咖啡吗？

느리다 → 느리게/천천히

• 시계가 느리게 가요.
　表走得很慢。

• 천천히 드세요.
　慢慢吃。

看下列图片，选择恰当的单词并使用 "–게" 完成对话。

| 맛있다 | 예쁘다 | 재미있다 | 행복하다 |

(1) 

A 요즘 어떻게 지내요?
B ＿＿＿＿＿＿ 지내요.

(2) 

A ＿＿＿＿＿＿ 드세요.
B 잘 먹겠습니다.

(3) 

A 제가 주말에 제주도에 가요.
B 와, 좋겠어요. ＿＿＿＿＿＿ 놀고 오세요.

(4) 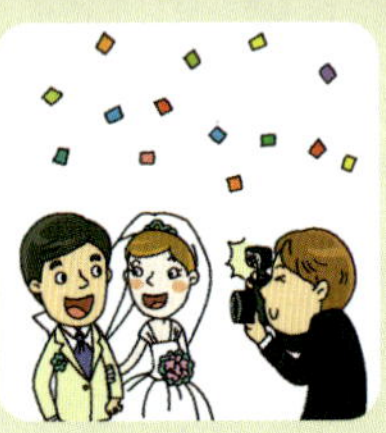

A 자, 사진 찍습니다. ＿＿＿＿＿＿ 웃으세요.
B 김~치.

Track **183**

아이들이 배고파해요.
孩子们很饿。

요즘 아버지가 피곤해하세요.
最近爸爸很累。

아이가 심심해해요.
孩子感到很无聊。

语法重点

"-아/어하다"使用在部分形容词后，将形容词变为动词形式，通过行动或外表表达出话者的心理、感受。相当于汉语的"觉得/感到……"。词干以元音"ㅏ，ㅗ"结尾时使用"-아하다"，其他元音使用"-어하다"，以"하다"结尾的动词变形为"-해하다"。

词干以"ㅏ，ㅗ"结尾	词干以"ㅏ，ㅗ"以外的元音结尾	以"하다"结尾
좋다 + -아하다 → 좋아하다	예쁘다 + -어하다 → 예뻐하다	미안하다 + -해하다 → 미안해하다

基本形	-아/어하다	基本形	-아/어하다
아프다	아파하다	피곤하다	피곤해하다
싫다	싫어하다	*무섭다	무서워하다
*밉다	미워하다	*어렵다	어려워하다
*덥다	더워하다	*즐겁다	즐거워하다

* 不规则变形

"-지 마세요" 在形容词词干后使用的情况，变为 **"-아/어하지 마세요"** 的形态。

- 무서워하지 마세요. (○) 不要害怕。　　　　　무섭지 마세요. (×)

- 어려워하지 마세요. (○) 不要为难。　　　　　어렵지 마세요. (×)

对话

A 왜 부디 씨는 롤러코스터를 안 타요?　　A 为什么布第不坐过山车？

B 부디 씨는 롤러코스터를 무서워해요.　　B 因为布第害怕过山车。

A 아이들이 이 게임을 좋아해요?　　A 孩子们喜欢这个游戏吗？

B 네, 재미있어해요.　　B 是的，他们觉得很有趣。

请注意！

"-아/어하다" 在 **"예쁘다"**、**"귀엽다"** 后结合使用时变为 **"예뻐하다"**、**"귀여워하다"** 表示珍惜、喜欢的意义。

- 할아버지는 나를 귀여워하세요. 爷爷疼爱我。
- 동생이 강아지를 예뻐해요.　　妹妹喜欢小狗。

练习一下

读下文并在恰当的表达上标注○。

우리 집에는 강아지 한 마리가 있는데 이름은 바비예요.

바비는 아주 (1)  (귀여워요/귀여워해요). 그래서 우리 가족들은 모두 바비를 (2) (좋아요/좋아해요). 바비는 하루에 두 번 밥을 먹어요. 그런데 밥 먹는 시간이 지나면 아주 (3) (배고파서/배고파해서) 밥을 빨리 줘야 해요. 또 겨울에 밖에 나갈 때 바비는 많이 (4) (추워서/추워해서) 옷이 필요해요. 강아지를 키우기가 조금 힘들지만 바비가 없으면 저는 정말 슬플 거예요.

状态表达方式

Track 185

목걸이와 귀걸이를 하고 있어요.
我戴着项链和耳环。

블라우스를 입고 있어요.
我穿着衬衫。

치마를 입고 있어요.
我穿着裙子。

부츠를 신고 있어요.
我穿着靴子。

안경을 쓰고/끼고 있어요.
我戴着眼镜。

장갑을 끼고 있어요.
我戴着手套。

양복을 입고 있어요.
我穿着西装。

가방을 들고 있어요.
我提着包。

구두를 신고 있어요.
我穿着皮鞋。

语法重点

"–고 있다" 与 "입다(穿)"、"신다(穿)"、"쓰다(戴)"、"끼다(戴)"、"벗다(脱)" 等表示穿着的动词结合使用，当这些动作结束后，其结果现在仍然保持着状态。相当于汉语的 "正在……"。具有相同意义的表示完结状态的过去形态 "–았/었어요" 也可以使用。

- 치마를 입고 있어요. = 치마를 입었어요. 穿着裙子。
- 안경을 쓰고 있어요. = 안경을 썼어요. 戴着眼镜。

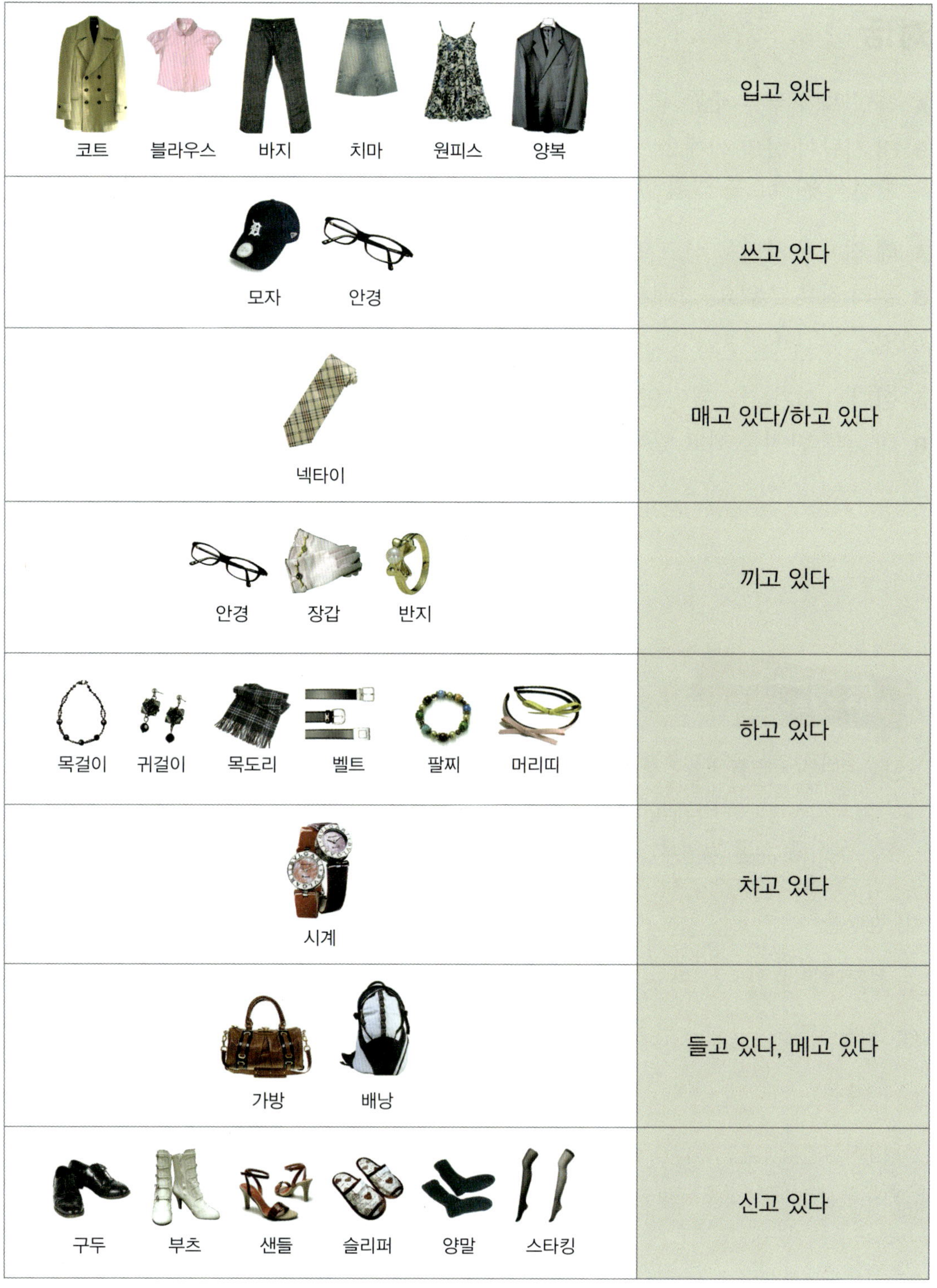

코트　블라우스　바지　치마　원피스　양복	입고 있다
모자　안경	쓰고 있다
넥타이	매고 있다/하고 있다
안경　장갑　반지	끼고 있다
목걸이　귀걸이　목도리　벨트　팔찌　머리띠	하고 있다
시계	차고 있다
가방　배낭	들고 있다, 메고 있다
구두　부츠　샌들　슬리퍼　양말　스타킹	신고 있다

(参考：请参照第1课 "时态" 的05 "V-고 있다 ①"。)

A 하영 씨가 누구예요?

B 저 사람이 하영 씨예요.
　빨간색 원피스를 입고 있어요.

A 왜 집에서 양말을 신고 있어요?

B 우리 집은 추워요. 그래서 양말을
　신고 있어요.

A 이민우 씨가 결혼했어요?

B 네, 결혼반지를 끼고 있어요.

A 夏颖是谁?

B 那位是夏颖。
　穿着红色连衣裙。

A 为什么在家穿着袜子?

B 我家很冷。所以穿着袜子。

A 李珉宇结婚了吗?

B 是的，他戴着结婚戒指呢。

下列图片中的人穿着什么？看下列图片，仿照例子，完成句子。

> **例子** 모자를 <u>쓰고 있어요</u>.

(1) 안경을 ____________.

(2) 목도리를 ____________.

(3) 넥타이를 ____________.

(4) 재킷을 ____________.

(5) 바지를 ____________.

(6) 배낭을 ____________.

(7) 책을 ____________.

(8) 양말을 ____________.

(9) 운동화를 ____________.

선생님이 서 있어요.
老师站着。

학생들이 앉아 있어요.
学生们坐着。

환자들이 병원에 누워 있어요.
病人躺在医院里。

우산에 이름이 쓰여 있어요.
雨伞上写着名字。

Track **187**

语法重点

"–아/어 있다" 表述动作在结束之后其状态得以持续。相当于汉语的"正在……着"。经常和"열리다(开)"、"닫히다(关)"、"켜지다(开)"、"꺼지다(关上)"、"떨어지다(落)"、"놓이다(放)"等被动形式结合使用。

词干以"ㅏ, ㅗ"结尾	词干以"ㅏ, ㅗ"以外的元音结尾	以"하다"结尾
앉다 + **–아 있다** → 앉아 있다	피다 + **–어 있다** → 피어 있다	하다 → 해 있다

基本形	–아/어 있어요	基本形	–아/어 있어요	基本形	–어 있어요
가다	가 있어요	서다	서 있어요	잠기다	잠겨 있어요
오다	와 있어요	붙다	붙어 있어요	닫히다	닫혀 있어요
남다	남아 있어요	쓰이다	쓰여 있어요	꺼지다	꺼져 있어요
켜지다	켜져 있어요	*눕다	누워 있어요	떨어지다	떨어져 있어요

* 不规则变形

对话

Track **188**

A 지갑을 잃어버렸어요.

B 어떻게 해요? 지갑 안에 뭐가 들어 있었어요?

A 돈하고 카드가 들어 있었어요.

A 하숙집을 어떻게 찾았어요?

B 학교 앞에 광고가 붙어 있었어요.

A 왜 식당에 안 들어가요?

B 문이 닫혀 있어요.

A 我钱包丢了。

B 怎么办呢？钱包里装了什么？

A 装着钱和信用卡。

A 你怎么找到住处的？

B 学校前面贴着广告。

A 为什么不进饭店？

B 关着门呢。

请注意!

❶ "입다"、"신다"、"쓰다" 等穿着动词不使用 "입어 있다"、"신어 있다"、"써 있다" 的形态，而结合 "–고 있다" 变为 "입고 있다"、"신고 있다"、"쓰고 있다"。

- 우리 동생은 코트를 입어 있어요. (×) → 코트를 입고 있어요. (○)　我弟弟穿着大衣。
- 운동화를 신어 있어요. (×) → 운동화를 신고 있어요. (○)　穿着运动鞋。
- 모자를 써 있어요. (×) → 모자를 쓰고 있어요. (○)　戴着帽子。
- 가방을 들어 있어요. (×) → 가방을 들고 있어요. (○)　提着包。
- 넥타이를 매 있어요. (×) → 넥타이를 매고 있어요. (○)　系着领带。

❷ "–아/어 있다" 仅与不需要宾语的动词结合使用。

- 창문을 열었어요. 그래서 창문이 열려 있어요. (○) 打开了窗户。所以窗户是开着的。
- 창문을 열어 있어요. (×)

有什么不同?

–고 있다	–아/어 있다
表述现在动作正在进行。	动作结束后，其状态持续保留。
• 의자에 앉고 있다 (现在正坐在椅子上。)	• 의자에 앉아 있다 (坐在椅子上的状态持续着。)
• 꽃이 피고 있다 (花正在盛开。)	• 꽃이 피어 있다 (花盛开的状态持续着。)
• 죽고 있다 (现在正在死去的状态。)	• 죽어 있다 (死去的状态持续着。)

看以下的图片，在每句中选择恰当的动词。

(1) 칠판에 "생일 축하합니다!"라고 (쓰고/쓰여) 있습니다.

(2) 창문이 (열고/열려) 있습니다.

(3) 책상 위에는 케이크가 (놓이고/놓여) 있습니다.

(4) 케이크에 촛불이 (켜고/켜져) 있습니다.

(5) 왕징 씨는 열쇠를 (찾고/찾아) 있습니다.

(6) 열쇠가 의자 밑에 (떨어지고/떨어져) 있습니다.

(7) 티루엔 씨는 지금 카드를 (쓰고/써) 있습니다.

(8) 요코 씨는 커피를 (마시고/마셔) 있습니다.

(9) 캐럴 씨는 노래를 (부르고/불러) 있습니다.

(10) 민우 씨가 (서고/서) 있습니다.

(11) 하영 씨가 (앉고/앉아) 있습니다.

Track **189**

풍선이 **커졌어요**.
气球变大了。

언니가 **날씬해졌어요**.
姐姐变苗条了。

피노키오는 거짓말을 하면 코가 **길어져요**.
匹诺曹如果说谎鼻子就会变长。

语法重点

"−아/어지다" 表述由于时间的推移，某种状态发生了变化。相当于汉语的 "变"。词干以 "ㅏ，ㅗ" 结尾时使用 "−아지다"，以其他元音结尾时使用 "−어지다"，以 "하다" 结尾时变形为 "해지다"。

词干以 "ㅏ, ㅗ" 结尾	词干以 "ㅏ, ㅗ" 以外的元音结尾	以 "하다" 结尾
작다 + **−아지다** → 작아지다	길다 + **−어지다** → 길어지다	하다 → 해지다

基本形	−아/어져요	基本形	−아/어져요
좋다	좋아져요	따뜻하다	따뜻해져요
*예쁘다	예뻐져요	건강하다	건강해져요
*덥다	더워져요	편하다	편해져요
*빨갛다	빨개져요	*다르다	달라져요

* 不规则变形

对话

A 회사가 멀어요?

B 옛날에는 멀었는데 이사해서
　가까워졌어요.

A 날씨가 많이 추워요?

B 비가 오고 나서 추워졌어요.

A 눈이 나빠요. 어떻게 해야 돼요?

B 당근을 많이 먹으면 눈이 좋아져요.

A 公司远吗?

B 以前很远，搬家后变近了。

A 天气很冷吗?

B 下过雨后变冷了。

A 我视力不好，该怎么办呢?

B 多吃胡萝卜视力会变好。

请注意!

① 此句型常和形容词结合使用。不能和动词结合使用。

- 요코 씨가 예뻐졌습니다. (○) 阳子变漂亮了。

- 요코 씨가 한국말을 잘해졌습니다. (×) → 요코 씨가 한국말을 잘하게 되었습니다. (○)
　　　　　　　　　　　　　　　　　　　阳子韩国语提高了。

(参考: 请参照第19课 "状态表达方式" 的04 "V-게 되다"。)

② 由于过去的某种行动带来了变化，使用过去时态 "-아/어졌어요"，一般性的某种行动
　引起了变化，使用现在时态 "-아/어져요"。

- 아이스크림을 많이 먹어서 뚱뚱해져요. (×) → 아이스크림을 많이 먹어서 뚱뚱해졌어요. (○)
　　　　　　　　　　　　　　　　　　　吃了太多冰激凌变胖了。

- 아이스크림을 많이 먹으면 뚱뚱해졌어요. (×) → 아이스크림을 많이 먹으면 뚱뚱해져요. (○)
　　　　　　　　　　　　　　　　　　　吃太多冰激凌会变胖。

看下列图片。发生了什么变化呢？选择恰当的单词并使用"–아/어지다"完成对话。

> 건강하다　　　넓다　　　높다　　　많다
> 빨갛다　　　시원하다　　　예쁘다　　　적다　　　크다

(1) 몸이 약했는데 지금은 _____________.

(2) 눈이 _____________.

(3) 얼굴이 _____________.

(4) 가을이 되어서 날씨가 _____________.

(5) 나뭇잎이 _____________.

(6) 바다에 사람들이 _____________.

(7) 길이 _____________.

(8) 차가 _____________.

(9) 빌딩이 _____________.

요리를 **잘하게 되었어요**.
我做菜的手艺提高了。

축구를 **좋아하게 되었어요**.
我变得喜欢足球了。

외국으로 출장을 **가게 됐어요**.
我要去国外出差了。

语法重点

"–게 되다"表述由某种状态变化为另一种状态，或与主语的意志无关，由于他人的行为或环境造成了某种状况时使用。动词词干结合"–게 되다"使用，相当于汉语的"变得"。

- 옛날에는 축구를 싫어했는데 남자 친구가 생기고 나서부터 축구를 좋아하게 되었어요.
  以前不喜欢足球，但是自从有了男朋友之后，变得喜欢足球了。
- 출장을 가기 싫었는데 사장님의 명령 때문에 출장을 가게 되었어요.
  不想出差，但是由于社长的指示，才决定去出差。

가다 + **–게 되다** → 가게 되었어요　　　먹다 + **–게 되다** → 먹게 되었어요

基本形	–게 되었어요	基本形	–게 되었어요
보다	보게 되었어요	살다	살게 되었어요
마시다	마시게 되었어요	듣다	듣게 되었어요
잘하다	잘하게 되었어요	알다	알게 되었어요

对话

Track **192**

A 요즘 일찍 일어나요?

B 네, 회사에 다닌 후부터 일찍
　일어나게 되었어요.

A 영화배우 장동건 씨를 알아요?

B 한국에 오기 전에는 몰랐는데 한국에
　와서 알게 되었어요.

A 最近很早起床吗?

B 是的, 自从上了班后, 变得早起了。

A 你知道电影演员张东健吗?

B 来韩国之前不知道, 来韩国后才知道的。

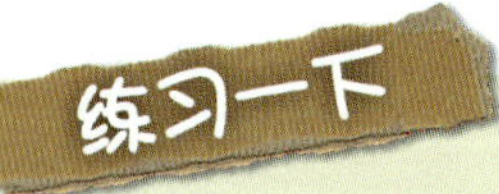

李珉宇结婚后有什么变化? 仿照例子，选择恰当的单词并使用 "–게 되다" 完成对话。

> 가다　　끊다　　들어가다　　마시다　　만나다　　먹다　　저축하다

例子 술을 안 마시게 되었어요.

(1) 집에 일찍 ________________. 친구들을 자주 못 ________________.

(2) 담배를 ________________.

(3) 맛있는 음식을 ________________.

(4) 시장에 자주 ________________.

(5) ________________.

确认信息

01 A/V–(으)ㄴ/는지

02 V–는 데 걸리다/들다

03 A/V–지요?

명동에 어떻게 **가는지** 알아요?
你知道怎么去明洞吗?

저분이 **누구인지** 모르겠어요.
我不知道那位是谁。

어제 무엇을 **했는지** 생각이 안 나요.
我想不起来昨天做什么了。

Track **193**

语法重点

"-(으)ㄴ/는지"作为连接词尾，将作为信息的句子和后面的动词结合使用。后面的动词常出现"**알다**(知道)"、"**모르다**(不知道)"、"**궁금하다**(想知道)"、"**질문하다**(提问)"、"**조사하다**(调查)"、"**알아보다**(询问)"、"**생각나다**(想起)"、"**말하다**(说)"、"**가르치다**(教)"等。

- 내일 날씨가 좋아요, 나빠요? + 알아요? → 내일 날씨가 좋은지 나쁜지 알아요?
  天气好，还是坏? + 知道吗? → 你知道明天天气是好还是坏吗?

- 명동에 어떻게 가요? + 가르쳐 주세요. → 명동에 어떻게 가는지 가르쳐 주세요.
  怎样去明洞呢? + 请告诉我。 → 请告诉我怎样去明洞。

形容词现在时态词干以元音或"ㄹ"结尾时使用"**-ㄴ지**"，以辅音结尾时使用"**-은지**"。动词现在时态在动词词干后添加"**-는지**"。形容词或动词过去时态使用"**-았/었는지**"，动词将来时态使用"**-(으)ㄹ 건지**"。

形容词与 "이다" 现在时态		动词现在时态	动词/形容词/ "이다" 过去时态	动词将来时态	
收音×	收音○			收音×	收音○
-ㄴ지	**-은지**	**-는지**	**-았/었는지**	**-ㄹ 건지**	**-을 건지**
큰지 인지	작은지	가는지 먹는지	갔는지　컸는지 의사였는지 학생이었는지	갈 건지	먹을 건지

基本形	-(으)ㄴ/는지	基本形	-(으)ㄴ/는지
예쁘다	예쁜지	만나다	만나는지
높다	높은지	입다	입는지
학생이다	학생인지	운동하다	운동하는지
*길다	긴지	청소하다	청소하는지
*춥다	추운지	*살다	사는지
더웠다	더웠는지	찍었다	찍었는지
교수였다	교수였는지	공부했다	공부했는지
선생님이었다	선생님이었는지	일했다	일했는지

* 不规则变形

对话

Track **194**

A 제이슨 씨가 병원에 입원했어요.　　A 杰森住院了。
　어디가 아픈지 알아요?　　　　　　你知道他哪里不舒服吗?

B 글쎄요. 저도 어디가 아픈지　　　B 不清楚。我也不知道他哪里不舒服。
　모르겠어요.

A 여보, 우리 아들이 지금 공부하고　A 老公，我们儿子现在在学习吗?
　있어요?

B 방에 있는데 공부하는지 자는지　 B 他在房间里，我也不知道他在睡觉还是在学习。
　잘 모르겠어요.

A 이거 제가 만들었어요. 드셔 보세요.　A 这个是我做的。您尝尝。

B 와, 맛있어요. 이거 어떻게　　　　 B 哇，真好吃。你教教我这个是怎么做的。
　만들었는지 가르쳐 주세요.

"–는지" 可以如下变换为多种形态。

❶ "疑问词 + V–(으)ㄴ/는지"
- 우리 아이가 방에서 무엇을 하는지 모르겠어요. 不知道我们孩子在房间里做什么。
- 그 사람이 어느 나라 사람인지 알아요?　　你知道那个人是哪个国家的人吗?

❷ "V1–(으)ㄴ/는지 V2–(으)ㄴ/는지"
- 우리 아이가 방에서 자는지 공부하는지 모르겠어요. 不知道我们孩子在房间里睡觉呢还是学习呢。
- 그 사람이 일본 사람인지 중국 사람인지 알아요?　你知道那个人是日本人还是中国人吗?

❸ "V1–(으)ㄴ/는지 안 V1–(으)ㄴ/는지"
- 우리 아이가 공부를 하는지 안 하는지 모르겠어요. 不知道我们孩子是不是在学习呢。
- 그 사람이 일본 사람인지 아닌지 모르겠어요.　　不知道那个人是不是日本人。

你了解这个人吗? 使用 "–(으)ㄴ/는지" 针对这个人进行提问。

(1) A 이 사람이 ___________ 알아요?
    B 네, 알아요. 제이슨 씨예요.

(2) A 제이슨 씨의 나이가 ___________ 모르겠어요.
    B 제이슨 씨는 22살이에요.

(3) A 제이슨 씨가 _______________ 알아요?
    B 네, 알아요. 작년에 한국에 왔어요.

(4) A _______________________________?
    B 네, 알아요. 한국대학교에 다녀요.

(5) A 무엇을 ___________ 말해 주세요.
    B 제이슨 씨는 노래하고 운동을 좋아해요.

(6) A 여자 친구가 있는지 ________ 궁금해요.
    B 제이슨 씨는 여자 친구가 있어요.

운전을 배우는 데 두 달 걸렸어요.
我学习开车花了两个月时间。

숙제하는 데 한 시간 걸려요.
我做作业花了一个小时。

차를 고치는 데 30만 원 들었어요.
我修车花了30万元。

语法重点

"-는데 걸리다/들다" 使用在动词之后，表述做某件事情所花费的钱、时间、精力等时使用。相当于汉语的"做……花了……"。动词词干后使用"-는 데 걸리다/들다"。此句型表述花费时间时使用"-는 데 걸리다"，花费费用时使用"-는 데 들다"。

- 차를 고쳐요. 30만 원 들어요. → 차를 고치는 데 30만 원 들어요.
  我修车。花了30万元。　　　　　→ 修车花了30万元。

가다 + **-는 데** → 가는 데	짓다 + **-는 데** → 짓는 데

基本形	-는 데	
여행하다	여행하는 데	(时间) (费用) + 걸리다 들다
읽다	읽는 데	
짓다	짓는 데	
*만들다	만드는 데	

* 不规则变形

对话

Track 196

A 여기에서 명동까지 가는 데 얼마나 걸려요?

A 从这儿到明洞要花多长时间?

B 버스로 가면 40분, 지하철로 가면 20분 걸려요.

B 坐公交车要40分钟，坐地铁要20分钟。

A 지난주에 이사했어요? 이사하는 데 얼마 들었어요?

A 上周搬家了吗?
搬家花了多少钱?

B 150만 원쯤 들었어요.

B 花了大概150万。

完成下列事情要花费多长时间? 多少费用? 看下列图片，使用 "–는 데 걸리다/들다" 完成对话。

(1) 

A 와, 맛있는 갈비예요.

B 갈비 ___________ 10시간이나 걸렸어요.
     (만들다)

A 그래요? ___________ 10분밖에 안 걸려요.
       (먹다)

(2) 

A 한글 자음, 모음 다 외웠어요?

B 네, 자음, 모음 ________ 일주일 걸렸어요.
      (외우다)

(3) 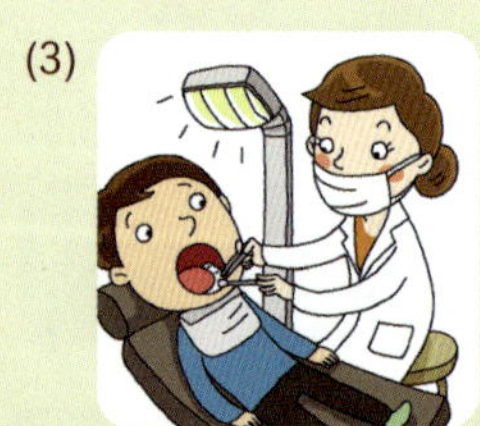

A 이를 ___________ 얼마나 들어요?
    (치료하다)

B 이를 ___________ 보통 6만 원쯤 ________.
    (치료하다)   (들다)

(4) 

A 한국에서 머리를 자르고 싶어요. 돈이 얼마쯤 들어요?

B 머리 ___________ 20,000원 정도 ________.
    (자르다)   (들다)

03　A/V-지요?

중국 사람**이지요?**
你是中国人吧?

Track **197**

불고기가 **맛있지요?**
烤肉好吃吧?

한국어를 **배우지요?**
你学习韩语吧?

语法重点

"-지요" 表述话者针对已知的事实再次向听者询问或确认，或者征得同意时使用。相当于汉语的 "……吧?"。形容词、动词现在时态使用 "-지요?"，形容词、动词过去时态使用 "-았/었지요?"，动词将来时态使用 "-(으)ㄹ 거지요?"。口语中也将 "-지요?" 缩略为 "-죠?" 使用。

크다 + **-지요?** → 크지요?　　　　먹다 + **-지요?** → 먹지요?

基本形	-지요?	基本形	-지요?
싸다	싸지요?	가다	가지요?
많다	많지요?	읽다	읽지요?
춥다	춥지요?	듣다	듣지요?
멀다	멀지요?	공부하다	공부하지요?
맛있다	맛있지요?	재미없다	재미없지요?
학생이다	학생이지요?	학생이 아니다	학생이 아니지요?

对话

A 우리 아이가 벌써 10살이 되었어요. 세월이 참 빠르지요?

B 네, 정말 세월이 빨라요.

A 호앙 씨, 어제 밤새웠지요?

B 어떻게 알았어요? 제가 피곤해 보여요?

A 내일 회의에 참석할 거지요?

B 네, 회의에 꼭 참석하겠습니다.

A 我们孩子都已经10岁了。时间过得真是快吧?

B 是啊，时间过得真快。

A 浩央，昨天熬夜了吧?

B 你怎么知道的? 我看起来很累吗?

A 你参加明天的会议吧?

B 是的，一定参加会议。

看图片中的凯洛儿，根据你所看到的事实使用 "–지요?" 完成向她的提问。

(1) **A** 캐럴 씨, 백화점에서 __________?

    B 네, 한국백화점에서 쇼핑했어요.

(2) **A** 요즘 한국백화점에서 __________?

    B 네, 다음 주까지 세일을 해요.

(3) **A** 세일 기간이라서 백화점에 사람이 __________?

    B 정말 많았어요. 복잡했어요.

(4) **A** 남자 구두를 __________?

    B 네, 남자 구두를 샀어요.

(5) **A** 그 구두를 남자 친구에게 __________?

    B 아니요, 아버지께 드릴 거예요.

发现与感叹

- **01** A-군요, V-는군요
- **02** A/V-네요

Track **199**

눈이 **나쁘군요**.
你视力不好呀。

아이스크림을 **좋아하는군요**.
你喜欢冰激凌啊。

감기에 **걸렸군요**.
你感冒了啊。

语法重点

"–군요/–는군요" 表述当自己直接经历或通过他人而得知新的事实时，针对该事实感叹或表示惊讶时使用。相当于汉语的 "……啊/呀"。形容词使用 "–군요"，动词使用 "–는군요"，名词使用 "–(이)군요"。过去时态使用 "–았/었군요"。

形容词 + –군요	动词 + –는군요
크다 + **–군요** → 크군요	먹다 + **–는군요** → 먹는군요

基本形	–군요	基本形	–는군요
학생이다	학생이군요	가다	가는군요
의사이다	의사(이)군요	사다	사는군요
피곤하다	피곤하군요	운동하다	운동하는군요
덥다	덥군요	*만들다	만드는군요

＊ 不规则变形

Track **200**

A 부디 씨가 이번에 차를 또 바꿨어요.	A 布第这次又换车了。
B 그래요? 부디 씨는 정말 돈이 많군요.	B 是吗？布第真是有钱啊。
A 댄 씨, 인사하세요, 이분이 우리 회사 사장님이세요.	A 戴尼，打个招呼吧，这位是我们公司社长。
B 아, 사장님이시군요. 안녕하세요.	B 啊，原来是社长。您好。
A 우산 있어요? 지금 밖에 비가 와요.	A 你有雨伞吗？现在外面下雨呢。
B 정말 비가 오는군요. 우산이 없는데 어떻게 하죠?	B 真的下着雨呢。没有雨伞，怎么办呢？

请注意!

"-군요" 的非敬语形式，形容词使用 "-구나/-군"，动词使用 "-는구나/-는군"，名词使用 "(이)구나/(이)군"。

A 저 아이가 제 동생이에요.	那个孩子是我弟弟。
B (혼잣말로) 아, 저 아이가 민우 씨의 동생이구나.	(自言自语) 啊，那个小孩子是珉宇的弟弟啊。
A 엄마, 오늘 학교에서 일이 있어서 늦게 왔어요.	妈妈，今天学校有事，我回来晚了。
B 응, 그래서 늦었구나.	嗯，所以晚了啊。

练习一下

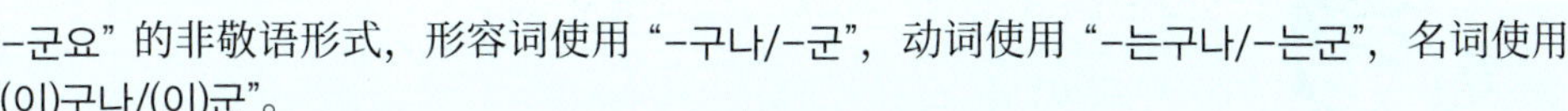

读下列对话并使用 "-군요/-는군요" 完成对话。

(1) A 오늘 아침에 출근하는 데 한 시간이나 걸렸어요.

　　B 그래요? 월요일이어서 길이 많이 ___________. (막히다)

(2) A 제 여자 친구 사진이에요.

　　B 여자 친구가 ___________. (예쁘다)

(3) A 요즘 사람들이 노란색 옷을 많이 입어요.

　　B 요즘 노란색이 ___________. (유행하다)

(4) A 점심시간인데 밥 안 먹어요?

　　B 아, 벌써 ___________. (점심시간이다)

A/V-네요

Track **201**

벌써 **여름이네요**.
已经是夏天了啊。

가족이 **많네요**.
家人真多啊。

글씨를 잘 **쓰네요**.
字写得真漂亮啊。

책을 많이 **읽었네요**.
读了这么多书啊。

语法重点

"–네요"表述对于通过自己直接经历而新获知的事实表示感叹或惊讶，或听到别人的话后表示赞同时使用。形容词、动词词干后使用"–네요"。相当于汉语的"……啊/呀"。

1 对于通过自己直接经历而新获知的事实表示感叹或惊讶时

A 한국말을 정말 잘하시네요. 你韩语说得真好啊。
(看到朋友说韩语的样子)

B 아니에요. 더 많이 공부해야 돼요. 没有，我还要继续学习。

2 听到别人的话后表示赞同时

A 오늘 날씨가 춥지요? 今天天气冷吧?

B 네, 정말 춥네요. 是的，真的很冷啊。

오다 + **-네요** → 오네요　　　　　가깝다 + **-네요** → 가깝네요

基本形	-네요	基本形	-네요
책상이다	책상이네요	춥다	춥네요
아니다	아니네요	찍다	찍네요
예쁘다	예쁘네요	듣다	듣네요
친절하다	친절하네요	요리하다	요리하네요
주다	주네요	*멀다	머네요
마시다	마시네요	*살다	사네요

＊ 不规则变形

(参考：请对照第21课"发现与感叹"的01"A-군요, V-는군요"。)

有什么不同?

-군요	-네요
❶ 主要用于书或文章等书面语中。	❶ 主要用于日常对话中。
❷ 对于通过自己直接经历或通过别人而新获知的事实表示感叹或惊讶时使用。	❷ 不是通过自己的直接经历而新获知的事实时不能使用。

-군요

❶ 主要用于书或文章等书面语中。

❷ 对于通过自己直接经历或通过别人而新获知的事实表示感叹或惊讶时使用。

A 이 식당에서 갈비 먹어 봤어요? 정말 맛있어요.
你吃过这个饭店的排骨吗? 真的很好吃。

B 그래요? 이 집 갈비가 맛있군요. (○)
是吗? 这家排骨真的好吃啊。

(虽然没有直接吃过排骨但通过其他人的话而得之该事实，所以可以使用。)

-네요

❶ 主要用于日常对话中。

❷ 不是通过自己的直接经历而新获知的事实时不能使用。

A 이 식당에서 갈비 먹어 봤어요? 정말 맛있어요.
你吃过这个饭店的排骨吗? 真的很好吃。

B 그래요? 이 집 갈비가 맛있네요. (×)
是吗? 这家排骨真的好吃啊。

(没有亲自吃过排骨，所以不能使用。)

对话

Track **202**

A 남편이 키가 크시네요.
B 네, 187cm(센티미터)예요.

A 제 선물이에요. 빨리 열어 보세요.
B 예쁜 목도리네요. 고마워요.
   겨울에 잘 할게요.

A 우리 딸이 그린 그림인데 어때요?
B 정말 잘 그렸네요. 언제부터 그림을
   배웠어요?

A 你丈夫个子真高呀。
B 是的，1米87。

A 这是我的礼物。快打开看看。
B 是漂亮的围巾。谢谢。
   我冬天会戴的。

A 我们女儿画的画，怎么样？
B 画得真好呀。
   从什么时候起学习画画的呢？

看下列图片，使用"–네요"或"–군요"完成对话。

(1)
A 우리 동네 근처에 있는 시장에 가봤어요? 물건이 싸고 좋아요.
B 그래요? 그 시장 물건이 ___________.

(2)
A 오늘 하늘 좀 보세요. 정말 아름다워요.
B 네, 하늘이 정말 ___________.

(3)
A 자장면 배달 왔습니다.
B 오늘 짜장면이 빨리 _________.

(4)
A 요코 씨가 병원에 입원했어요.
B 요코 씨가 많이 ___________.
   (아프다)

其他终结表达方式

01 A-(으)ㄴ가요?, V-나요?

02 A/V-(으)ㄴ/는데요

A-(으)ㄴ가요?, V-나요?

한국 친구가 **많은가요?**
韩国朋友多吗?

나를 **사랑하나요?**
你爱我吗?

주말에 재미있게 **보내셨나요?**
周末过得愉快吗?

语法重点

"–은가요"和"–나요?"向对方亲切、委婉地提出问题时使用。相当于汉语的"……吗?"形容词词干以元音结尾时使用"–ㄴ가요?",以辅音结尾时使用"–은가요",动词词干后使用"–나요?"。

形容词/이다现在时态		动词 现在时态	动词/形容词/ 이다过去时态	动词将来时态	
收音×	收音○			收音×	收音○
–ㄴ가요?	–은가요?	–나요?	–았/었나요?	–ㄹ 건가요?	–을 건가요?
아픈가요? 학생인가요?	많은가요? 적은가요?	가나요? 있나요?	갔나요? 적었나요?	갈 건가요? 볼 건가요?	먹을 건가요? 있을 건가요?

基本形	–(으)ㄴ가요?	基本形	–나요?
빠르다	빠른가요?	오다	오나요?
친절하다	친절한가요?	찾다	찾나요?
의사이다	의사인가요?	아팠다	아팠나요?

작다	작은가요?	받았다	받았나요?
*무섭다	무서운가요?	*만들다	만드나요?
*멀다	먼가요?	*살다	사나요?

* 不规则变形

对话

Track **204**

A 오늘 시간이 있나요?	A 你今天有时间吗?
B 네, 있는데 왜 그러세요?	B 有时间，有什么事吗?
A 요즘 바쁜가요?	A 最近忙吗?
B 아니요, 그렇게 많이 바쁘지 않아요.	B 不，不是特别忙。
A 댄 씨 어머님이 언제 서울에 오시나요?	A 戴尼妈妈什么时候来首尔?
B 다음 주에 오실 거예요.	B 下周来。
A 몇 시에 집에서 출발할 건가요?	A 几点从家出发?
B 9시쯤 출발할 거예요.	B 大约9点左右出发。

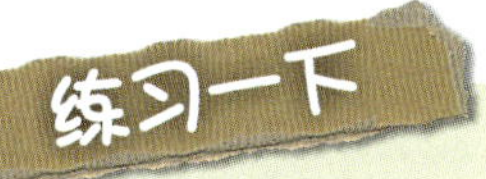

仿照例子，完成对话。

> 例子 A 오늘 <u>날씨가 좋은가요?</u>
>   B 네, 날씨가 좋아요.

(1) A 티루엔 씨, 요즘 회사에서 자꾸 자는데 ____________?
   B 네, 피곤해요.

(2) A 여권을 만드는 데 며칠이 __________?
   B 아마 일주일쯤 걸릴 거예요.

(3) A 댄 씨, 한국에 ____________? 한국말을 잘하세요.
   B 작년에 왔어요.

(4) A 캐럴 씨와 __________?
   B 물론이에요. 결혼할 거예요.

Track 205

저는 **재미있는데요**.
我觉得挺有意思。

민우 씨는 지금 자리에 **없는데요**.
珉宇现在不在位子上。

정말 **높은데요**!
真的好高啊!

语法重点

1 "–(으)ㄴ/는데요" 对话中不同意对方的话或者持有相反意见时使用。相当于汉语的"我觉得……"。形容词词干以元音结尾时使用"–ㄴ데요",以辅音结尾时使用"–은데요",动词使用"–는데요"。

> **A** 오늘 날씨가 안 추워요. 今天天气不冷。
>
> **B** 저는 추운데요. 我觉得挺冷。

2 "–(으)ㄴ/는데요" 针对某种状况等待对方的回答或期待对方的回应时使用。相当于汉语的"……吗/呢?"。

> **A** 여보세요, 거기 하영 씨 댁이지요? 喂,请问是夏颖家吗?
>
> **B** 네, 맞는데요. (누구세요? / 무슨 일이세요?) 是的。(您是哪位?/有什么事吗?)

3 "–(으)ㄴ/는데요" 针对看到某个场景而得知的事实或感受表示吃惊或意外，表达时带有感叹的语气。相当于汉语的 "……啊"。

- (친구가 만든 옷을 보면서) 옷이 정말 예쁜데요!
  (看着朋友自制的衣服) 这件衣服真漂亮啊!

- (외국인을 보면서) 한국말을 아주 잘하시는데요.
  (看着外国人) 韩语说得真好啊。

形容词与 "이다" 现在时态		动词现在时态 있다/없다	动词/形容词过去时态
收音×	收音○		
–ㄴ데요	–은데요	–는데요	–았/었는데요
바쁜데요 의사인데요	많은데요 높은데요	사는데요　읽는데요 있는데요　없는데요	샀는데요　　바빴는데요 의사였는데요　학생이었는데요

基本形	–(으)ㄴ/는데요	基本形	–(으)ㄴ/는데요
예쁘다	예쁜데요	보다	보는데요
작다	작은데요	듣다	듣는데요
피곤하다	피곤한데요	일하다	일하는데요
*힘들다	힘든데요	*만들다	만드는데요
*덥다	더운데요	*살다	사는데요
친절했다	친절했는데요	받았다	받았는데요
편했다	편했는데요	찾았다	찾았는데요

＊ 不规则变形

对话

Track **206**

A 내일 저녁에 시간 있어요?　　　　A 你明天晚上有时间吗?

B 내일은 시간이 없는데요.　　　　　B 明天没有时间。

A 이 그림 어때요?　　　　　　　　A 这幅画怎么样?

B 와, 멋있는데요.　　　　　　　　　B 哇，很美啊。

A 와, 댄 씨, 공부 열심히 하는데요.　A 哇，戴尼，你学习真努力!

B 아니에요. 그냥 책을 읽고 있어요.　B 没有，只是在读书。

看下列图片，选择恰当的单词并使用 "-(으)ㄴ/는데요" 完成对话。

대단하다	먹다	불다	없다

(1) 

A 저 선수 좀 보세요.
B 와, 정말 _____________.

(2) 

A 같이 저녁 먹을까요?
B 저는 벌써 _____________.

(3) 

A 웨슬리 씨, 돈 좀 빌려주세요.
B 죄송해요. 지금 돈이 _____________.

(4) 

A 우리 산책하러 갈까요?
B 지금 바람이 많이 _____________.

引用文

01 直接引用

에디슨은 "실패는 성공의 어머니입니다." 라고 했어요.

爱迪生说："失败是成功之母。"

예수님은 "서로 사랑하세요."라고 말씀했어요.

耶稣说："请彼此相爱。"

왕징 씨는 저에게 "내일 몇 시에 와요?" 하고 물어봤어요.

王静问我："明天几点来?"

부디 씨는 '문제가 너무 어려워.' 하고 생각했어요.

布第想："问题太难了。"

语法重点

直接引用是将文章、想法或某人的话放入引号中进行直接进行引用。在韩语，"하고/라고 + 动词"后使用引号。提问时不用"무엇을 말했어요? 무엇을 썼어요?"的"무엇을"，而使用"뭐라고"。即如同"카일리 씨가 뭐라고 말했어요?(卡里说什么了?)"。"이야기하다(说话)"、"물어보다(问)"、"말하다(说)"、"생각하다(想)"、"쓰다(写)"等，可以使用"하다"或"그러다"代替上述动词。

"引用的话"	하고 라고	(말)하다 (说) / 이야기하다 (谈论/讨论) / 그러다 (说是) 물어보다 (问) 생각하다 (想) 부탁하다 (拜托/请求) 쓰다 (写) 듣다 (听) 써 있다 (写着)

对话

Track **208**

A 민우 씨하고 얘기했어요?

A 你和珉宇说了吗?

B 네, 민우 씨가 "요즘 너무 바빠서 만날 수 없어요."라고 그랬어요.

B 说了，珉宇说：“最近因为太忙没法见面。”

A 여보, "여기에 주차하지 마세요."라고 쓰여 있는데요.

A 老公，这边写着“请不要在此停车。”

B 그래요? 다른 곳에 주차할게요.

B 是吗? 那我停在别处。

请注意!

❶ 引号里面的话以 "하다" 结尾时，不使用 "하고 했어요"。而且 "하고" 后面最好不使用动词 "하다"。因为 "하다" 多次重复使用较为不通顺。

- 민우 씨는 "운동하세요." 하고 했어요. (×)
  - → 민우 씨는 "운동하세요."라고 (말)했어요. (○)
  - → 민우 씨는 "운동하세요." 하고 말했어요. (○)
    珉宇说："运动吧!"
- 하영 씨는 "내일 만나요." 하고 했어요. (×)
  - → 하영 씨는 "내일 만나요."라고 (말)했어요. (○)
  - → 하영 씨는 "내일 만나요." 하고 말했어요. (○)
    夏颖说："明天见!"

❷ 引用文后可以使用 "하고" 和 "라고"，但二者存在细微差别。使用 "하고" 的引用文较之 "라고" 能够更加直观地展现出语调、表情、感情等。所以拟声词、童话·古时候故事等需要传达生动的感情时使用 "하고"。日常对话或文章常用 "라고"。

- 준호 씨가 초인종을 누르니까 "딩동" 하고 소리가 났어요.　俊浩按门铃之后，传来了"叮咚"的声音。
- 그 남자는 "살려 주세요!" 하고 소리쳤어요.　　　　那个男人大喊："救救我吧!"
- 왕비는 "거울아, 거울아, 세상에서 누가 제일 예쁘니?" 하고 물어봤어요.
  王妃问："镜子啊，镜子啊，世界上谁最美丽?"
  (上述 "叮咚"，男子和王妃的语气、语调、感情生动地表达了出来。)

将下面的人说的话变换成直接引用文。

(1) 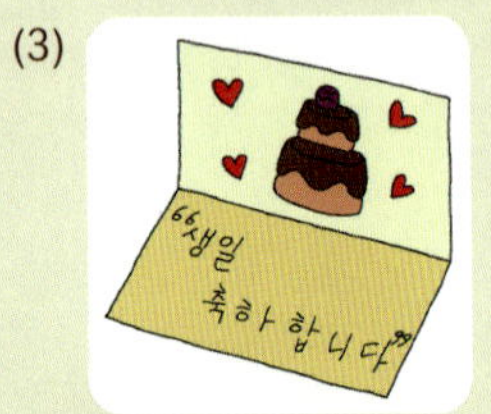

A 여자가 남자에게 뭐라고 말했어요?

B 여자는 남자에게 _________________________.

(2) 

A 재준 씨가 무엇을 물어봤어요?

B 재준 씨는 _____________________________.

(3) 

A 카드에 뭐라고 썼어요?

B 카드에 _______________________.

(4)

A 성경에 뭐라고 써 있어요?

B 성경에 _______________________________.

(5)

A 선물을 주니까 부디 씨가 뭐라고 했어요?

B 부디 씨는 ___________________________.

Track **209**

민우 씨가 저에게 정말 아름답다고 했어요.
珉宇说我真的很漂亮。

하영 씨가 저에게 사랑한다고 그랬어요.
夏颖对我说爱我。

민우 씨가 결혼하자고 했어요.
珉宇说我们结婚吧。

语法重点

间接引用是不使用引号而引用文章、想法或某人的话，引号内根据句子种类、时态、词类的不同而变换形态。间接引用比直接引用的形态更多、更复杂。引用的句子在变换形态后添加"**-고**"，并结合"**말하다**(说)"、"**물어보다**(问)"、"**전하다**(转告)"、"**듣다**(听)"等动词使用。这些动词可以用"**하다**"或"**그러다**"代替。

句子的种类	时态	结合形态	例句
陈述句	现在时态	动词词干 + **-(느)ㄴ다고 하다**	만난다고 합니다 먹는다고 합니다
		形容词词干 + **-다고 하다**	바쁘다고 합니다
		名词 + **(이)라고 하다**	의사라고 합니다 회사원이라고 합니다
	过去时态	动词/形容词词干 + **-았/었/였다고 하다**	만났다고 합니다 먹었다고 합니다
	将来时态	动词/形容词词干 + **-(으)ㄹ 거라고 하다**	만날 거라고 합니다 먹을 거라고 합니다

疑问句	形容词词干 + **-(으)냐고 합니다**	춥냐고 합니다 = 추우냐고 합니다
	动词词干 + **-(느)냐고 하다**	먹냐고 합니다 = 먹(느)냐고 합니다
	名词 + **(이)냐고 하다**	의사냐고 합니다 회사원이냐고 합니다
劝诱句	动词词干 + **-자고 하다**	가자고 합니다
命令句	动词词干 + **-(으)라고 하다**	가라고 합니다 입으라고 합니다
	-아/어 주다 → 动词词干 + **-아/어/여 달라고 하다** 动词词干 + **-아/어/여 주라고 하다**	도와 달라고 합니다 도와주라고 합니다

劝诱句和命令句间接引用的否定形式分别是 "**-지 말자고 하다**"、"**-지 말라고 하다**"。

1 劝诱句

- 민우 씨는 "내일 산에 가지 **맙시다**."라고 말했어요.　　珉宇说: "明天不要去山里了。"
  → 민우 씨는 내일 산에 가지 **말자고** 했어요.　　珉宇说明天不要去山里了。

2 命令句

- 의사 선생님이 "담배를 피우지 **마세요**."라고 하셨어요.　医生说: "不要吸烟了。"
  → 의사 선생님이 담배를 피우지 **말라고** 하셨어요.　　医生说不要吸烟了。

第一人称 "**나/내**" 或 "**저/제**" 在引用文中变换为 "**자기**"。

- 왕징 씨가 "저한테 얘기하세요."라고 말했어요.　　王静说: "请跟我说吧。"
  → 왕징 씨가 자기한테 말하라고 했어요.　　王静让跟她说。
- 리처드 씨가 "제 고향은 뉴욕이에요."라고 말했어요.　理查德说: "我的家乡是纽约。"
  → 리처드 씨가 자기(의) 고향은 뉴욕이라고 말했어요.　理查德说自己的家乡是纽约。

对话

Track **210**

A 제이슨 씨 여기 있어요?　　　　　　　A 杰森在这儿吗?

B 없는데요.　　　　　　　　　　　　　B 不在。

A 제이슨 씨가 오면 식당으로 오라고　　A 杰森来的话请转告他来饭店。
　전해 주세요.

A 삼계탕 먹어 봤어요?　　　　　　　　A 你吃过参鸡汤吗?

B 아니요, 그렇지만 먹어 본 친구들이　　B 没有，但是听吃过的朋友说很好吃。
　맛있다고 해요.

引用前的句子如果是以 "주세요" 或 "-아/어 주세요" 结束的，那么间接引用文应变换为 "달라고 하다"、"-아/어 달라고 하다"、"주라고 하다"、"-아/어 주라고 하다"。话者请求为自己做某事时使用 "달라고 하다" 或 "-아/어 달라고 하다"。话者向听者请求为第三人做某事时使用 "주라고 하다" 或 "-아/어 주라고 하다"。

话者向听者直接请求 달라고 하다, -아/어 달라고 하다	听者为第三人请求 주라고 하다, -아/어 주라고 하다
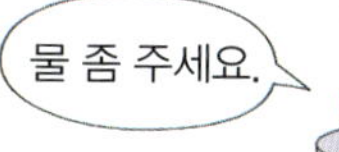 재준 씨는 물을 달라고 했어요. (在俊要求为自己做某事，所以使用 "달라고"。)	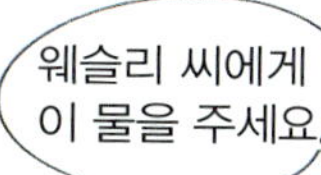 캐럴 씨는 웨슬리 씨에게 물을 주라고 했어요. (凯洛儿并不是为自己而是要求为卫斯理(第三人)做某事，所以使用 "주라고"。)
 재준 씨는 왕징 씨에게 도와 달라고 했어요. (话者[在俊]和得到帮助的人[在俊]是同一人，所以使用 "달라고"。)	 재준 씨는 댄 씨에게 왕징 씨를 도와주라고 했어요. (话者[在俊]和得到帮助的人[王静]不是同一人，所以使用 "주라고"。)

练习一下

仿照例子，将下列直接引用文转换为间接引用文。

> **例子** 제니퍼 씨가 "비행기 표가 너무 비싸요."라고 말했어요.
> → 제니퍼 씨가 비행기 표가 너무 비싸다고 했어요.

(1) 요코 씨가 "어제 쇼핑했어요."라고 했어요.

→ ____.

(2) 란란 씨가 "빨간색 가방은 제 것이에요."라고 했어요.

→ ____.

(3) 민우 씨가 "언제 고향에 가요?"라고 물어봤어요.

→ ____.

(4) 마틴 씨가 "허리가 아프면 수영을 하세요."라고 했어요.

→ ____.

Track **211**

요코 씨는 한국어가 재미있대요.
阳子说韩语有趣。

티루엔 씨는 다음 달에 결혼한대요.
迪鲁恩说下个月结婚。

웨슬리 씨는 저녁에 전화하래요.
卫斯理让晚上打电话。

재준 씨는 내일 같이 테니스를 치재요.
在俊说明天一起打网球。

부디 씨는 뭐 먹고 싶내요.
布第问想吃什么。

语法重点

间接引用经常使用如下的缩略形式，主要在口语中使用。

句子的种类	时态	结合形态	例句
陈述句	现在时态	动词词干 + -(느)ㄴ다고 해요 → **-(느)ㄴ대요**	만난대요/먹는대요
		形容词词干 + -다고 해요 → **-대요**	바쁘대요
		名词 + (이)라고 해요 → **(이)래요**	변호사래요 선생님이래요
	过去时态	动词/形容词词干 + -았/었/였다고 해요 → **-았/었/였대요**	만났대요 먹었대요
	将来时态	动词/形容词词干 + -(으)ㄹ 거라고 해요 → **-(으)ㄹ 거래요**	만날 거래요 먹을 거래요

疑问句	现在时态	名词 + –(이)냐고 해요 → **–(이)냬요**	변호사냬요 선생님이냬요
		动词词干 + –(느)냐고 해요 → **–냬요** 形容词词干 + –(으)냐고 해요 → **–(으)냬요**	가냬요/먹냬요 춥냬요 (= 추우냬요)
	过去时态	动词/形容词词干 + –았/었(느)냐고 하다 → **–았/었냬요**	갔었냬요/먹었냬요 추웠냬요
	将来时态 (推测)	动词/形容词词干 + –(으)ㄹ 거냐고 하다 → **–(으)ㄹ 거냬요**	갈 거냬요/먹을 거냬요 추울 거냬요
劝诱句		动词词干 + –자고 해요 → **–재요**	가재요/입재요
命令句		动词词干 + –(으)라고 해요 → **–(으)래요**	가래요/입으래요
		动词词干 + –아/어 달라고 하다 → **–아/어 달래요** 动词词干 + –아/어/여 주라고 하다 → **–아/어 주래요**	도와 달래요 도와주래요

对话

Track **212**

A 에릭 씨가 요즘 어떻게 지내는지 알아요?

A 你知道艾力克最近过得怎么样?

B 네, 요즘 한국어를 배운대요.

B 嗯，最近说是在学韩语。

A 지수 씨가 주말에 같이 등산 가재요. 시간 있어요?

A 智秀说周末一起去爬山，(你)有时间吗?

B 네, 있어요. 같이 가요.

B 嗯，我有时间。一起去吧。

A 사람들이 내일 몇 시에 모이냬요.

A 大家问明天几点聚会?

B 9시까지 학교 앞으로 오라고 해 주세요.

B 让大家9点到学校前面吧。

A 재준 씨, 어디에 가요?

A 在俊，你去哪里?

B 유키 씨가 숙제를 좀 도와 달래요. 그래서 유키 씨를 만나러 가요.

B 由纪让我帮她辅导作业。 所以我去找由纪。

迪鲁恩对布第说了什么? 仿照例子变换为间接引用的缩略形式。

例子
부디 씨, 주말에 시간 있어요?
→ 티루엔 씨가 부디 씨에게 주말에 <u>시간 있내요</u>.

티루엔 씨는 부디 씨에게 시간 있으면 (1) ______________________. 티루엔 씨는
부디 씨에게 무슨 영화를 (2) ______________. 티루엔 씨는 공포 영화를
(3) ____________. 코미디 영화가 (4) ____________. 그래서 코미디 영화를
(5) ____________. 영화를 본 후에 (6) ______________. 티루엔 씨는 파란색
옷을 (7) ____________. 티루엔 씨는 부디 씨도 (8) ______________. 같이
(9) ______________. 티루엔 씨는 자기와 부디 씨는 정말
(10) ________________.

不规则变化

 # '—' 불규칙 ("—" 的不规则变化)

Track **213**

민우 씨는 요즘 많이 **바빠요**.
珉宇最近很忙。

불 좀 **꺼** 주세요.
请关一下灯。

배가 **고파요**.
肚子饿。

语法重点

词干以"—"结尾的动词或形容词，当后面连接以元音"–아/어"开头的词尾时，"—"一律脱落。"—"脱落时，根据"—"前面的元音不同，后面的元音也有所不同。即"—"前面的元音是"ㅏ，ㅗ"时，后面元音为"ㅏ"，其他的元音则和"ㅓ"结合使用。当词干是一个音节时，"—"脱落并使用元音"ㅓ"。

바쁘다 + **–아요** → 바빠요.

（"—"前面的元音是"ㅏ"，所以后面应使用"아요"。）

예쁘다 + **–어서** → 예뻐서

（"—"前面的元音是"ㅖ"，所以后面应使用"어서"。）

크다 + **–었어요** → 컸어요

（词干"크"是一个音节，所以后面应使用"었어요"。）

基本形	-(스)ㅂ니다	-고	-아/어요	-았/었어요	-아/어서	아/어도
예쁘다 漂亮	예쁩니다	예쁘고	예뻐요	예뻤어요	예뻐서	예뻐도
바쁘다 忙	바쁩니다	바쁘고	바빠요	바빴어요	바빠서	바빠도
아프다 疼	아픕니다	아프고	아파요	아팠어요	아파서	아파도
(배가) 고프다 饿	(배가) 고픕니다	(배가) 고프고	(배가) 고파요	(배가) 고팠어요	(배가) 고파서	(배가) 고파도
크다 大	큽니다	크고	커요	컸어요	커서	커도
나쁘다 坏	나쁩니다	나쁘고	나빠요	나빴어요	나빠서	나빠도
쓰다 苦/写/用	씁니다	쓰고	써요	썼어요	써서	써도
끄다 关	끕니다	끄고	꺼요	껐어요	꺼서	꺼도

对话

Track **214**

A 하미 씨, 지금 울어요?

B 네, 영화가 너무 슬퍼서 울고 있어요.

A 河美，你在哭吗？

B 电影实在太悲伤，所以哭了。

A 주말에 소풍 잘 갔다 왔어요?

B 아니요, 날씨가 나빠서 소풍을 못 갔어요.

A 周末郊游愉快吗？

B 不愉快，天气不好没去成。

A 어제 왜 학교에 안 왔어요?

B 배가 많이 아팠어요. 그래서 학교에 못 왔어요.

A 你昨天为什么没来学校？

B 我肚子很疼。所以没来学校。

仿照例子，把括号里的单词转换恰当的形式。

例子 시험을 못 봐서 기분이 __나빠요__. (나쁘다)
          -아/어요

(1) 공연을 볼 때는 핸드폰을 ___________ 주세요. (끄다)
                        -아/어

(2) 오늘 너무 ___________ 저녁 약속을 취소했어요. (바쁘다)
          -아/어서

(3) 제 여자 친구는 저보다 키가 ___________. (크다)
                        -아/어요

(4) 요코 씨는 아이들이 세 명 있는데 모두 ___________. (예쁘다)
                                -아/어요

(5) 호앙 씨는 몸이 ___________ 항상 운동을 해요. (아프다)
          -아/어도

(6) 남자 친구한테서 프러포즈를 받고 너무 ___________. (기쁘다)
                                -았/었어요

(7) A 어제 오후에 뭐 했어요?

    B 부모님께 편지를 ___________. (쓰다)
                  -았었어요

(8) A 배가 ___________? (고프다)
          -아/어요?

    B 아니요, 배가 ___________. (고프다)
                  -지 않아요

(9) A 주희 씨는 참 예쁘지요?

    B 얼굴은 ___________ 성격이 별로 안 좋아요. (예쁘다)
          -지만

Track **215**

아이가 혼자서 잘 **놉니다**.
孩子自己玩得很好。

백화점이 몇 시에 **여는지** 알고 싶어요.
我想知道百货商店几点开门。

지금 **만드는** 게 뭐예요?
你现在做的东西是什么呀?

语法重点

词干以"己"结尾的动词或形容词在"ㄴ"、"ㅂ"、"ㅅ"前，"己"一律脱落。以"己"结尾的动词或形容词与以"－으"开始的词尾结合时，虽然"己"是收音，但仍将其看做是元音，不使用"－으"。

만들다 + －(으)세요 → 만드세요 〔만들으세요 (×)〕
알다 + －(스)ㅂ니다 → 압니다 〔알습니다 (×)〕
살다 + －는 → 사는 〔살는 (×)〕

基本形	－아/어요	－(으)러	－(스)ㅂ니다	－(으)세요	－(으)ㅂ시다	－(으)니까	名词修饰语 (现在时态) －(으)ㄴ/는
살다 生活	살아요	살러	삽니다	사세요	삽시다	사니까	사는
팔다 卖	팔아요	팔러	팝니다	파세요	팝시다	파니까	파는

만들다 做	만들어요	만들러	만듭니다	만드세요	만듭시다	만드니까	만드는
열다 打开	열어요	열러	엽니다	여세요	엽시다	여니까	여는
놀다 玩	놀아요	놀러	놉니다	노세요	놉시다	노니까	노는
알다 知道	알아요	–	압니다	아세요	압시다	아니까	아는
멀다 远	멀어요	–	멉니다	머세요	–	머니까	먼
달다 甜	달아요	–	답니다	다세요	–	다니까	단

以"ㄹ"结尾的形容词或动词后如同"–(으)ㄹ 때, –(으)ㄹ게요, –(으)ㄹ래요?"等有"–(으)ㄹ"
出现时，通常省略"–(으)ㄹ"，直接与词尾结合。

살다 + –(으)ㄹ 때 → 살 때　　　　　　만들다 + –(으)ㄹ래요? → 만들래요?

对话

Track **216**

A 살을 좀 빼고 싶어요.

B 그러면 케이크나 초콜릿 같은
단 음식을 먹지 마세요.

A 노트북을 어디에서 싸게 파는지
아세요?

B 용산에서 전자 제품을 싸게 파니까
가 보세요.

A 우리 집은 머니까 학교 다니기
힘들어요.

B 학교 근처로 이사 오는 게 어때요?

A 我想减肥。

B 那么不要吃蛋糕、巧克力之类的甜食。

A 你知道哪里卖笔记本电脑便宜吗?

B 龙山那里的电子制品卖得便宜，去那里看看吧。

A 我们家很远，所以上学很辛苦。

B 搬到学校附近怎么样?

仿照例子，把括号里的单词转换为恰当的形式。

例子 재준 씨가 어디에서 __사는지__ 알아요? (살다)
-(으)ㄴ/는지

(1) 바람이 많이 _________ 창문을 좀 닫아 주세요. (불다)
-(으)니까

(2) 저기 _________ 아이가 제 동생이에요. (울다)
-(으)ㄴ/는

(3) 저 식당에서 우리나라 음식을 _________, 같이 먹으러 갈래요. (팔다)
-(으)ㄴ/는데

(4) 질문이 있으면 손을 _________. (들다)
-(으)세요

(5) 저는 학교 근처에서 _________. (살다)
-(스)ㅂ니다

(6) 외국 생활은 _________ 재미있어요. (힘들다)
-지만

(7) A 옆 반에 혹시 _________ 사람이 있어요? (알다)
-(으)ㄴ/는

  B 제 고등학교 때 친구가 옆 반에 있는데, 왜요?

(8) A 에릭 씨를 언제 만났어요?

  B 한국에 _________ 만났어요. (살다)
-(으)ㄹ 때

(9) A 이 치마 어때요? 하영 씨에게 잘 어울릴 것 같아요.

  B 저는 _________ 치마를 안 좋아해요. (길다)
-(으)ㄴ/는

Track **217**

커피가 **뜨거우니까** 조심하세요.
咖啡很热，小心。

날씨가 **추워서** 집에 있었어요.
因为天气冷，所以待在家里。

저는 **매운** 음식을 좋아해요.
我喜欢辣的食物。

语法重点

以“ㅂ”结束的部分动词和形容词连接以元音开始的词尾时，将“ㅂ”变换为“오”或“우”。连接“–아/어”，转换成“오”的动词只有“돕다(帮助)”、“곱다(美、俏)”两个，其他单词都变换为“우”。

쉽다 + **–어요** → 쉬우 + **–어요** → 쉬워요

돕다 + **–아요** → 도오 + **–아요** → 도와요

基本形	–(스)ㅂ니다	–고	–아/어요	–아/어서	–(으)면	名词修饰语 –(으)ㄴ/는
쉽다 简单	쉽습니다	쉽고	쉬워요	쉬워서	쉬우면	쉬운
어렵다 难	어렵습니다	어렵고	어려워요	어려워서	어려우면	어려운

맵다 辣	맵습니다	맵고	매워요	매워서	매우면	매운
덥다 热	덥습니다	덥고	더워요	더워서	더우면	더운
춥다 冷	춥습니다	춥고	추워요	추워서	추우면	추운
무겁다 沉	무겁습니다	무겁고	무거워요	무거워서	무거우면	무거운
*돕다 帮助	돕습니다	돕고	**도와요**	**도와서**	도우면	도운

词干虽然以"ㅂ"结尾，但"**좁다**(窄)"、"**입다**(穿)"、"**씹다**(咬)"、"**잡다**(抓)"不发生不规则变化。

基本形	–(스)ㅂ니다	–고	–아/어요	–아/어서	–(으)면	名词修饰语 –(으)ㄴ/는
입다 穿	입습니다	입고	입어요	입어서	입으면	입는
좁다 窄	좁습니다	좁고	좁아요	좁아서	좁으면	좁은

对话

Track **218**

A 어떤 영화를 좋아하세요?　　　　　　A 你喜欢什么样的电影？

B 저는 무서운 영화를 좋아해요.　　　　B 我喜欢惊悚电影。

A 음식이 싱거운데 소금 좀 주세요.　　A 食物有点淡，请给我点盐。

B 여기 있습니다.　　　　　　　　　　B 给您。

A 아이가 누구를 닮았어요?　　　　　　A 孩子长得像谁呢？
　 정말 귀여워요.　　　　　　　　　　　 实在太可爱了。

B 감사합니다. 엄마를 많이 닮았어요.　B 谢谢。长得很像妈妈。

仿照例子，把括号里的单词转换为恰当的形式。

例子　A 왜 음악을 껐어요?

　　　B <u>시끄러워서</u> 껐어요. (시끄럽다)
　　　　 －아/어서

---

(1)　A 가방이 무거워요?

　　　B 아니요, ________________. (가볍다)
　　　　　　　　　 －아/어요

(2)　A 숙제가 ____________ 좀 도와주시겠어요? (어렵다)
　　　　　　　 －(으)ㄴ/는데

　　　B 네, 알겠어요.

(3)　A 날씨가 ____________ 따뜻한 음식을 먹으러 가요. (춥다)
　　　　　　　　 －(으)니까

　　　B 네, 좋아요.

(4)　A 기사 아저씨, 저기 앞에서 세워 주실 수 있어요?

　　　B 저기는 길이 ____________ 자동차가 못 들어가요. (좁다)
　　　　　　　　　　 －아/어서

(5)　A 이 음식이 정말 맵지요?

　　　B 음식이 __________ 맛있어요. (맵다)
　　　　　　　　 －지만

(6)　A 한국어 배우기가 어때요?

　　　B 생각보다 __________ 재미있어요. (쉽다)
　　　　　　　　　 －고

(7)　A 그 옷을 __________ 멋있네요. (입다)
　　　　　　　　 －(으)니까

　　　B 그래요? 감사합니다.

 ‘ㄷ’ 불규칙 (“ㄷ”的不规则变化)

음악을 들으면서 운동해요.
一边听音乐一边运动。

Track **219**

돈이 없어서 걸어서 갔어요.
因为没有钱，走着去了。

그 여자에게 전화번호를 물어봤어요.
向那个女孩子要了电话号码。

语法重点

词干以“ㄷ”结尾的一部分动词，当后面的词尾以元音开头时，将“ㄷ”变换为“ㄹ”。

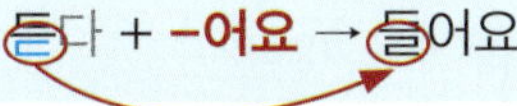
듣다 + -어요 → 들어요

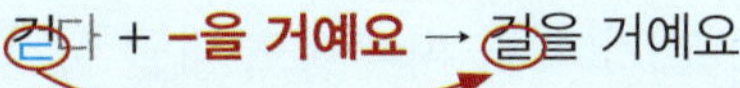
걷다 + -을 거예요 → 걸을 거예요

基本形	-(스)ㅂ니다	-고	-아/어요	-았/었어요	-(으)세요	-(으)ㄹ까요?	-(으)면
듣다 听	듣습니다	듣고	들어요	들었어요	들으세요	들을까요?	들으면
묻다 问	묻습니다	묻고	물어요	물었어요	물으세요	물을까요?	물으면
걷다 走	걷습니다	걷고	걸어요	걸었어요	걸으세요	걸을까요?	걸으면

词干虽然以"ㄷ"结尾，但"닫다"、"받다"、"믿다"不发生不规则变化。

基本形	-(스)ㅂ니다	-고	-아/어요	-았/었어요	-(으)세요	-(으)ㄹ까요?	-(으)면
닫다	닫습니다	닫고	닫아요	닫았어요	닫으세요	닫을까요?	닫으면
받다	받습니다	받고	받아요	받았어요	받으세요	받을까요?	받으면

对话

Track **220**

A 캐럴 씨, 날씨가 좋은데 밖에 나가서
　 좀 걸을까요?

B 네, 좋아요.

A 이 노래 들어 봤어요? 정말 좋아요.

B 그래요? 누구 노래인데요?

A 凯洛儿，天气挺好的，出去走走怎么样？

B 好的。

A 你听过这首歌吗？很好听。

B 是吗？谁的歌？

仿照例子，把括号里的单词转换为恰当的形式。

> **例子** A 학교에 어떻게 가요?
>
> 　　　 B <u>걸어서</u> 가요. (걷다)
> 　　　　 −아/어서

(1) A 내일 같이 영화 볼까요?

　　 B 좋아요. 제가 에릭 씨에게도 내일 시간이 있는지 ＿＿＿＿ 볼게요. (묻다)
　　　　　　　　　　　　　　　　　　　　　　　　　 −아/어

(2) A 어떻게 하면 한국어 듣기가 좋아질까요?

　　 B 한국 드라마와 영화도 많이 보고, 한국 음악도 많이 ＿＿＿＿＿. (듣다)
　　　　　　　　　　　　　　　　　　　　　　　　　 −(으)세요

(3) A 어제 많이 ＿＿＿＿＿ 다리 안 아파요? (걷다)
　　　　　　　 −았/었는데

　　 B 평소에 많이 ＿＿＿＿＿ 괜찮아요. (걷다)
　　　　　　　　 −아/어서

(4) A 백화점이 몇 시에 문을 ＿＿＿＿＿? (닫다)
　　　　　　　　　　　 −아/아요

　　 B 보통은 8시에 ＿＿＿＿＿ 세일 기간에는 9시까지 열어요. (닫다)
　　　　　　　　 −(으)ㄴ/는데

05 ‘르’ 불규칙 (“르” 的不规则变化)

Track **221**

댄 씨는 노래를 잘 **불러서** 인기가 많아요.
戴尼歌唱得好，很受欢迎。

출근 시간에는 지하철이 버스보다 **빨라요**.
上班时间地铁比公交车快。

저는 영어를 **몰라요**.
我不懂英语。

语法重点

词干以“르”结尾的大部分动词和形容词，当后面的词尾以元音“–아/어”开头时，“르”中的“ㅡ”脱落，添加“ㄹ”变形为“ㄹㄹ”。

다르다 + –아요 → 다르다 + ㄹ + 아요 → 달라요
부르다 + –어요 → 부르다 + ㄹ + 어요 → 불러요

基本形	–(스)ㅂ니다	–고	–(으)면	–아/어요	–았/었어요	–아/어서
다르다 不同	다릅니다	다르고	다르면	달라요	달랐어요	달라서
빠르다 快	빠릅니다	빠르고	빠르면	빨라요	빨랐어요	빨라서
자르다 剪	자릅니다	자르고	자르면	잘라요	잘랐어요	잘라서

모르다 不知道	모릅니다	모르고	모르면	몰라요	몰랐어요	몰라서
부르다 唱，叫	부릅니다	부르고	부르면	불러요	불렀어요	불러서
기르다 养	기릅니다	기르고	기르면	길러요	길렀어요	길러서

对话

Track **222**

A 준호 씨, 머리 잘랐어요? 멋있네요.

B 그래요? 고마워요.

A 에릭 씨와 제이슨 씨는 쌍둥이인데 얼굴이 안 닮았어요.

B 네, 성격도 많이 달라요.

A 俊浩，你剪头发了？很帅啊。

B 是吗？谢谢。

A 艾力克和杰森虽然是双胞胎，但长得不像。

B 是的，性格也很不一样。

练习一下

仿照例子，把括号里的单词转换为恰当的形式。

> 例子　A 더 드세요.
>
> 　　　B 배가 __불러서__ 더 못 먹겠어요. (부르다)
> 　　　　　　 −아/어서

(1) A 이 노래 부를 수 있어요?

　　B 아니요, 노래가 너무 __________ 못 불러요. (빠르다)
　　　　　　　　　　　 −아/어서

(2) A 중국의 결혼식은 한국과 비슷해요?

　　B 아니요, 많이 __________. (다르다)
　　　　　　　　　 −아/어요

(3) A 한국말을 잘하시네요.

　　B 아니에요, 아직도 한국말이 __________ 실수를 많이 해요. (서투르다)
　　　　　　　　　　　　　 −아/어서

(4) A 초인종을 여러 번 __________ 아무도 안 나와요. (누르다)
　　　　　　　　　　 −았/었는데

　　B 이상하네요. 소냐 씨가 오늘 집에 있겠다고 했는데…….

Track **223**

백설공주는 머리는 까맣고 피부는 하얘요.
白雪公主头发乌黑，皮肤雪白。

왕비는 백설공주에게 빨간 사과를 줬어요.
王妃给了白雪公主红苹果。

왕자는 크고 파란 눈으로 공주를 봤어요.
王子用又大又蓝的眼睛看着公主。

语法重点

词干以"ㅎ"结尾的形容词，当后面的词尾以元音开头时，前面的"ㅎ"发生脱落。

1 "ㅎ"形容词词干后连元音"–으"开头的词尾时，"ㅎ"和"으"一起脱落。

하얗다 + –(으)ㄴ → 하얀   까맣다 + –(으)니까 → 까마니까

2 "ㅎ"形容词词干后连接以"–아/어–"开头的词尾时，"ㅎ"脱落并在词干上添加"ㅣ"。

까맣다 + –아서 → 까마 + ㅣ + –아서 → 까매서
하얗다 + –아요 → 하야 + ㅣ + –아요 → 하얘요

基本形	-(스)ㅂ니다	-고	-(으)면	-(으)ㄴ/는	-아/어요	-았/었어요	-아/어서
까맣다 黑	까맣습니다	까맣고	까마면	까만	까매요	까맸어요	까매서
노랗다 黄	노랗습니다	노랗고	노라면	노란	노래요	노랬어요	노래서
파랗다 蓝	파랗습니다	파랗고	파라면	파란	파래요	파랬어요	파래서
빨갛다 红	빨갛습니다	빨갛고	빨가면	빨간	빨개요	빨갰어요	빨개서
하얗다 白	하얗습니다	하얗고	하야면	하얀	하얘요	하얬어요	하얘서
이렇다 这样	이렇습니다	이렇고	이러면	이런	이래요	이랬어요	이래서
그렇다 那样	그렇습니다	그렇고	그러면	그런	그래요	그랬어요	그래서
저렇다 那样	저렇습니다	저렇고	저러면	저런	저래요	저랬어요	저래서
어떻다 怎么样	어떻습니다	어떻고	어떠면	어떤	어때요	어땠어요	어때서

"좋다"、"많다"、"낳다"、"놓다"、"넣다"等词干虽然以"ㅎ"结尾但不发生不规则变化。

基本形	-(스)ㅂ니다	-고	-(으)면	-(으)ㄴ/는	-아/어요	-았/었어요	-아/어서
낳다	낳습니다	낳고	낳으면	낳는	낳아요	낳았어요	낳아서
좋다	좋습니다	좋고	좋으면	좋은	좋아요	좋았어요	좋아서

对话

Track 224

A 보세요! 가을 하늘이 정말 파래요.

A 看啊! 秋天的天空真蓝啊。

B 하늘은 파랗고 구름은 하얘서 그림 같아요.

B 天空湛蓝, 云彩雪白, 如同一幅画一样。

A 얼굴이 많이 까매졌네요.

A 你脸变得挺黑呢。

B 휴가 때 바다에 갔다 와서 그래요.

B 休假时去了海边, 所以成这样的。

A 파란 티셔츠 입은 남자가 누군지 아세요?

A 你知道那个穿蓝色T恤衫的男人是谁吗?

B 네, 제 동생이에요. 관심 있어요?

B 嗯，是我弟弟，你感兴趣吗?

请注意!

"이렇다, 그렇다, 저렇다, 어떻다" 后面连接以 "-아/어" 开头的词尾时，不变形为 "이레, 그레, 저레, 어떼"，而变形为 "이래, 그래, 저래, 어때"。

- 날씨가 어떼요? (×) → 날씨가 어때요? (○)　天气怎么样?
- 이번 성적이 너무 안 좋구나. 성적이 그레서 대학에 갈 수 있겠니? (×)
  → 이번 성적이 너무 안 좋구나. 성적이 그래서 대학에 갈 수 있겠니? (○)
  这次考试的成绩不太好，这样的成绩能上大学吗?

练习一下

看下列图片，把括号里的单词转换为恰当的形式。

(1) 

A 혹시 티루엔 씨가 누군지 아세요?

B 네, 저기 ________ 정장을 입은 사람이에요. (노랗다)
　　　　　　-(으)ㄴ/는

(2) 

A 댄 씨가 술을 많이 마신 것 같아요.

B 맞아요. 지금 얼굴이 __________. (빨갛다)
　　　　　　　　　　-아/어요

(3) 

A 눈이 많이 왔네요!

B 네, 눈 때문에 세상이 다 __________. (하얗다)
　　　　　　　　　　　-아/어요

(4) 

A 어머, 캐럴 씨 머리 바꿨네요.

B 네, 요즘 ________ 머리가 유행이에요. (이렇다)
　　　　　　-(으)ㄴ/는

(5) 

A __________ 색을 좋아해요? (어떻다)
　　-(으)ㄴ/는

B 저는 ________ 색을 좋아해요. (까맣다)
　　　　　-(으)ㄴ/는

모기가 물어서 눈이 **부었어요**.
被蚊子咬了，眼睛肿起来了。

Track **225**

컵에 커피와 크림, 설탕을 넣고 **저어요**.
将咖啡、奶油和糖放进杯子搅拌。

어느 옷이 더 **나아요**?
哪件衣服更合适?

语法重点

词干以“ㅅ”结尾的部分动词和形容词，当后面的词尾以元音开头时，“ㅅ”脱落。

잇다 + **-어요** → 이어요   짓다 + **-을 거예요** → 지을 거예요

基本形	-(스)ㅂ니다	-고	-아/어요	-았/었어요	-아/어서	-(으)면
잇다 连接	잇습니다	잇고	이어요	이었어요	이어서	이으면
낫다 好，痊愈	낫습니다	낫고	나아요	나았어요	나아서	나으면
붓다 肿，倒	붓습니다	붓고	부어요	부었어요	부어서	부으면
긋다 划，画	긋습니다	긋고	그어요	그었어요	그어서	그으면

基本形						
젓다 搅	젓습니다	젓고	저어요	저었어요	저어서	저으면
짓다 建，写， 取(名字)	짓습니다	짓고	지어요	지었어요	지어서	지으면

词干虽然以"ㅅ"结尾，但"벗다(脱)"、"웃다(笑)"、"씻다(洗)"不发生不规则变化。

基本形	–(스)ㅂ니다	–고	–아/어요	–았/었어요	–아/어서	–(으)면
웃다	웃습니다	웃고	웃어요	웃었어요	웃어서	웃으면
씻다	씻습니다	씻고	씻어요	씻었어요	씻어서	씻으면

对话

Track **226**

A 아이 이름을 누가 지었어요?

B 할아버지가 지어 주셨어요.

A 谁给孩子起了名字？

B 爷爷给起的。

A 감기 다 나았어요?

B 네, 이제 괜찮아요.

A 感冒痊愈了吗？

B 是的，现在没事了。

A 이 단어는 중요하니까 단어 밑에 줄을 그으세요.

B 네, 알겠습니다.

A 这个单词很重要，在下面画上线。

B 好的，知道了。

请注意！

韩语的元音重叠时，经常缩略。例如，"배우 + –어요"的结合时，变为"배워요"。
但是，"ㅅ"的不规则变化中，"ㅅ"脱落后发生元音重叠的现象时，元音不缩略。

- 짓다 + **–어요** → 지어요 (ㅇ) / 져요 (×) ("져요"是"지다 + –어요"的缩略形式。)
- 낫다 + **–아요** → 나아요 (ㅇ) / 나요 (×) ("나요"是"나다 + –아요"的缩略形式。)

仿照例子，把括号里的单词转换为恰当的形式。

例子 이 노래를 누가 <u>지었어요</u> ? (짓다)
　　　　　　　　　　-았/었어요

---

(1) 어제 밤에 라면을 먹고 자서 얼굴이 많이 ___________. (붓다)
　　　　　　　　　　　　　　　　　　　　-았/었어요

(2) 커피를 잘 __________ 드세요. (젓다)
　　　　　　-아/어서

(3) 지금 회사보다 더 __________ 곳에서 일하고 싶어요. (낫다)
　　　　　　　　　　-(으)ㄴ/는

(4) 저기 지금 _______ 있는 건물이 뭐예요? (짓다)
　　　　　　　-고

(5) 제니퍼 씨는 _________ 때 참 예뻐요. (웃다)
　　　　　　　-(으)ㄹ

(6) 피터 씨의 한국말보다 요코 씨의 한국말이 더 _________. (낫다)
　　　　　　　　　　　　　　　　　　　　-아/어요

(7) 저는 중요한 문장에 밑줄을 _________ 공부를 합니다. (긋다)
　　　　　　　　　　　　　-(으)면서

(8) 과일을 _________ 드세요. (씻다)
　　　　　-아/어서

(9) 옷을 _________ 후에 저 옷걸이에 거세요. (벗다)
　　　　-(으)ㄴ

(10) 커피 잔에 물을 ___________. (붓다)
　　　　　　　　　-(으)세요

附录

1. 指示代名词

指代事物或位置时，在名词前面使用"이"、"그"、"저"进行表达。指代事物或位置离话者近时使用"이"，离听者近时使用"그"，离话者人和听者都远时使用"저"。

	离话者近	离听者近	离话者和听者都远
	이	그	저
事物	이것	그것	저것
人	이 사람/이 분	그 사람/그 분	저 사람/저 분
地点	이곳 (여기)	그곳 (거기)	저곳 (저기)

"이것"、"그것"、"저것"结合助词"이"成为"이것이"、"그것이"、"저것이"，在口语中经常缩略为"이게"、"그게"、"저게"。"은"或"을"也使用同样的方法缩略。

이것이 → 이게	이것은 → 이건	이것을 → 이걸
그것이 → 그게	그것은 → 그건	그것을 → 그걸
저것이 → 저게	저것은 → 저건	저것을 → 저걸

A **이건** 뭐예요?   这是什么?

B **이건** 꽃이에요.   这是花。

A 너무 커요. **이걸** 어떻게 먹어요?   太大了，这个怎么吃呢?

B 그럼 **저게** 작으니까 **저걸** 드세요.   那个小，吃那个吧。

指示代名词在对前面说的话进行重复时也可以使用。

어제 동대문시장에 갔어요.
거기는 예쁜 옷이 아주 많았어요.
(= 동대문시장)

昨天去了东大门市场。
那里漂亮的衣服很多。
(=东大门市场)

지난주에 댄 씨를 만났어요
그분은 아주 친절했어요.
(= 댄 씨)

上周见了戴尼。
他十分亲切。
(=戴尼)

2. 时间副词

아직 还、尚未 / **이미** 已经 / **벌써** 已经

● **아직** 还，尚未

(1) "**아직**" 表述距离某件事或某种状态发生还需要一段时间。经常与否定表达方式一同使用。

A 밥 먹었어요?

吃饭了吗?

B 아니요, **아직** 안 먹었어요.

不，还没吃饭。

(2) "**아직**" 表述某件事情或某种状态没有结束还在持续。

A 숙제 다 했어요?

做完作业了吗?

B 아니요, **아직** 하고 있어요.
조금만 더 하면 끝나요.

不，还在做着。再有一点就做完了。

이미 已经	**벌써** 已经
指代完全结束或已经过去的事情	比预想的要快
A 지금 가면 영화를 볼 수 있을까요? 现在去的话可以看电影吗? **B** 아니요, 지금 6:40분이에요. **이미** 늦었으니까 9시 영화를 봅시다. 不行，现在6:40了。已经晚了，看9点的电影吧。	**A** 저녁에 뭐 먹고 싶어요? 晚上想吃什么? **B** 저녁 먹었는데요. 已经吃过晚饭了。 **A** 5시인데 **벌써** 먹었어요? 才5点就已经吃过了?

A 댄 씨를 만나고 싶은데 지금 한국에 있어요? 　我想见戴尼，他现在在韩国吗？ **B** **이미** 미국으로 떠났어요. 　已经回美国了。 (因为已经回美国了，即使想见也见不到了。)	**A** 댄 씨를 만나고 싶은데 지금 한국에 있어요? 　我想见戴尼，他现在在韩国吗？ **B** 지난주에 미국으로 떠났어요. 　上周回美国了。 **A** **벌써** 떠났어요? 已经走了？ (回美国的时间比预想的时间要快。)

 지금 现在 / 이제 现在 / 요즘 最近

지금 现在	이제 现在
说话的这一刻，那一瞬间	虽然具有现在的意思，但包含有和过去断绝的语义从现在开始
A **지금** 뭐하고 있어요? 　现在在做什么呢？ **B** 음악을 듣고 있어요. 　在听音乐。 和现在进行时态 **"–고 있다"** 可以一同使用。 • 지금 공부하고 있어요. (○) 　现在在学习。 • (일 이외의 다른 것을 하고 있다가) 　자, 지금 일합시다. (×)	**A** **이제** 그 식당에 안 갈 거예요. 　再也不去那家饭店了。 **B** 왜요? 음식이 맛이 없어요? 　为什么？饭菜不好吃吗？ 不能和现在进行时态 **"–고 있다"** 一同使用。 • 이제 공부하고 있어요. (×) • (일 이외의 다른 것을 하고 있다가) 　자, 이제 일합시다. (○) 　(干着工作以外的事) 　好了，现在干工作吧。(○)

● **요즘** 最近

"**요즘**" 表述从不久前开始到现在的时间段。

A **요즘** 피곤하세요? **B** 네, 조금 피곤해요.	最近累吗？ 是的，有点累。
A **요즘** 어떤 헤어스타일이 유행이에요? **B** 단발머리가 유행이에요.	最近流行什么样的发型？ 流行短发。

먼저 先 / 아까 刚才 / 나중에 以后 / 이따가 一会儿

● 먼저 先

"먼저" 表述时间顺序上在前。

A 나탈리아 씨, 점심 안 먹어요?　　娜塔莉, 不吃午饭吗?

B 저는 지금 할 일이 있으니까 **먼저** 드세요.　　我现在有事要做, 你先吃吧。

A 민우 씨는 갔어요?　　珉宇走了吗?

B 네, 약속이 있어서 **먼저** 갔어요.　　是的, 因为有约会, 先走了。

● 아까 刚才

"아까" 表述片刻前, 一天时间范围内。

A 댄 씨 봤어요?　　看见戴尼了吗?

B **아까** 도서관에 가는 거 봤어요.　　我刚才看了他去图书馆了。

A **아까** 커피숍에서 인사한 사람이 누구예요?　　刚才在咖啡店和你打招呼的人是谁?

B 대학교 때 후배예요.　　大学时的师弟/师妹。

이따가 一会儿	나중에 以后
时间稍过一会儿之后	过了一段时间后, 先做完其他事情之后, 时间范围可以是在今天, 也可以不在今天
A 오늘 영화 보러 갈 거야? 今天去看电影吗? B 응, **이따가** 갈 거야. 是的, 一会儿就去。 A 오늘 모임에 와요? 今天的聚会参加吗? B 네, **이따가** 만나요. 嗯, 一会儿见。 (稍过一会儿之后, 在今天之内) A 언제 결혼할 거예요? 什么时候结婚? B **이따가** 결혼할 거예요. (×)	A 여보세요? 댄 씨, 지금 전화할 수 있어요? 喂, 戴尼, 现在方便通话吗? B 미안해요. 지금 바쁘니까 **나중에** 전화할게요. 对不起, 我有点忙, 一会儿给你打电话。 A 오늘 모임에 와요? 今天的聚会参加吗? B 아니요, 못 가요. 우리 **나중에** 만나요. 不, 没法参加。我们以后见。 (虽然不是今天, 但是过一段时间之后见面。)

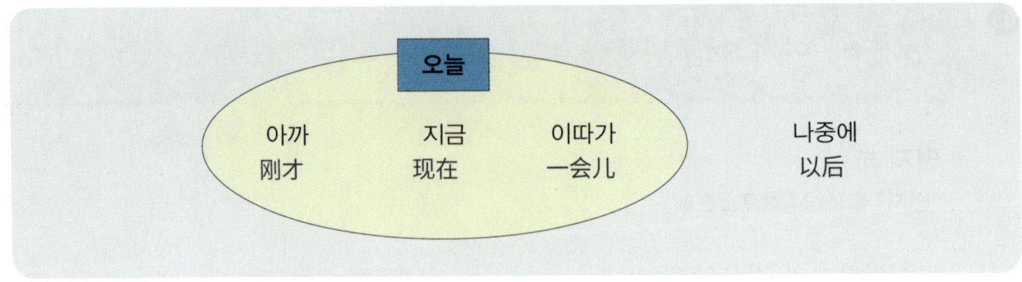

3. 频度副词

항상·언제나 总是、经常 / 자주 常常 / 가끔 偶尔
거의 –지 않다 基本不 / 전혀 –지 않다 完全不

늘(항상/언제나)、자주、가끔 和肯定句结合使用，별로、전혀 和否定句结合使用。

- 저는 매일 아침에 운동해요. **항상(언제나)** 운동해요.
  我每天早上运动。总是运动。

- 저는 일주일에 4번 운동해요. **자주** 운동해요.
  我每周运动四次。经常运动。

- 저는 일주일에 한 번 운동해요. **가끔** 운동해요.
  我每周运动一次。偶尔运动。

- 저는 한 달에 한 번 운동해요. **거의** 운동을 하지 않아요.
  我一个月运动一次。基本不运动。

- 저는 운동을 싫어해요. **전혀** 운동을 하지 않아요.
  我不喜欢运动。根本不运动。

4. 接续副词

그리고 并且、而且

"그리고"在罗列两个句子，或两个句子依照时间顺序叙述时使用。相当于汉语的"并且/而且"。

- 하영 씨는 날씬해요. **그리고** 예뻐요.
  夏颖苗条，而且漂亮。

- 농구를 좋아해요. **그리고** 축구도 좋아해요.
  喜欢篮球，而且喜欢足球。

- 주말에 친구를 만났어요. **그리고** 같이 영화를 봤어요.
  周末见了朋友，而且一起看了电影。

그렇지만 但是

"그렇지만"在前后句子的内容形成对立关系时使用。相当于汉语的"但是"。意义相同的还有"**하지만**"和"**그러나**"，口语中常使用"**하지만**"，书面语中常使用"**그러나**"。

- 요코 씨는 일본 사람이에요. **그렇지만** 재준 씨는 한국 사람이에요.
  阳子是日本人，但是在俊是韩国人。

- 한국어는 영어와 다릅니다. **그러나** 배우기 어렵지 않습니다.
  韩语和英语不同，但是学起来不难。

- 고기를 좋아해요. **하지만** 채소는 안 좋아해요.
  喜欢肉，但是不喜欢蔬菜。

그래서 所以

"그래서"在前文是后文所出现的结果的原因或理由时使用。相当于汉语的"所以"。

A 어디 아파요?
  哪里不舒服吗?

B 어제 술을 많이 마셨어요. **그래서** 머리가 아파요.
  昨天喝了太多酒，所以头疼。

A 왜 차가 안 가요?
为什么车都不往前走呢?

B 주말이에요. **그래서** 길이 막혀요.
是周末，所以路很堵。

- 외국 사람입니다. **그래서** 한국말을 못합니다.
是外国人，所以不会韩语。

 **그러니까** 因此、所以

"그러니까" 在前文是后文必然性的条件时使用。相当于汉语的"因此/所以"。"그러니까"后面经常使用"–(으)세요"、"–(으)ㅂ시다"、"–아/어야 하다"、"–(으)ㄹ 거다"。

- 비가 와요. **그러니까** 우산을 가져가세요.
下雨了，所以带上伞吧。

- 이 영화는 재미없어요. **그러니까** 다른 영화를 봅시다.
这部电影没意思。所以看别的电影吧。

- 한국 대학교에 입학하고 싶어요. 그리고 한국 회사에 취직해서 한국에서 살고 싶어요.
그러니까 한국말을 열심히 공부할 거예요.
想进入韩国的大学。还想在韩国的公司上班，并且在韩国生活。所以要努力学习韩语。

A 여보, 우리 차가 있는데 왜 버스를 타요?
老公，我们有车，为什么还要坐公交车?

B 자동차가 고장 났어요. **그러니까** 버스를 타야 해요.
车出问题了，所以要坐公交车。

그러면 那么、那样的话

"그러면" 在前文是后文的前提或假设时使用。相当于汉语的"那么"。对话中经常使用"그러면"的缩略语"그럼"。

A 점심시간이에요. 배가 고파요.
到午饭时间了，肚子饿呀。

B **그러면** (=**그럼**) 같이 식당에 가서 식사할까요?
那么一起去饭店吃饭吧?

A 한국말을 잘하고 싶어요.
我想说好韩语。

B 그래요? **그러면** 한국 친구를 사귀세요.
是吗? 那么交韩国朋友吧。

- 나는 피곤할 때 목욕을 해요. **그러면** 기분이 좋아져요.
  我疲惫的时候洗澡。那样的话心情会变好。

그런데 但是

"그런데" 在前文是后文内容的背景时使用。相当于汉语的"但是"。

(1) 前后文是对立关系时使用。与"**그렇지만**"意思相同。

- 아버지는 키가 작아요. **그런데** 아들은 키가 커요.
  爸爸个子矮，但是儿子个子高。

(2) 前文为后文的内容说明背景或情况时使用。

- 어제 명동에 갔어요. **그런데** 거기에서 영화배우를 봤어요.
  昨天去了明洞，在明洞见到了电影明星。

(3) 在对话中，针对对方提出的话题不予以回应，而希望转换到其他话题时使用。

A 올해 나이가 어떻게 되세요?
  你今年多大了?

B 네? 저, **그런데** 지금 몇 시예요?
  啊? 那个，现在几点了?

그래도 尽管如此、即使这/那样

"그래도" 在无论前文如何，后文的内容依旧不发生变化时使用。相当于汉语的"尽管如此，即使这/那样"。

- 아까 밥을 많이 먹었어요. **그래도** 배가 고파요.
  刚才吃了很多饭，尽管如此还是肚子饿。

- 5년 동안 한국에서 살았어요. **그래도** 아직 한국말을 잘 못해요.
  在韩国生活了五年，尽管如此还是说不好韩语。

- 그 여자는 나를 좋아하지 않아요. **그래도** 나는 그 여자를 좋아해요.
  那个女孩子不喜欢我，即使这样我还是喜欢她。

正确答案

01 이다 (是)

(1) A 입니까 (= 예요) B 입니다 (= 예요)
(2) A 입니까 (= 이에요) B 입니다 (= 예요)
(3) A 입니까 (= 예요) B 입니다 (= 예요)
(4) 입니다 (= 이에요)

02 있다 (有/在)

(1) 위　　　　(2) 뒤　　　　(3) 웨슬리
(4) 안　　　　(5) 밑 (= 아래)　(6) 댄 씨

03 数词

〈汉字数词〉
(1) 공일공 칠삼팔의 삼오공구　　(2) 삼십사
(3) 백칠십오　　　　　　　　　　(4) 육만 이천

〈固有数词〉
(1) 한 마리　　(2) 한 대, 두 대　(3) 두, 한 개
(4) 네 병, 두 잔　(5) 여덟 권, 일곱

04 日期与星期

(1) 이천이십 년 유월 육일, 토
(2) 이천십오 년 십일월 십오일, 일
(3) 이천십칠 년 시월 십일, 화

05 时间

(1) 오전 일곱 시 삼십 분 (= 일곱 시 반)
(2) 오전 아홉 시
(3) 오후 한 시
(4) 오후 세 시 이십 분
(5) 오후 여섯 시 삼십 분 (= 여섯 시 반)
(6) 여덟 시　　(7) 열 시　　(8) 열한 시

Unit 1. 时态

01 现在时态　A/V-(스)ㅂ니다

(1) A 먹습니까 B 네, 먹습니다
(2) 기다립니다
(3) A 읽습니까 B 네, 읽습니다
(4) B 만납니다
(5) 씁니다
(6) A 삽니까 B 네, 삽니다

02 现在时态　A/V-아/어요

1 (1) A 학생이에요 B 네, 학생이에요
　(2) A 의사예요 B 네, 의사예요
　(3) A 책상이에요 B 네, 책상이에요
　(4) A 사과예요 B 네, 사과예요

2 (1) A 봐요 B 봐요　　(2) 전화해요
　(3) A 읽어요 B 읽어요　(4) A 먹어요 B 먹어요
　(5) 공부해요　　　　　(6) A 마셔요 B 마셔요

03 过去时态　A/V-았/었어요

(1) 만났어요　　(2) 먹었어요　　(3) 맛있었어요
(4) 갔어요　　　(5) 샀어요　　　(6) 쌌어요
(7) 아팠어요　　(8) 불렀어요　　(9) 청소했어요
(10) 봤어요　　(11) 재미있었어요

04 将来时态　V-(으)ㄹ 거예요 ①

(1) 갈 거예요　　(2) 놀 거예요　　(3) 탈 거예요
(4) 공부할 거예요　(5) 먹을 거예요
(6) 부를 거예요　(7) 쉴 거예요

05 进行时态　V-고 있다 ①

(1) 세수하고 있어요　　(2) 한국어를 배우고 있어요
(3) 밥을 먹고 있어요　　(4) 반지를 찾고 있었어요

06 过去完成时态　A/V-았/었었어요

(1) 키가 작았었어요　　(2) 머리가 길었었어요
(3) 고기를 안 먹었었어요　(4) 치마를 안 입었었어요

Unit 2. 否定表达方式

01 词汇否定

(1) 가 아니에요 (= 가 아닙니다)
(2) 가 없어요 (= 가 없습니다)
(3) 가 없어요 (= 가 없습니다)
(4) 몰라요 (= 모릅니다)

02 안 A/V-아/어요 (A/V-지 않아요)

(1) 안 봐요 (= 보지 않아요)
(2) 매일 운동 안 해요 (= 매일 운동하지 않아요)
(3) 안 깊어요 (= 깊지 않아요)
(4) 안 친절해요 (= 친절하지 않아요)

03 못 V-아/어요 (V-지 못해요)

(1) 못했어요 (= 하지 못했어요)
(2) 못 가요 (= 가지 못해요)
(3) 못 봤어요 (= 보지 못했어요)

Unit 3. 助词

01 N이/가

1 (1) 티루엔이 (2) 유키가 (3) 부디가 (4) 댄이
2 (1) 가　　　(2) 이　　　(3) 가　　　(4) 이

02 N은/는

1 (1) 은　(2) 는　(3) 은　(4) 는　(5) 는
　(6) 는　(7) 은　(8) 은　(9) 는　(10) 은
2 (1) 은　(2) 는　(3) 은　(4) 는　(5) 는

03 N을/를

(1) 를　　　　　　　　　　(2) 를
(3) 커피를/차를 마셔요　　(4) 빵을 사요

04 N와/과, N(이)랑, N하고
(1) 과 (= 이랑, = 하고)　　　(2) 와 (= 랑, = 하고)
(3) 가족과 (= 이랑, = 하고) 여행을 할 거예요
(4) 재준 씨와 (= 이랑, = 하고)

05 N의
(1) 제　　　　　　　　　　(2) 부디 씨의
(3) 김 선생님의 남편이에요　(4) 우리 어머니예요

06 N에 ①
(1) 도서관에 가요　　　(2) 회사에 다녀요
(3) 공원에 있어요　　　(4) 탁자 위에 있어요

07 N에 ②
(1) 오전 11시에 만나요　(2) 2021년 5월 13일에 왔어요
(3) 목요일에 해요　　　(4) 겨울에 결혼해요

08 N에서
(1) 우체국에서 일해요
(2) 서울역에서 타요
(3) 백화점에서 쇼핑할 거예요
(4) 헬스클럽에서 운동했어요

09 N에서 N까지, N부터 N까지
(1) 에서, 까지　(2) 학교에서 집까지 (자전거로)
(3) 부터, 까지　(4) 10월 8일부터 (10월)10일까지

10 N에게/한테
(1) 에게 (= 한테)　　　(2) 에
(3) 호앙 씨에게 (= 한테)　(4) 에

11 N도
(1) 도　　　　　　　　(2) 캐럴 씨도 예뻐요
(3) 만났어요, 도 만났어요　(4) 샀어요, 구두도 샀어요

12 N만
(1) 캐럴 씨만 미국 사람이에요
(2) 부모님에게만/부모님께만 썼어요
(3) 회사에서만 일해요

13 N밖에
(1) 밖에　　　　　　　(2) 밖에
(3) 한 명밖에 없어요　(4) 선풍기밖에 없어요

14 N(으)로
(1) **B** 자전거로 **C** 택시로 **D** 지하철로　(2) 걸어서
(3) 컴퓨터로, 펜으로　　　　　　　(4) 로

15 N(이)나 ①
(1) 이나　(2) 이나 (= 에서나)　(3) 산이나 바다에

16 N(이)나 ②
(1) 한 시간이나　(2) 세 번이나　(3) 다섯 번이나
(4) 열 마리나　　(5) 여섯 잔이나

17 N쯤
(1) 일곱 시쯤 일어났어요　(2) 두 시간쯤 걸려요
(3) 2주일쯤 여행했어요　　(4) 30,000원쯤 해요

18 N처럼, N같이
(1) ⓔ　(2) ⓑ　(3) ⓐ　(4) ⓒ　(5) ⓓ　(6) ⓕ

19 N보다
(1) 적비 씨의 가방이 운룡 씨의 가방보다 (더) 무거워요
(2) 소파가 의자보다 더 편해요
(3) 신발이 가방보다 더 싸요
(4) 중국이 호주보다 더 가까워요

20 N마다
(1) 방학마다 고향에 가요　(2) 나라마다
(3) 토요일마다　　　　　(4) 5분마다 지하철이 와요

Unit 4. 罗列与对比

01 A/V-고
(1) 불고
(2) 멋있고 친절해요
(3) 운동하고, 데이트해요
(4) 요리, 하, 텔레비전, 봤어요

02 A/V-거나
(1) 외식을 하거나　　　(2) 쓰거나
(3) 물어보거나　　　　(4) 영화를 보거나

03 A/V-지만
(1) 맵지만 맛있어요　　(2) 학생이지만, 회사원이에요
(3) 바쁘지만, 한가해요　(4) 옷을 많이 입었지만 추워요

04 A/V-(으)ㄴ/는데 ①
(1) 맛있는데 비싸요　　(2) 크지 않은데, 2개예요
(3) 결혼 안 했는데　　　(4) 먹었는데

Unit 5. 时间表达方式

01 N 전에, V-기 전에
(1) ⓓ, 회의 전에 (= 회의하기 전에)
(2) ⓒ, 식사 전에 (= 식사하기 전에, = 밥을 먹기 전에)
(3) ⓑ, 방문 전에 (= 친구 집에 가기 전에)
(4) ⓐ, 자기 전에

02 N 후에, V-(으)ㄴ 후에
(1) ⓓ, 운동 후에 (= 운동한 후에, = 운동한 다음에)
(2) ⓐ, 이사 후에 (= 이사한 후에, = 이사한 다음에)
(3) ⓑ, 내린 후에 (= 내린 다음에)
(4) ⓒ, 우유를 산 후에 (= 우유를 산 다음에)

03 V-고 나서

(1) 일어나서　　(2) 샤워하고 나서　　(3) 먹고 나서
(4) 가서　　　　(5) 가르치고 나서　　(6) 보고 나서
(7) 끝나고 나서　(8) 운동하고 나서　　(9) 가서

04 V-아/어서

(1) 만나서　　　　　　　　　(2) 가서
(3) A 사(서) B 만들어(서)　　(4) 들어가서

05 N 때, A/V-(으)ㄹ 때

(1) 크리스마스 때
(2) 식사 때 (= 식사할 때 = 밥을 먹을 때)
(3) 없을 때　　　　　　　　(4) 더울 때

06 V-(으)면서

(1) 커피를 마시면서 신문을 봐요
　　(= 신문을 보면서 커피를 마셔요)
(2) 노래를 하면서 샤워를 해요
　　(= 샤워를 하면서 노래를 해요)
(3) 아이스크림을 먹으면서 걸어요
　　(= 걸으면서 아이스크림을 먹어요)
(4) 친구를 기다리면서 책을 읽어요
　　(= 책을 읽으면서 친구를 기다려요

07 N 중, V-는 중

(1) ⓑ　　　(2) ⓐ　　　(3) ⓓ　　　(4) ⓒ
(5) ⓖ　　　(6) ⓗ　　　(7) ⓔ　　　(8) ⓕ

08 V-자마자

(1) ⓓ, 오자마자　　　　　(2) ⓒ, 나가자마자
(3) ⓑ, 시작하자마자　　　(4) ⓐ, 끊자마자

09 N 동안, V-는 동안

(1) 10분 동안　　　　　　(2) 한 달 동안
(3) 요리하는 동안　　　　(4) 자는 동안

10 V-(으)ㄴ 지

(1) 졸업한 지　　　　　　(2) 결혼한 지
(3) 온 지　　　　　　　　(4) 영어를 가르친 지
(5) 한국어를 배운 지　　　(6) 헬스클럽에 다닌 지
(7) 한국 여행을 한 지

01 V-(으)ㄹ 수 있다/없다

(1) 고칠 수 있어요
(2) A 부를 수 있어요 B 부를 수 있어요, 출 수 있어요
(3) 걸을 수 없어요
(4) A 열 수 없어요 B 열 수 있어요

02 V-(으)ㄹ줄 알다/모르다

1 탈 줄 알아요

2 A 둘 줄 알아요 B 둘 줄 알아요, 둘 줄 몰라요

3 사용할 줄 몰라요.

01 V-(으)세요

(1) ⓑ　　　(2) ⓒ　　　(3) ⓓ　　　(4) ⓐ

02 V-지 마세요

(1) 햄버거를 먹지 마세요
(2) 담배를 피우지 마세요
(3) 커피를 마시지 마세요
(4) 컴퓨터게임을 하지 마세요

03 A/V-아/어야 되다/하다

(1) 공항에 가야 돼요 (= 공항에 가야 해요)
(2) 프랑스어를 잘해야 돼요 (= 프랑스어를 잘해야 해요)
(3) 운전해야 돼요 (= 운전해야 해요)
(4) 12시에 출발해야 돼요 (= 12시에 출발해야 해요)
(5) 병원에 가야 됐어요 (= 병원에 가야 했어요)

04 A/V-아/어도 되다

(1) 술을 마셔도 돼요　　　(2) 켜도 돼요
(3) 들어가도 돼요　　　　(4) 써도 돼요

05 A/V-(으)면 안 되다

(1) 키우면 안 돼요　　　　(2) 마시면 안 돼요
(3) 버리면 안 돼요　　　　(4) 들어오면 안 돼요

06 A/V-지 않아도 되다 (안 A/V-아/어도 되다)

(1) 기다리지 않아도 돼요 (= 안 기다려도 돼요)
(2) 맞지 않아도 돼요 (= 안 맞아도 돼요)
(3) 책을 사지 않아도 돼요 (= 안 사도 돼요)
(4) 일찍 일어나지 않아도 돼요 (= 일찍 안 일어나도
돼요)

01 V-고 싶다

(1) 제주도에서 말을 타고 싶어요
(2) 가수에게 사인을 받고 싶어요
(3) 휴대 전화를 사고 싶어요
(4) 좋아하는 가수를 만나고 싶어요
(5) 쇼핑을 하고 싶어요

02 A/V-았/었으면 좋겠다

1 (1) 애인이 생겼으면 좋겠어요
　　(2) 세계 여행을 했으면 좋겠어요
　　(3) 아파트로 이사했으면 좋겠어요

2 (1) 키가 컸으면 좋겠어요
　　(2) 주말이었으면 좋겠어요
　　(3) 운동을 잘했으면 좋겠어요

Unit 9. 理由与原因

01 A/V-아/어서 ②
(1) 맛있어서　(2) 많아서　(3) 와서　(4) 마셔서

02 A/V-(으)니까 ①
1 (1) 모르니까　(2) 고장 났으니까　(3) 일이 많으니까
(4) 깨끗하니까　(5) 가니까
2 (1) 없으니까　(2) 더우니까　　　(3) 나니까
(4) 도와주셔서　(5) 떠났으니까

03 N 때문에, A/V-기 때문에
(1) 휴일이기 때문에　(2) 내일은 약속이 있기 때문에
(3) 회사 일 때문에　(4) 향수 냄새 때문에

Unit 10. 请求与帮助

01 V-아/어 주세요, V-아/어 주시겠어요?
(1) 문을 (좀) 열어 주시겠어요
(2) 천천히 이야기해 주세요
(3) 조용히 해 주세요
(4) 책을 (좀) 찾아 주시겠어요

02 V-아/어 줄게요, V-아/어 줄까요?
(1) 빌려줄게요 (= 빌려 드릴게요)
(2) 내려 줄까요 (= 내려 드릴까요)

Unit 11. 希望表达方式

01 V-아/어 보다
1 (1) 한복을 입어 보세요
(2) 비빔밥을 먹어 보세요
(3) 한라산에 올라가 보세요
2 (1) 안 가 봤어요 (= 가 보지 않았어요)
(2) 가 봤어요　(3) 마셔 봤어요　(4) 구경해 보세요

02 V-(으)ㄴ 적이 있다/없다
(1) 탄 적이 없어요, 탄 적이 있어요
(2) 간 적이 없어요, 간 적이 있어요
(3) 잃어버린 적이 없어요, 잃어버린 적이 있어요

Unit 12. 询问意见与提出建议

01 V-(으)ㄹ까요? ①
(1) 볼까요　　(2) 봐요　　　(3) 만날까요
(4) 만나요　　(5) 먹을까요　(6) 쇼핑할까요
(7) 이야기해요

02 V-(으)ㄹ까요? ②
(1) A 가져갈까요 B 가져가세요
(2) A 먹을까요 B 드세요

(3) A 갈까요 B 가세요
(4) A 볼까요 B 보지 마세요

03 V-(으)ㅂ시다
(1) 갑시다 (= 가요)
(2) 여행합시다 (= 여행해요)
(3) 갑시다 (= 가요)
(4) 선탠도 합시다 (= 선탠도 해요)
(5) 가져갑시다 (= 가져가요)
(6) 먹읍시다 (= 먹어요)

04 V-(으)시겠어요?
(1) ⓓ　　　(2) ⓐ　　　(3) ⓔ　　　(4) ⓑ

05 V-(으)ㄹ래요? ①
(1) 앉을래요 (= 앉으실래요)
(2) 탈래요
(3) 쇼핑할래요
(4) 걸을래요
(5) 보지 않을래요 (= 안 볼래요)

Unit 13. 意志与计划

01 A/V-겠어요 ①
1 (1) 공부하겠어요
(2) 놀아 주겠어요
(3) 컴퓨터 게임을 하지 않겠어요
　　(= 컴퓨터 게임을 안 하겠어요)
2 (1) 눈이 오겠습니다
(2) 바람이 불겠습니다
(3) 흐리겠습니다

02 V-(으)ㄹ게요
(1) 살게요
(2) 보내 드릴게요
(3) 이야기하지 않을게요 (= 이야기 안 할게요)
(4) 늦게 자지 않을게요 (= 늦게 안 잘게요)

03 V-(으)ㄹ래요 ②
(1) 입을래요　　(2) 먹을래요
(3) 배울래요　　(4) 안 먹을래요 (= 먹지 않을래요)

Unit 14. 背景与说明

01 A/V-(으)ㄴ/는데 ②
(1) 친구인데　(2) 고픈데　(3) 오는데　(4) 없는데

02 V-(으)니까 ②
(1) ⓓ, 지하철을 타 보니까 빠르고 편해요
(2) ⓐ, 한국에서 살아 보니까 한국 생활이 재미있어요
(3) ⓑ, 부산에 가 보니까 생선회가 싸고 맛있었어요
(4) ⓔ, 동생의 구두를 신어 보니까 작았어요

01 V-(으)러 가다/오다
(1) 만나러   (2) 데이트하러   (3) 씻으러

02 V-(으)려고
(1) 한국 사람과 이야기하려고
(2) 한국을 여행하려고
(3) 한국에서 살려고
(4) 한국 회사에 취직하려고
(5) 한국 드라마를 보려고

03 V-(으)려고 하다
(1) 쓰려고 해요   (2) 공부하려고 해요
(3) 들으려고 해요   (4) 주려고 해요
(5) 치려고 해요   (6) 찍으려고 해요
(7) 하려고 해요

04 N을/를 위해(서), V-기 위해(서)
(1) 건강을 위해서   (2) 당신을 위해서
(3) 취직하기 위해서 (4) 만나기 위해서

05 V-기로 하다
(1) 사기로 했어요   (2) 끊기로 했어요
(3) 배우기로 했어요 (4) 공부하기로 했어요
(5) 하지 않기로 했어요

01 A/V-(으)면
(1) ⓑ, 먹으면   (2) ⓒ, 출발하면
(3) ⓓ, 오지 않으면 (4) ⓐ, 가면

02 V-(으)려면
(1) ⓓ   (2) ⓒ   (3) ⓑ   (4) ⓐ

03 A/V-아/어도
(1) 먹어도 (2) 반대해도 (3) 보내도

01 A/V-겠어요 ②
(1) 피곤하겠어요   (2) 한국말을 잘하겠어요
(3) 바빴겠어요   (4) 기분이 좋겠어요
(5) 일본 요리를 잘하겠어요 (6) 배가 고프겠어요

02 A/V-(으)ㄹ 거예요 ②
(1) 올 거예요   (2) 문을 닫았을 거예요
(3) 알 거예요   (4) 갔을 거예요
(5) 바빴을 거예요   (6) 잤을 거예요
(7) 걸릴 거예요   (8) 예쁠 거예요

03 A/V-(으)ㄹ까요? ③
(1) 돈이 많을까요 (2) 막힐까요 (3) 도착했을까요
(4) 바쁘실까요   (5) 돌아오실까요

04 A/V-(으)ㄴ/는/(으)ㄹ 것 같다
(1) 가족인 것 같아요 (= 가족일 것 같아요)
(2) 안 한 것 같아요
(3) 맑은 것 같아요
(4) 먹을 것 같아요. ('쉴 것 같아요', '잘 것 같아요' 등
    '-(으)ㄹ 것 같아요'를 사용해서 대답 가능)

01 词汇否定: -(으)ㄴ/-는/-(으)ㄹ N
1 (1) 맵고 뜨거운 음식을 먹고 싶어요
   (2) 볼 영화는 해리포터예요
2 (1) 매운   (2) 맵지 않은   (3) 재미있는
   (4) 뜨거운   (5) 갈

02 A/V-기
(1) 우표 모으기   (2) 요리하기
(3) 회사에 가기   (4) 배우기

03 A-게
(1) 행복하게 (2) 맛있게 (3) 재미있게 (4) 예쁘게

04 A-아/어하다
(1) 귀여워요   (2) 좋아해요
(3) 배고파해서   (4) 추워해서

01 V-고 있다 ②
(1) 쓰고 있어요 (= 끼고 있어요)   (2) 하고 있어요
(3) 매고 있어요 (= 하고 있어요)
(4) 입고 있어요 (5) 입고 있어요 (6) 메고 있어요
(7) 들고 있어요 (8) 신고 있어요 (9) 신고 있어요

02 V-아/어 있다
(1) 써   (2) 열려   (3) 놓여   (4) 켜져
(5) 찾고   (6) 떨어져   (7) 쓰고   (8) 마시고
(9) 부르고 (10) 서   (11) 앉아

03 A-아/어지다
(1) 건강해졌어요 (2) 커졌어요   (3) 예뻐졌어요
(4) 시원해졌어요 (5) 빨개졌어요   (6) 적어졌어요
(7) 넓어졌어요   (8) 많아졌어요   (9) 높아졌어요

04 V-게 되다
(1) 들어가게 되었어요, 만나게 되었어요
(2) 끊게 되었어요 (3) 먹게 되었어요
(4) 가게 되었어요 (5) 저축하게 되었어요

Unit 20. 确认信息

01 A/V-(으)ㄴ/는지

(1) 누구인지 (2) 몇 살인지 (3) 언제 한국에 왔는지
(4) 어느 학교에 다니는지 알아요 (5) 좋아하는지
(6) 없는지

02 V-는 데 걸리다/들다

(1) B 만드는 데 A 먹는 데 (2) 외우는 데
(3) A 치료하는 데 B 치료하는 데, 들어요
(4) 자르는 데, 들어요

03 A/V-지요?

(1) 쇼핑했지요   (2) 세일을 하지요   (3) 많았지요
(4) 샀지요   (5) 줄 거지요

Unit 21. 发现与感叹

01 A-군요, V-는군요

(1) 막혔군요   (2) 예쁘군요
(3) 유행하는군요   (4) 점심시간이군요

02 A/V-네요

(1) 싸고 좋군요   (2) 아름답군요/아름답네요
(3) 왔군요/왔네요   (4) 아프군요

Unit 22. 其他终结表达方式

01 A-(으)ㄴ가요?, V-나요?

(1) 피곤한가요   (2) 걸리나요
(3) 언제 왔나요 (= 오셨나요) (4) 결혼할 건가요

02 A/V-(으)ㄴ/는데요

(1) 대단한데요   (2) 먹었는데요
(3) 없는데요   (4) 부는데요

Unit 23. 引用文

01 直接引用

(1) "전화할게요."라고/하고 말했어요
(2) "지수 씨 전화번호 알아요?"라고/하고 물어봤어요
(3) "생일 축하합니다."라고 썼어요
(4) "항상 감사하세요."라고 써 있어요
(5) "정말 마음에 들어요."라고 (말)했어요/하고 (말)
　　했어요

02 间接引用

(1) 요코 씨가 어제 쇼핑했다고 했어요.
(2) 란란 씨가 빨간색 가방은 자기(의) 것이라고 했어요.
(3) 민우 씨가 언제 고향에 가(느)냐고 물어봤어요.
(4) 마틴 씨가 허리가 아프면 수영을 하라고 했어요.

03 间接引用缩略形式

(1) 같이 영화를 보재요   (2) 좋아하내요
(3) 안 좋아한대요   (4) 보고 싶대요
(5) 예매했대요   (6) 쇼핑하러 가재요
(7) 살 거래요   (8) 사래요
(9) 커플 티를 입재요   (10) 멋있는 커플이 될 거래요

Unit 24. 不规则变化

01 '—' 불규칙 ("—" 的不规则变化)

(1) 꺼   (2) 바빠서   (3) 커요
(4) 예뻐요   (5) 아파도   (6) 기뻤어요
(7) 썼어요   (8) A 고파요 B 고프지 않아요
(9) 예쁘지만

02 'ㄹ' 불규칙 ("ㄹ" 的不规则变化)

(1) 부니까   (2) 우는   (3) 파는데
(4) 드세요   (5) 삽니다   (6) 힘들지만
(7) 아는   (8) 살 때   (9) 긴

03 'ㅂ' 불규칙 ("ㅂ" 的不规则变化)

(1) 가벼워요   (2) 어려운데   (3) 추우니까
(4) 좁아서   (5) 맵지만   (6) 쉽고
(7) 입으니까

04 'ㄷ' 불규칙 ("ㄷ" 的不规则变化)

(1) 물어
(2) 들으세요
(3) A 걸었는데 B 걸어서
(4) A 닫아요 B 닫는데

05 '르' 불규칙 ("르" 的不规则变化)

(1) 빨라서   (2) 달라요
(3) 서툴러서   (4) 눌렀는데

06 'ㅎ' 불규칙 ("ㅎ" 的不规则变化)

(1) 노란   (2) 빨개요   (3) 하얘요
(4) 이런   (5) A 어떤 B 까만

07 'ㅅ' 불규칙 ("ㅅ" 的不规则变化)

(1) 부었어요   (2) 저어서   (3) 나은
(4) 짓고   (5) 웃을   (6) 나아요
(7) 그으면서   (8) 씻어서   (9) 벗은
(10) 부으세요

한국어의 개요

1. 한국어의 문장 구조

한국어의 문장은 주어+서술어(혹은 동사)로 구성되거나 주어+목적어+서술어(혹은 동사)로 구성된다. 단어 뒤에는 조사가 오는데 조사는 그 단어가 문장에서 어떤 역할을 하는지 나타내 준다. 문장의 주어 뒤에는 '이'나 '가'가 오고, 문장의 목적어 뒤에는 '을'이나 '를'이 오며, '에'나 '에서'가 오면 문장의 부사어가 된다. (참고: 3. 조사)

문장의 서술어는 항상 문장 끝에 오지만 주어, 목적어, 부사어 등의 순서는 말하는 사람의 의도에 따라 자리가 바뀌기도 한다. 그러나 자리가 바뀌어도 단어 뒤에 나오는 조사에 의해 무엇이 주어이고 목적어인지 알 수 있다. 또한 문맥 안에서 주어를 분명히 알 수 있는 경우, 주어가 생략되기도 한다.

2. 동사와 형용사의 활용

한국어의 동사와 형용사는 시제, 높임 표현, 수동, 사동, 발화 스타일 등에 따라 활용을 한다는 특징이 있다. 동사와 형용사는 어간과 어미로 구성되는데 동사와 형용사의 기본형은 단어의 의미를 지니는 어간에 '다'가 붙으며 보통 '사전형'이라고도 한다. 따라서 사전을 찾으면 기본형인 '가다, 오다, 먹다, 입다' 등의 형태로 되어 있다. 활용을 할 때는 어간은 변하지 않고 '다'가 빠지며 '다'의 자리에 화자의 의도에 따라 다른 형태가 붙는다.

3. 문장의 연결

한국어에서 문장을 연결하는 방법은 두 가지가 있다. 접속 부사(그리고, 그렇지만, 그런데)를 사용해서 연결하는 방법과 연결 어미를 사용하는 방법이 있다. 접속 부사로 연결할 때는 문장과 문장 사이에 접속 부사를 넣으면 되지만 연결 어미를 사용할 때는 어간에 연결 어미를 붙여 문장을 연결한다.

4. 문장의 종류

한국어 문장의 종류는 크게 평서문, 의문문, 명령문, 청유문 4가지로 나뉜다. 이 문장은 발화될 때 장소와 대상에 따라 격식체와 비격식체(반말 포함)로 나눌 수 있다. 격식체 '-(스)ㅂ니다'는 군대나 뉴스, 발표, 회의, 강의와 같은 격식적이거나 공식적 상황에서 많이 쓰인다. 비격식체 '-아/어요'는 일상생활에서 많이 쓰이는 존댓말의 형태이다. 격식체에 비해 부드럽고 비공식적이고 가족이나 친구 사이 등 보통 친근한 사이에서 많이 사용된다. 격식체의 경우 평서문, 의문문, 명령문, 청유문의 형태가 다 다르지만 비격식체는 격식체와는 달리 서술문, 의문형, 명령형, 청유형이 따로 없고, 대화의 상황과 억양에 따라 구분하여 비격식체가 격식체에 비해 간단하고 쉽다. 비격식체 중의 반말 '-아/어'는 친한 친구나 선후배 사이, 가족 사이에서 주로 쓰이고, 모르는 사이나 친하지 않은 사이에서 쓰면 실례가 된다. 여기에서는 격식체와 비격식체의 문장 형태만 보기로 하겠다.

(1) 평서문: 어떤 것에 대해 설명하거나 질문에 답을 할 때 사용한다. (참고: 1. 시제 02 현재 시제)

① 격식체: 격식체의 평서문은 어간에 '-(스)ㅂ니다'를 붙인다.

② 비격식체: 비격식체의 평서문은 어간에 '-아/어요'를 붙인다.

(2) 의문문: 질문할 때 사용한다. (참고: 1. 시제 01, 02 현재 시제)

① 격식체: 격식체의 의문문은 어간에 '-(스)ㅂ니까?'를 붙인다.

② 비격식체: 비격식체의 의문문은 어간에 '-아/어요?'를 붙이는데 평서문과 형태는 같고 문장의 끝만 올리면 의문 형태가 된다.

(3) 명령문: 명령을 하거나 충고를 할 때 사용한다. (참고: 7. 명령과 의무, 허락과 금지 01 V-(으)세요)

① 격식체: 격식체의 명령문은 '-(으)십시오'를 어간에 붙여 만든다.

② 비격식체: 비격식체의 명령문은 다른 문장 형태와 같이 어미 뒤에 '-아/어요'를 붙여도 되지만, '-(으)세요'가 '-아/어요'보다 좀더 공손한 느낌을 주므로 '-(으)세요'를 사용하는 것이 좋다.

(4) 청유문: 제안을 하거나 어떤 제안에 동의할 때 사용한다. (참고: 12. 의견 묻기와 제안하기 03 V-(으)ㅂ시다)

① 격식체: 격식체의 청유문은 어간에 '-(으)ㅂ시다'를 붙여 만든다. '-(으)ㅂ시다'는 상대방이 말하는 사람보다 아래거나 비슷한 나이나 위치일 때 사용할 수 있고, 윗사람에게는 사용할 수 없다. 윗사람에게 사용하면 예의에 어긋난 표현이 된다.

② 비격식체: 비격식체의 청유문은 비격식체의 다른 문장 형태와 마찬가지로 어간에 '-아/어요'를 붙여서 만든다.

5. 높임 표현

한국은 유교적인 사고방식의 영향으로 나이, 가족 관계, 사회적인 지위, 사회적 거리(친분 관계)에 따라 상대를 높이기도 하고 낮추기도 한다.

(1) 문장의 주어를 높이는 방법: 문장에 나오는 사람이 화자보다 나이가 많을 때, 가족 중에서 웃어른일 때, 사회적 지위가 높은 사람일 때, 높임말을 사용한다. 형용사나 동사 어간에 높임을 나타내는 '-(으)시-'를 붙여서 사용한다. 동사의 어간이 모음으로 끝난 경우 '-시-'를 붙이고, 자음으로 끝날 경우는 '-으시-'를 붙인다.

(2) 말을 듣는 상대를 높이는 방법: 말을 듣는 사람이 말하는 사람보다 나이가 많거나 사회적 지위가 높은 경우, 또 상대와 나이가 같거나 어려도 친분이 없는 경우에는 높임말을 쓴다. 종결 어미에 따라 높임의 정도가 표현되는데 격식체, 비격식체가 그 형태이다.

(참고: 한국어의 개요 4. 문장의 종류)

(3) 그 밖의 높임법
① 몇몇 동사는 동사의 어간에 '-(으)시-'를 붙이지 않고 다른 형태의 동사로 바꿔서 높임을 표현한다.
② 높임의 의미를 가지고 있는 명사를 사용한다.
③ 사람을 가리키는 명사 뒤에 높임을 나타내는 조사를 붙인다.
④ 명사 뒤에 '-님'을 붙여서 사람을 나타내는 명사를 높인다.
⑤ 말을 듣는 상대나 행위를 받는 대상을 높일 경우 다음의 단어를 사용한다.
⑥ 말하는 사람이 듣는 상대를 높이지 않고 말하는 자신을 낮추어 상대를 높이는 방법도 있다.

(4) 높임법 사용 시 주의점
① 한국어에서는 누구에 대해 이야기하거나 그 사람을 부를 때 '당신', '너', '그', '그녀', '그들' 등의 표현을 쓰지 않고 이름이나 호칭을 여러 번 반복해서 쓴다.
② 나보다 나이가 많거나 사회적 지위가 높은 상대, 또는 모르는 사람의 이름이나 나이를 물을 때는 "성함이 어떻게 되세요?", "연세가 어떻게 되세요?" 등의 표현을 사용한다.
③ 윗사람의 나이를 말할 때 '살'을 쓰지 않는 경우가 많다.
④ '주다'의 높임말 '드리다'와 '주시다'
행동의 주체가 행동을 받는 상대보다 나이가 어릴 때는 '드리다'를 사용하고, 행동의 주체가 행동을 받는 상대보다 나이가 많을 때는 '주시다'를 사용한다.

준비합시다

01 이다

명사 뒤에 붙어 그 명사가 문장의 서술어가 되게 한다. 문장에서 주어와 술어가 동일함을 나타내거나 사물을 지정하는 뜻을 나타낸다. 격식체의 경우 서술형은 '입니다'이고 의문형은 '입니까?'이다. 비격식체의 서술형과 의문형은 '예요/이에요'로 형태가 같다. '예요/이에요.'는 서술형, 끝을 올린 '예요?/이에요?'는 의문형이다. 앞 명사가 모음으로 끝날 때는 '예요', 자음으로 끝날 때는 '이에요'를 쓴다. 부정형은 '아니다'이다. (참고: 2. 부정 표현 01 어휘 부정)

02 있다

1 존재나 사물이 위치하는 곳을 나타낸다. 중국어로는 '在'의 뜻이다. 'N이/가 N(지점)에 있다'의 형태로 쓰이는데, 이때 'N(지점)에 N이/가 있다'처럼 주어와 장소가 바뀌어도 상관이 없다. 반대말은 '없다'이다. 'N에 있다'가 위치를 나타낼 때 이와 함께 사용하는 위치명사로 다음과 같은 것들이 있다. ➡ 앞, 뒤, 위, 아래(=밑), 옆(오른쪽, 왼쪽), 가운데, 사이, 안, 밖

2 '있다'는 'N이/가 있다'로 쓰여 소유의 뜻을 나타내기

도 한다. 중국어로는 '有'의 뜻이다. 반대말은 '없다'이다. (참고: 2. 부정 표현 01 어휘부정)

03 수

〈한자 숫자〉

한국어에서 수를 나타낼 때는 두 가지 방식이 있다. 하나는 한자 숫자이고 하나는 한국 고유 숫자이다. 그중 한자 숫자는 전화번호나 버스 번호, 키, 몸무게, 방 호수, 연도, 월, 시간의 분, 초, 물건의 가격 등을 표시할 때 사용한다.

> **请注意!**
> ① 한국어에서 숫자는 천(千) 단위가 아니라 만(万) 단위로 끊어서 읽는다. 그래서 354,790은 35/4970(35만 4970 → 삼십오만 사천구백칠십)으로 읽고, 6,354,790은 635/4790(635만 4790 → 육백삼십오만 사천칠백구십)으로 읽는다.
> ② 숫자가 1(일)로 시작할 때는 '일'을 생략하고 읽는다.
> ③ '16' '26' '36'…… '96'은 [심뉵] [이심뉵] [삼심뉵]…… [구심뉵]으로 발음한다.
> ④ '0'은 '공'이나 '영'으로 읽는데 전화번호나 휴대전화 앞 번호는 주로 '공'으로 읽는다.
> ⑤ 전화번호를 읽을 때는 두 가지 방법이 있다. 7804-3577 → 칠팔공사의[에] 삼오칠칠, 칠천팔백사 국의[에] 삼천오백칠십칠 번, 이때 '의'는 [의]라고 발음하지 않고 [에]로 발음한다.

〈한국 고유 숫자〉

한국 고유 숫자는 물건이나 사람을 셀 때 단위를 나타내는 명사와 함께 사용하는데 고유 숫자 뒤에 '명, 마리, 개, 살, 병, 잔……' 같은 단위 명사를 붙여 사용한다. 이때 숫자 뒤에 단위 명사가 오면 '하나 → 한', '둘 → 두', '셋 → 세', '넷 → 네', '스물 → 스무'로 바뀌어 '학생 한 명, 개 두 마리, 커피 세 잔, 콜라 네 병, 사과 스무 개……' 같은 형태가 된다.

04 날짜와 요일

> **请注意!**
> ① 6월과 10월은 '육월' '십월'이라고 하지 않고 '유월' '시월'이라고 읽고 쓴다.
> ② 연도를 물을 때는 '몇 년'이라 하고 월을 물을 때는 '몇 월'이라고 한다. 그렇지만 날짜를 물을 때는 '몇일'이라고 적지 않고 '며칠'이라고 적는다.

05 시간

• 시간은 '한 시, 두 시, 세 시, 네 시, 다섯 시, 여섯 시, 일곱 시, 여덟 시, 아홉 시, 열 시, 열한 시, 열두 시'와 같이 한국 고유 숫자로 읽고, 분은 '일 분, 이 분, 십 분……'과 같이 한자 숫자로 읽는다. 동작이 행해진 시간을 말할 때는 시간 뒤에 조사 '에'를 쓴다. (일곱 시에 일어나요.)

- A.M.은 '오전', P.M.은 '오후'의 뜻이지만, 한국에서는 보통 '오전'이라고 하면 '아침 시간'을, '오후'라고 하면 '낮 시간'을 이야기한다. 그리고 한국에서는 보통 '새벽', '아침', '점심', '저녁', '밤' 등으로 시간을 좀 더 세분화해서 말한다.

Unit 1. 시제

01 현재 시제 A/V-(스)ㅂ니다

한국어의 현재 시제는 격식체의 경우 어간에 '-(스)ㅂ니다'를 붙여 사용하는데, 격식체는 군대에서나 뉴스, 발표, 회의, 강의 같은 격식적이거나 공식적인 상황에서 많이 쓰인다.

02 현재 시제 A/V-아/어요

비격식체는 격식체에 비해 일상생활에서 많이 쓰이는 존댓말의 형태이다. 격식체에 비해 부드럽고 비공식적이고 가족이나, 친구 사이 등 보통 친근한 사이에서 많이 사용된다. 비격식체는 서술형과 의문형이 같다. 문장의 끝을 내리면 서술형이 되고, 끝을 올리면 의문형이 된다.

> **请注意!**
> 〈현재 시제 형태의 특징〉
> ① 한국어의 현재 시제 형태는 현재뿐만 아니라 진행형, 그리고 분명히 일어날 미래 사건에도 사용할 수 있다.
> ② 보편적인 진리나 습관적으로 반복되는 사실도 현재 시제로 표현한다.

03 과거 시제 A/V-았/었어요

형용사나 동사 어간에 '-았/었'을 붙여 과거형으로 만든다. 앞 어간의 마지막 모음이 'ㅏ, ㅗ'이면 '-았어요'를, 그 외의 모음일 경우에는 '-었어요'를 붙인다. '하다'로 끝나는 동사나 형용사는 '-였어요'가 붙어 '하+였어요'가 되고 이것이 줄어들어 '했어요'가 된다. 격식체일 경우는 '-았/었습니다', '했습니다'이다.

> **请注意!**
> '주다'는 '주었어요', '줬어요'로도 쓰이고 '보다'도 '보았어요', '봤어요'로도 다 쓰이지만 '오다'는 '오았어요'로 쓰이지 않고 '왔어요'로만 쓰인다.

04 미래 시제 V-(으)ㄹ 거예요 ①

미래의 계획이나 예정을 나타낼 때 사용하며 중국어로는 '將要/打算……'의 뜻이다. 동사 어간에 '-(으)ㄹ 거예요'를 붙이는데 모음이나 'ㄹ'로 끝나면 '-ㄹ 거예요'를, 자음으로 끝나면 '-을 거예요'를 붙인다.

05 진행 시제 V-고 있다 ①

어떤 동작이 진행되고 있음을 나타내는 표현이며 중국어의 '正在……'에 해당한다. 동사 어간에 '-고 있다'를 붙인다. 과거의 어느 때에 동작이 진행되고 있었음을 나타낼 때는 동사 어간 뒤에 '-고 있었다'를 사용한다.

> **请注意!**
> 단순히 과거에 했던 동작을 나타낼 때는 단순 과거 '-았/었어요'를 쓴다.

06 대과거 A/V-았/었었어요

과거에 일어난 일이나 상황이 그 후에 계속되지 않고 현재와 다를 때나 말하는 시점보다 아주 긴 시간 전의 일이어서 현재와 단절되어 있음을 표현할 때 사용한다. 중국어의 '曾经……过, ……了'에 해당한다. 동사나 형용사 어간의 모음이 'ㅏ, ㅗ'로 끝나면 '-았었어요', 그 외의 모음으로 끝나면 '-었었어요'가 오며, '하다'로 끝난 동사는 '했었어요'로 바뀐다.

> **有什么不同?**
> - -았/었어요: 단순한 사건이나 행동이 과거에 일어났음을 나타내거나 과거에 끝난 행위나 상태가 유지됨을 나타낸다.
> - -았/었었어요: 현재와 이어지지 않는 과거의 사건을 나타낸다.

Unit 2. 부정 표현

01 어휘 부정

한국어에서 부정문은 그 문장을 부정 형태로 만드는 경우가 있고, 어휘로 부정을 하는 경우가 있다. 어휘를 사용해서 부정문을 만드는 경우에, '이다'는 '아니다'를, '있다'는 '없다'를, '알다'는 '모르다'를 쓴다. 이 중 '아니다'는 '이/가 아니다'의 형태로 쓰이는데, 구어체에서는 '이/가'가 생략되기도 한다. '아니다'의 경우 'N1이/가 아니라 N2이다'의 표현으로 쓰이기도 한다.

02 안 A/V-아/어요 (A/V-지 않아요)

- 동사나 형용사에 붙어 행위나 상태를 부정한다. 중국어의 '不'에 해당한다. 동사 앞에 '안'을 붙이거나 동사 어간 끝에 '-지 않아요'를 붙인다.
- '하다'로 끝나는 동사의 경우 '명사+하다'의 구성이므로 동사 앞에 '안'을 써서 '명사+안 하다'의 형태로 쓴다. 그렇지만 형용사는 '안+형용사'의 형태로 쓴다. 다만, 동사 '좋아하다', '싫어하다'의 경우는 'N+하다'의 형태가 아닌 하나의 동사이므로 '안 좋아하다/좋아하지 않다', '안 싫어하다/싫어하지 않다'의 형태로 쓴다.
- '안'이나 '-지 않다'는 서술문과 의문문에는 쓰이지만 명령문이나 청유문에는 쓰일 수 없다.

03 못 V-아/어요 (V-지 못해요)

주어의 능력이 없거나 주어의 의지나 바람은 있지만 외부의 어떤 이유 때문에 의지대로 되지 않음을 나타내는 표현이다. 중국어의 '不会/不能'에 해당한다. 동사 앞에 '못'을 붙이거나 동사 어간 끝에 '-지 못해요'를 붙인다. 그러나 '명사+하다'의 형태는 명사 뒤에 '못'이 와서 '명사+못하다'의 형태로 쓴다.

> **有什么不同?**
> - '안' (-지 않다): ① 동사, 형용사와 모두 결합한다. ② 능력이나 외부 조건에 상관없이 하지 않음을 나타낸다.

・ '못' (−지 못하다): ① 동사와 결합하고 형용사와는 보통 결합하지 않는다. ② 능력이 안 되거나 가능하지 않을 때 사용한다.

Unit 3. 조사

01 N이/가

1 문장의 주어 다음에 와서 '이/가'가 붙은 말이 문장의 주어임을 나타낸다. 모음으로 끝나는 단어 뒤에는 '가'가, 자음으로 끝나는 단어 다음에는 '이'가 온다.
2 '이/가' 앞에 오는 말을 특별히 선택하여 지적한다는 뜻을 나타낸다.
3 문장의 새 정보를 나타내는 데 쓰인다. 즉 새로운 화제를 도입할 때 쓴다.

> **请注意!**
> '나, 저, 누구'와 '가'가 결합할 때, '나+가 → 내가', '저+가 → 제가', '누구+가 → 누가'가 된다.

02 N은/는

1 '은/는' 앞에 오는 말이 그 문장에서 이야기하려고 하는 주제, 설명의 대상임을 나타낸다. '~에 대해서 말하면'과 같은 뜻이다. 단어가 모음으로 끝나면 '는'이, 자음으로 끝나면 '은'이 온다.
2 앞에서 말한 것을 다시 이야기하거나 대화하는 사람이 이미 알고 있는 것을 이야기할 때 쓴다. 즉, 구정보를 나타내는 데 쓴다. (참고: 3. 조사 01 N이/가)
3 두 개를 대조하거나 비교할 때 쓰는데, 주어의 자리뿐 아니라 목적어나 기타 문장의 다른 자리에도 쓰일 수 있다.

03 N을/를

명사 뒤에 붙어 그 명사가 문장의 목적어임을 나타내 준다. 명사가 모음으로 끝나면 '를', 자음으로 끝나면 '을'을 붙인다. 목적격 조사를 필요로 하는 동사로는 보통 '먹다, 마시다, 좋아하다, 읽다, 보다, 만나다, 사다, 가르치다, 배우다, 쓰다' 등이 있다. 구어에서는 목적격 조사 '을/를'을 생략하고 말하기도 한다.

> **请注意!**
> ① N+하다 → N하다: '공부를 하다, 수영을 하다, 운동을 하다, 산책을 하다 …….' 등은 조사 '을/를'을 생략하면 '공부하다, 수영하다, 운동하다, 산책하다…….' 같이 하나의 동사가 된다. 그러나 '좋아하다' '싫어하다'는 '좋아-' '싫어-'가 명사가 아니기 때문에 '좋아하다' '싫어하다' 자체가 하나의 동사이다.
> ② 뭐 해요?: 의문대명사 '무엇'이 줄어 '무어'가 되고 이것이 또 줄어 '뭐'가 된다. 그래서 '무엇을 해요?'가 '뭐를 해요?'가 되고, 이것이 다시 '뭘 해요?'로 되고, 이것은 다시 '뭐 해요?'가 된다. '뭐 해요?'는 회화체에서 많이 사용한다.

04 N와/과, N(이)랑, N하고

1 여러 가지 사물이나 사람을 나열하는 의미를 나타내며 중국어의 '和/与'에 해당한다. '와/과'는 주로 글이나 발표, 연설 등에서 사용되고, '(이)랑'과 '하고'는 일상적인 대화에서 사용된다. 모음으로 끝나는 명사에는 '와', '랑'을 사용하고 자음으로 끝나는 명사에는 '과', '이랑'을 사용한다. '하고'는 받침의 유무와 관계없이 쓰인다.
2 행위를 함께 하는 대상임을 나타내며 중국어의 '和/与'에 해당한다. 행위를 함께 하는 대상을 나타낼 때는 주로 '같이', '함께' 등과 자주 쓰인다.

> **请注意!**
> ① 열거의 기능으로 쓰일 때 '(이)랑'과 '하고'는 마지막에 연결되는 명사 뒤에 쓰이기도 하지만 '와/과'는 마지막에 연결되는 명사 뒤에는 쓸 수 없다.
> ② '와/과', '(이)랑', '하고'는 동일하게 열거의 기능을 가지고 있지만 이들을 섞어서 사용하지 않는다.

05 N의

앞 단어가 뒤 단어의 소유가 됨을 나타내는 말로 중국어로는 '的'의 의미이다. '의'가 소유의 의미일 경우 '의'의 발음은 [의]와 [에] 둘 다 가능한데 보통 [에]로 발음을 많이 한다. 구어에서는 조사 '의'가 생략되는 경우가 많다. 사람을 나타내는 명사 '나, 저, 너'의 경우에는 '나의 → 내', '저의 → 제', '너의 → 네'로 축약되며 '의'가 보통 생략되지 않는다. 소유자와 소유물 사이에 '의'를 넣어 표시한다.

> **请注意!**
> 한국에서는 자신이 소속감을 갖는 단체(집, 가족, 회사, 나라, 학교)에 대해서는 '나'보다는 '우리/저희'라는 말을 쓴다. 또한 가족 구성원에 대해서도 '제, 내' 대신에 '우리'라는 말을 많이 쓴다. 그러나 '동생'의 경우는 '우리 동생(our younger brother/sister)'보다는 '내 동생' 혹은 '제 동생'을 많이 쓴다. 상대방을 높여서 표현할 때는 '우리'의 낮춤말인 '저희'를 사용하여 '저희 어머니, 저희 아버지' 등으로 말한다. 그러나 '나라'를 이야기할 때는 '저희 나라'라고 쓰지 않고 '우리나라'라고 쓴다.

06 N에 ①

1 주로 '가다', '오다', '다니다', '돌아가다', '도착하다', '올라가다', '내려가다' 등의 동사와 결합하여 행동이 진행되는 방향을 나타낸다. 중국어의 '去'에 해당한다.
2 '있다', '없다'와 결합하여 사람이 존재하는 곳이나 사물이 위치하는 곳을 나타내는데 중국어의 '在……中' 혹은 '在……上'에 해당한다. (참고: 준비합시다 02 있다)

07 N에 ②

・ 시간을 나타내는 명사와 결합하여 어떤 행동이나 일, 상태가 일어나는 시간이나 때를 나타내며 중국어의 '在……'에 해당한다. 조사 '는', '도'와 결합하여 '에는', '에도'로 사용되기도 한다.
・ 시간을 나타내는 단어 중 그제(그저께), 어제(어저께), 오늘, 내일, 모레, 언제 등에는 '에'를 쓰지 않는다.

> **请注意!**
> 시간을 나타낼 때 시간 표현이 여러 번 겹쳐질 경우에는 마지막에 한 번만 '에'를 사용한다.

08 N에서

명사 뒤에 '에서'를 붙여서 어떤 행위나 동작이 이루어지고 있는 장소를 나타낸다. 중국어의 '在'에 해당한다.

请注意!

'살다' 동사 앞에는 조사 '에'와 '에서'를 둘 다 쓸 수 있는데 조사 '에'와 '에서'가 '살다' 동사와 함께 쓰이면 의미 차이가 거의 없어진다.

有什么不同?

• 에: 사람이나 사물의 동작이나 상태가 나타나는 지점을 가리키므로 주로 이동, 위치나 존재를 나타내는 동사와 함께 쓰인다.

• 에서: 어떤 행위나 동작이 이루어지고 있는 장소임을 나타내므로 여러 가지 동사와 함께 쓰인다.

09 N에서 N까지, N부터 N까지

어떤 일이나 행위가 일어나는 장소나 시간의 범위를 표현하며 중국어의 '从……到……'에 해당한다. 장소를 나타낼 때는 보통 'N에서 N까지'를 쓰고 시간의 범위를 나타낼 때는 'N부터 N까지'를 쓴다. 때로 이 둘을 구분 없이 쓰기도 한다.

10 N에게/한테

• 사람이나 동물을 나타내는 명사에 붙어서 그 명사가 어떤 행동의 영향을 받는 대상임을 나타낸다. '에게' 보다 '한테'가 더 구어적 표현이다. 선행 명사가 사람이나 동물인 경우에는 '에게/한테'를 쓰고, 사람이나 동물이 아닌 경우(식물, 물건, 장소 등)에는 '에'를 쓴다. 모든 동사에 '에게/한테' 조사를 쓸 수 있는 것은 아니고, 제한된 동사에 사용하는데 '에게/한테'를 사용하는 동사로는 '주다, 선물하다, 던지다, 보내다, 부치다, 쓰다, 전화하다, 묻다, 가르치다, 말하다, 팔다, 가다, 오다' 등이 있다.

请注意!

① 친구나 동생같이 아랫사람에게 무엇인가를 줄 때는 '에게 주다'라고 한다. 그러나 '할아버지나 할머니, 아버지, 어머니, 선생님, 사장님'과 같이 높여야 할 대상에게 줄 경우에는 '에게/한테'를 '께'로 바꾸고 '주다'를 '드리다'로 바꾸어 말한다. (참고 한국어의 개요 5. 높임표현)

② 다른 사람에게서 무엇인가를 받거나 배울 때는 '에게서 받다/배우다' '한테서 받다/배우다'라고 한다. 이때 '서'를 생략하고 '에게 받다/배우다' '한테 받다/배우다'라고 쓰기도 한다. 높임의 대상에게서 받거나 배울 때는 '에게서', '한테서' 대신 '께'를 사용한다.

11 N도

• 주어나 목적어 기능을 하는 명사 뒤에서 쓰여 대상을 나열하거나 그 앞의 대상에 더해짐을 나타낸다. 중국어의 '也'에 해당한다.

• 주격 조사 뒤에서는 주격 조사를 생략하고 '도'를 쓴다.

• 목적격 조사 뒤에서도 목적격 조사 '을/를'을 생략하고 '도'를 쓴다.

• '도'는 주격 조사, 목적격 조사 외에 다른 조사와 같이 쓰일 때는 '도' 앞의 조사를 생략하지 않는다.

12 N만

• 다른 것은 배제하고 유독 그것만 선택함을 나타낸다. 중국어의 '只/仅/光'에 해당한다. 숫자 뒤에 붙을 경우 그 수량을 최소로 제한한다는 의미도 가진다. 다른 것을 배제하거나 선택하고자 하는 단어 뒤에 '만'을 붙여 사용한다.

• 조사 '만'은 문장에서 조사 '이/가', '은/는', '을/를' 등과 대치해서 쓸 수 있고 같이 쓸 수도 있다 이들 조사와 같이 쓸 경우 '만' 뒤에 '이', '은', '을'이 와서 '만이', '만은', '만을'의 형태가 된다. 그러나 '이/가', '은/는', '을/를' 이외의 조사 경우에는 '만'이 뒤에 와서 '에서만', '에게만', '까지만' 등의 형태가 된다.

13 N밖에

• 다른 가능성이 없고 그것이 유일하게 선택할 수 있는 경우임을 나타낸다. 중국어의 '只/除……之外'에 해당한다. '밖에' 앞에 오는 단어가 매우 적거나 작다는 느낌을 준다. 뒤에 반드시 부정 형태가 온다.

• 조사 '밖에' 뒤에는 항상 부정문이 오지만 '아니다'가 올 수 없고, '명령형', '청유형'도 올 수 없다.

有什么不同?

조사 '밖에'는 조사 '만'과 비슷한 의미를 가지지만 '만'이 긍정문과 부정문에 모두 쓰이는 반면, '밖에'는 부정문에 쓰인다.

14 N(으)로

1 (어떤 장소 쪽으로의) 방향을 나타내는 조사이다. 중국어의 '朝/向……'에 해당한다. 앞의 명사가 모음이나 'ㄹ'로 끝나면 '로'를 쓰고, 그 외의 자음으로 끝나면 '으로'를 쓴다.

2 '이동 수단', '수단', '도구', '재료'를 나타낼 때도 사용한다. 중국어의 '用/通过/乘坐'에 해당한다.

请注意!

이동의 수단이 명사가 아닌 동사일 때는 '-아/어서'를 사용하여 '걸어서, 뛰어서, 달려서, 운전해서, 수영해서 …….' 등으로 쓴다.

有什么不同?

① '차로 왔어요'와 '운전해서 왔어요'는 어떻게 다를까?
 : '차로 왔어요'는 차를 타고 왔는데, 그 차를 주어가 운전할 수도 있고 다른 사람이 운전할 수도 있는 경우 다 된다. 그렇지만 '운전해서 왔어요'는 반드시 주어가 운전을 해서 오는 경우이다.

② '○○(으)로 가다'와 '○○에 가다'는 어떻게 다를까?
 : '○○(으)로 가다'는 방향성에 초점을 두어 그 방향을 향해서 가는 것을 나타낸다. '○○에 가다'는 목표점에 초점을 둔다. 그래서 이때는 방향성은 없고 오직 목적지만을 나타낸다.

15 N(이)나 ①

• 둘 이상의 나열된 명사 중에서 하나를 선택한다는 의미이다. 앞의 명사가 모음으로 끝나면 '나'를 쓰고 자음으로 끝나면 '이나'를 쓴다.

• '(이)나'는 주격 조사 뒤에서는 주격 조사 '이/가'를 생략하고 '(이)나'를 쓰고, 목적격 조사 뒤에서도 목적격

조사 '을/를'을 생략하고 '(이)나'를 쓴다.

• '(이)나'를 조사 '에, 에서, 에게'와 같이 쓰는 경우에는
앞 단어에 '(이)나'를 쓰고 뒤 단어에 '에, 에서, 에게'
를 쓰기도 하고, 앞에서 조사에 '(이)나'를 붙여 '에나,
에서나, 에게나'를 쓰기도 한다. 그러나 '(이)나'를 한
번 사용하는 것이 더 자연스럽다.

⓰ N(이)나 ②

수량이 기대하는 것보다 상당히 많거나 혹은 보통 사람
들이 생각하는 일반적인 수준을 넘었음을 나타낸다. 중
국어의 '多达/超过'에 해당한다. 모음으로 끝나는 단어
다음에는 '나'가 오고, 자음으로 끝나는 단어 다음에는
'이나'가 온다.

有什么不同?

조사 '밖에'가 수량이 기대한 것보다 적거나 일반적인 기준에 미치
지 못함을 나타내는 반면, 조사 '(이)나'는 수량이 기대한 것보다 많
거나 일반적인 기준을 넘음을 나타낸다. 같은 수량에 대해 사람에
따라 그것이 기대보다 적다고 느낄 수도 있고, 많다고도 느낄 수 있
는데 이때 '밖에'와 '(이)나'를 사용해서 표현할 수 있다.

⓱ N쯤

시간, 양(量), 숫자 뒤에 쓰여서 대략적인 것을 나타낸다.
중국어의 '大概/大约'에 해당한다.

请注意!

대략적인 가격을 말할 때 'N쯤이다'보다는 'N쯤 하다'로 많이 쓴다.

⓲ N처럼, N같이

어떤 모양이나 행동이 앞의 명사와 같거나 비슷함을 나
타내며 'N같이'로 바꿔 쓸 수 있다. 중국어의 '像/如同'에
해당한다.

请注意!

'처럼/같이'는 보통 동물이나 자연물에 비유해서 특징을 표현하기
도 한다. 그래서 무서운 사람을 '호랑이처럼 무섭다', 귀여운 사람을
'토끼처럼 귀엽다', 느린 사람이나 행동을 '거북이처럼 느리다', 뚱
뚱한 사람을 '돼지처럼 뚱뚱하다', 마음이 넓은 사람을 '바다처럼 마
음이 넓다' 등으로 비유해서 말한다.

⓳ N보다

'보다' 앞에 오는 말이 비교의 기준이 되는 대상임을 나
타내며 중국어의 '比……'에 해당한다. 명사 뒤에 '보다'
를 붙여서 'N이/가 N보다 −하다'의 형태로 쓰는데 주어
와 '보다'의 위치를 바꿔서 'N보다 N가 −하다'의 형태로
도 쓸 수 있다. 보통 '더', '덜' 등의 부사와 함께 쓰이는데
이들은 생략이 가능하다.

⓴ N마다

1 시간을 나타내는 말에 붙어서 일정한 기간에 비슷한
행동이나 상황이 반복됨을 나타낸다. 중국어의 '每'
에 해당한다.
2 하나도 빠짐없이 모두를 나타낸다. 중국어의 '每'에
해당한다. 명사 다음에 '마다'를 붙인다.

请注意!

① '날마다, 일주일마다, 달마다, 해마다'는 '매일, 매주, 매월/매달,
매년'으로 바꾸어 쓸 수 있다.
② '집'은 '집마다'라고 하지 않고 '집집마다'로 말한다.

Unit 4. 나열과 대조

⓵ A/V−고

1 두 가지 이상의 행동이나 상태, 사실을 나열하는 표
현이며 중국어의 '和/与/既……又……'에 해당한다.
동사나 형용사 어간 뒤에 '−고'를 붙인다.
2 선행절의 행동을 하고 후행절의 행동을 한다는 의미
를 나타내며 중국어의 '然后'에 해당한다. 시제는 앞
문장에 표시하지 않고 뒷 문장에 표시한다. (참고: 5.
시간을 나타내는 표현 03 V−고 나서)

请注意!

동일 주어로 두 가지 이상의 사실을 나열할 때는 'N도 Vst고 N도 V'
의 형태로 쓰인다.

⓶ A/V−거나

동사나 형용사 뒤에 붙어 앞이나 뒤의 것 중에서 하나를 선
택함을 나타낸다. 중국어의 '或'에 해당한다. 보통 두 내용
이 연결되지만 세 가지 이상의 내용을 연결하여 사용할 수
도 있다. 동사나 형용사 어간 뒤에 '−거나'를 붙여 쓴다. 명
사 다음에는 '이나'가 온다. (참고: 3. 조사 15 N(이)나 ①)

⓷ A/V−지만

선행절의 내용과 반대되는 내용을 후행절에서 이어서
말할 때 사용한다. 중국어의 '但是'에 해당한다. 동사
와 형용사의 어간 뒤에 '−지만'을 붙인다. 과거의 경우
'−았/었지만'을 붙인다.

⓸ A/V−(으)ㄴ/는데 ①

선행절의 내용과 반대되거나 대조되는 상황이나 결과
가 뒤에 이어질 때 사용하며 중국어의 '但是/可是'에 해
당한다. 형용사 현재일 때 어간이 모음으로 끝나면 '−
ㄴ데', 자음으로 끝나면 '−은데'와 결합한다. 동사 현재,
동사 과거형과 '있다/없다'는 모두 '−는데'와 결합한다.

Unit 5. 시간을 나타내는 표현

⓵ N 전에, V−기 전에

'일정한 시간 전'이나 '어떤 행동 이전에'라는 뜻으로 중
국어의 '……之前'에 해당한다. '时间 전에', '名词 전에',
'V−기 전에'로 사용한다. '名词 전에'는 주로 '하다'가 붙
는 명사와 쓰인다. 그래서 같은 뜻의 동사에 '−기 전에'
를 붙여 써도 괜찮다(식사 전에, 식사하기 전에). 그렇지
만 '하다'가 붙지 않는 동사는 '−기 전에'만 쓸 수 있다.

'1시 전에'와 '1시간 전에'는 어떻게 다를까?

- 1시 전에 오세요. (12시 50분에 와도 좋고, 12시나 11시에 와도 좋다는 뜻. 다만 1시가 되기 전까지 오라는 뜻)
- 1시간 전에 오세요. (약속 시간이 3시라면 1시간 전인 2시에 오라는 뜻)

02 N 후에, V-(으)ㄴ 후에

'일정한 시간 다음'이나 '어떤 행동의 다음'이라는 뜻으로 중국어의 '……之后'가 이에 해당한다. '时间 후에', 'N 후에', 'V-(으)ㄴ 후에'로 사용한다. 동사의 어간이 모음으로 끝날 때는 '-ㄴ 후에' 'ㄹ'로 끝날 때는 'ㄹ'을 삭제하고 '-ㄴ 후에', 동사의 어간이 'ㄹ' 이외의 자음으로 끝날 때는 '은 후에'를 쓴다. '-(으)ㄴ 후에'는 '-(으)ㄴ 다음에'로 바꿔 쓸 수 있다.

'1시 후에'와 '1시간 후에'는 어떻게 다를까?

- 1시 후에 오세요. (1시 10분에 와도 좋고, 2시나 3시 혹은 그 이후에 와도 좋다는 뜻. 다만 1시가 넘은 다음에 오라는 뜻)
- 1시간 후에 오세요. (약속 시간이 3시라면 1시간 후인 4시에 오라는 뜻)

03 V-고 나서

- 하나의 행동이 끝나고 그 다음의 행동이 이어진다는 뜻으로 중국어의 '……后' 에 해당한다. '-고 나서'는 "일을 하고 나서 쉬세요."를 "일을 하고 쉬세요."처럼 '나서'를 생략한 '-고'의 형태로 사용하기도 한다. 그렇지만 '-고 나서'가 '-고'보다 앞 행위가 끝났음을 분명하게 드러내 준다.
- '-고 나서'는 시간적인 순서를 나타내기 때문에 동사와만 쓸 수 있다. 그리고 선행절의 주어와 후행절의 주어가 같은 경우 '가다, 오다, 들어가다, 들어오다, 나가다, 나오다, 올라가다, 내려가다' 등의 이동 동사와 '일어나다, 앉다, 눕다, 만나다' 등의 동사에는 '-고', '-고 나서'를 쓰지 않고 '-아/어서'를 사용한다.

04 V-아/어서 ①

- 시간의 선후 관계를 나타내는 연결 어미로 앞의 행위가 일어난 상태에서 뒤의 행위가 일어남을 나타낸다. 이때 앞의 행위와 뒤의 행위는 아주 밀접한 관계에 있어서 앞의 행위가 일어나지 않으면 뒤의 행위도 일어날 수 없다. 중국어의 '和/为了……'에 해당한다. '-아/어서'에서 '서'를 생략한 형태로 쓰이기도 한다. 어떤 동사의 경우(가다, 오다, 서다)에는 '서'를 생략하지 않고 사용한다. 어간이 'ㅏ, ㅗ'로 끝나면 '-아서'를 쓰고, 그 외의 모음으로 끝나면 '-어서'를 붙이고, '하다' 동사일 경우에는 '해서'가 된다.
- 과거나 현재, 미래일 때 시제는 앞의 동사에는 쓰지 않고, 뒤의 동사에만 쓴다.

① 시간의 선후 관계를 나타내는 연결 어미 '-아/어서'와 비슷한 것으로 '-고'가 있다. '-아/어서'가 주로 앞의 행위와 뒤의 행위가 밀접한 관계에 있을 때 사용되는 반면, '-고'는 앞의 행위와 뒤의

행위가 연관성 없이 시간적인 선후 관계만을 나타낼 때 사용된다.

② 착용동사(입다, 신다. 쓰다, 들다……)와 함께 쓸 때는 '-아/어서' 대신에 '-고'를 쓴다.

05 N 때, A/V-(으)ㄹ 때

동작이나 상태가 진행되는 때나 진행되는 동안을 나타낸다. 중국어의 '……的时候'에 해당한다. 명사로 끝날 때는 '때'를 쓰고, 동사의 어간이 모음이나 'ㄹ'로 끝나면 '-ㄹ 때', 자음으로 끝나면 '-을 때'를 쓴다.

오전, 오후, 아침, 요일에는 '때'가 붙지 않는다.

'크리스마스에'와 '크리스마스 때'는 어떻게 다를까?

: 일부 명사(저녁, 점심, 방학……)는 'N 때'와 'N에'를 같은 의미로 쓰기도 한다. 그러나 크리스마스, 추석, 명절 …… 같은 일부 명사는 뜻이 달라지는데 'N에'는 그날 당일을 말하고 'N 때'는 그 날을 전후한 즈음을 말한다. 즉, '크리스마스에'는 크리스마스 날인 12월 25일에를 의미하지만, '크리스마스 때'는 크리스마스인 12월 25일을 전후하여 전날이나 다음 날 즉 그 즈음을 포함하여 말하는 것이다.

06 V-(으)면서

- 앞의 동사와 뒤의 동사의 행위나 상태가 동시에 일어나는 것을 나타낸다. 중국어의 '一边……一边……'에 해당한다. 동사의 어간이 모음이나 'ㄹ'로 끝나면 '-면서', 그 외 자음으로 끝나면 '-으면서'를 붙인다.
- 선행절의 주어와 후행절의 주어는 같다. 즉 같은 사람이어야 한다.
- 선행절의 동사와 후행절 동사의 주어가 다를 때에는 '-는 동안'을 쓴다.
- '-(으)면서' 앞에 오는 동사에는 과거, 미래 시제는 붙지 않는다. 항상 현재로 쓴다.

07 N 중, V-는 중

동작의 내용을 나타내는 명사와 사용하여 지금 어떤 행위를 하는 도중에 있음을 뜻한다. 중국어의 '正在……中'에 해당한다. 명사 다음에는 '중' 동사 다음에는 '-는 중'을 쓴다.

'-는 중이다'와 '-고 있다'는 비슷하게 사용한다. 그렇지만 '-고 있다'는 주어 제약이 없는 반면 '-는 중이다'는 자연물 주어는 오지 못한다.

08 V-자마자

- 어떤 사건이나 행동이 끝나고 바로 뒤의 행동이 일어남을 뜻한다. 동사의 어간 뒤에 '-자마자'를 붙인다. 중국어로는 '一……就……'의 뜻이다.
- 선행절의 주어와 후행절의 주어는 같아도 되고 달라도 된다.
- 선행절의 동사에는 시제를 표시하지 않고, 후행절의 동사에 표시한다.

09 N 동안, V-는 동안

- 어느 한 때부터 어느 한 때까지나 어느 행동을 시작해서 그 행동이 끝날 때까지 시간의 길이를 나타낸다. 중국어의 '在……期间'에 해당한다. 명사 다음에는 '동안', 동사 다음에는 '-는 동안'이 온다.
- 'V-는 동안'의 형태로 쓰일 경우 앞 동사의 주어와 뒤 동사의 주어는 같아도 되고 달라도 된다.

'-(으)면서'와 '-는 동안'은 어떻게 다를까?

: -(으)면서는 한 사람이 두 개 이상의 동작을 동시에 할 때 쓴다. 그러나 '-는 동안(에)'는 선행절의 주어와 후행절의 주어가 다를 때에도 사용할 수 있다. 즉 선행절의 주어가 어떤 행동을 하는 시간에 후행절의 주어도 어떤 행동을 할 때도 사용할 수 있다.

- -(으)면서: 선행절과 후행절의 주어가 같아야 한다.
- -는 동안에: 선행절의 주어와 후행절의 주어가 달라도 된다.

10 V-(으)ㄴ 지

이것은 사건의 발생 시점으로부터 시간이 얼마나 지났는지를 나타낸다. 중국어의 '自从/从……已经……'에 해당한다. '-(으)ㄴ 지 ~ 되다', '-(으)ㄴ 지 ~ 넘다', '-(으)ㄴ 지 ~ 안 되다' 등으로 사용된다. 동사의 어간이 모음이나 'ㄹ'로 끝날 때는 '-ㄴ 지'를, 자음으로 끝날 때는 '-은 지'를 붙인다.

Unit 6. 능력과 가능

01 V-(으)ㄹ 수 있다/없다

능력이나 가능성을 나타낸다. 능력이나 가능성이 있을 때는 '-(으)ㄹ 수 있다'를, 능력이나 가능성이 없을 때는 '-(으)ㄹ 수 없다'를 쓴다. 중국어의 '能'에 해당한다. 동사의 어간이 모음이나 'ㄹ'로 끝날 때는 '-ㄹ 수 있다/없다'를 쓰고, 'ㄹ' 이외의 자음으로 끝날 때는 '-을 수 있다/없다'를 쓴다.

'-(으)ㄹ 수 있다/없다'에 보조사 '-가'를 붙여 '-(으)ㄹ 수가 있다/없다'로 쓰면 '-(으) 수 있다/없다'보다 뜻이 강조된다.

02 V-(으)ㄹ 줄 알다/모르다

- 이것은 어떤 행위의 방법을 아는지 모르는지, 또는 능력이 있는지 없는지를 나타낸다. 동사의 어간이 모음이나 'ㄹ'로 끝날 때는 '-ㄹ 줄 알다/모르다'를 쓰고, 자음으로 끝날 때는 '-을 줄 알다/모르다'를 쓴다. 중국어의 '不知道怎么'에 해당한다.

- -(으)ㄹ 줄 알다/모르다: 어떤 행위의 방법을 아는지 모르는지, 또는 능력이 있는지 없는지를 나타낸다.
- -(으)ㄹ 수 있다/없다: 어떤 일을 할 수 있는 능력뿐만 아니라 그 일을 할 수 있는 상황인지 아닌지를 나타낼 때도 사용한다.

01 V-(으)세요

- 듣는 사람에게 어떤 일을 할 것을 공손하게 부탁하거나 요청, 지시 혹은 명령할 때 사용하며 중국어의 '请……'에 해당한다. 이러한 상황에서 '-아/어요'로 표현할 수도 있지만 '-(으)세요'가 '-아/어요'보다 좀 더 공손한 느낌을 준다. 어간이 모음으로 끝나면 '-세요'를, 자음으로 끝나면 '-으세요'를 붙인다. 그러나 몇몇 단어의 경우 특별한 형태로 바뀐다. 격식체는 '-(으)십시오'를 사용한다.
- 명령을 나타내는 '-(으)세요'는 '이다'와 '형용사'에는 쓸 수 없고 동사에만 쓸 수 있다.
  그러나 몇몇 '하다'가 붙는 형용사에는 관용적으로 '-으세요'가 붙어서 사용되기도 한다.

02 V-지 마세요

- '-지 마세요'는 듣는 사람에게 어떤 행동을 하지 않도록 요청, 설득, 지시, 혹은 명령할 때 사용한다. 이것은 '-(으)세요'의 부정형으로, 중국어의 '请不要……'에 해당한다. 격식체는 '-지 마십시오'이다. 동사의 어간에 '-지 마세요'를 붙여 사용한다.
- '-지 마세요'는 '이다'와 '형용사'에는 쓸 수 없고 동사에만 쓸 수 있다.

03 A/V-아/어야 되다/하다

어떤 일을 꼭 할 의무나 필요가 있거나 반드시 어떤 조건이 필요하다는 것을 나타낸다. 중국어의 '得/应该/要……'에 해당한다. 어간의 모음이 'ㅏ, ㅗ'로 끝나면 '-아야 되다/하다', 그 외 모음으로 끝나면 '-어야 되다/하다'가 오며, '하다'로 끝난 동사는 '해야 되다/하다'로 바뀐다. 과거형은 '-아/어야 됐어요/했어요'이다.

'-아/어야 되다/하다'의 부정 형태는 할 필요가 없다는 의미의 '-지 않아도 되다'와 어떤 행동에 대한 금지를 나타내는 표현인 '-(으)면 안 되다'가 있다.

04 A/V-아/어도 되다

어떤 행동이나 상태에 대한 허락이나 허용을 나타낸다. 중국어의 '可以……'에 해당한다. 어간의 모음이 'ㅏ, ㅗ'로 끝나면 '-아도 되다', 그 외의 모음으로 끝나면 '-어도 되다'가 오며, '하다'로 끝난 동사는 '해도 되다'로 바뀐다. '-아/어도 되다' 대신 '-아/어도 괜찮다', '-아/어도 좋다'로도 쓸 수 있다.

05 A/V-(으)면 안 되다

듣는 사람의 특정 행동을 금지하거나 제한함을 나타낸다. 그리고 사회 관습적으로 혹은 상식적으로 어떤 행동이나 상태가 금지되어 있거나 용납되지 않음을 나타내기도 한다. 중국어의 '不可以/不能/不许……'에 해당한다. 어간이 모음이나 'ㄹ'로 끝나면 '-면 안 되다'를, 'ㄹ' 이외의 자음으로 끝나면 '-으면 안 되다'를 쓴다.

'-(으)면 안 되다'를 이중 부정하여 '-지 않으면 안 되다'로 말하는 경우가 있는데, 이것은 어떤 행동을 반드시 해야 한다는 뜻을 강조해서 표현하는 것이다.

06 A/V-지 않아도 되다 (안 A/V-아/어도 되다)

어떤 상태나 행동을 꼭 할 필요가 없음을 나타낸다. 어떤 행동에 대한 의무를 나타내는 '-아/어야 되다/하다'의 부정 형태이다. 중국어의 '不……也可以/行'에 해당한다. 어간 뒤에 '-지 않아도 되다'를 붙이거나 '안 -아/어도 되다'로 표현한다. (참고: 16. 조건과 가정 03 A/V-아/어도)

Unit 8. 소망 표현

01 V-고 싶다

말하는 사람이 원하거나 바라는 내용을 나타낸다. 중국어의 '想/希望……'에 해당한다. 동사의 어간에 '-고 싶다'를 붙여서 사용한다. 주어가 1, 2인칭일 경우 '-고 싶다'를 3인칭일 경우에는 '-고 싶어하다'를 쓴다. (참고 请注意!).

① 주어가 3인칭일 때는 '-고 싶어하다'를 쓴다. (참고 18. 품사 변화 04 A-아/어하다)

② '-고 싶다'는 형용사와 결합할 수 없으나 형용사 뒤에 '-아/어지다'가 붙어 동사가 되면 '-고 싶다'를 쓸 수 있다. (참고 19. 상태를 나타내는 표현 03 A-아/어지다)

③ '-고 싶다'는 조사 '-을/를'이나 '-이/가'와 모두 결합할 수 있다.

02 A/V-았/었으면 좋겠다

아직 이루어지지 않은 일에 대한 자신의 소망이나 바람을 나타낸다. 또, 현재 상황과 반대되는 상황을 바라는 마음을 가정해서 이야기할 때도 사용한다. 중국어의 '如果/要是……就好了'에 해당한다. 어간의 모음이 'ㅏ, ㅗ'로 끝나면 '-았으면 좋겠다', 그 외의 모음으로 끝나면 '-었으면 좋겠다'가 오며, '하다'로 끝난 동사와 형용사는 '-했으면 좋겠다'로 바뀐다. '-았/었으면 좋겠다' 이외에 '-았/었으면 하다'도 사용되는데, '-았/었으면 좋겠다'가 소망과 바람을 더욱 강하게 표현한다.

'-았/었으면 좋겠다'와 같은 뜻으로 '-(으)면 좋겠다'도 사용되는데 '-았/었으면 좋겠다'는 바람이 아직 이루어지지 않은 상태에서 이미 이루어진 상황을 가정하여 서술하기 때문에 동사를 강조하는 느낌이 있다.

Unit 9. 이유와 원인

01 A/V-아/어서 ②

- '-아/어서'의 앞에 오는 내용이 후행절의 이유나 원인을 나타내는 표현으로 중국어의 '因为' 등에 해당한다. 어간의 모음이 'ㅏ, ㅗ'로 끝나면 '아서', 그 외의 모음으로 끝나면 '어서'가 오며, '하다'로 끝난 동사는 '해서'로 바뀐다. '이다'의 경우 '이어서'가 되지만 대화에서는 '이라서'로 많이 쓰인다.
- '-아/어서'는 명령문이나 청유문에는 쓸 수 없다.
- '-아/어서' 앞에는 '-았/었-'이나 '겠' 등의 시제가 올 수 없다.

02 A/V-(으)니까 ①

이유나 원인을 나타내는 표현으로 중국어의 '因为/由于'에 해당한다. 어간이 모음이나 'ㄹ'로 끝나면 '-니까'를, 자음으로 끝나면 '-으니까'를 붙인다.

- -아/어서: ① 명령문이나 청유문에는 쓸 수 없다. ② '-았/었'이나 '-겠-' 등의 시제가 올 수 없다. ③ 주로 일반적인 이유를 말할 때 쓰인다. ④ '반갑다', '고맙다', '감사하다', '미안하다' 등과 함께 쓰이는 인사말에 쓸 수 있다.
- -(으)니까: ① '-(으)세요', '(으)ㄹ까요?', '(으)ㅂ시다' 등 명령문이나 청유문이 올 수 있다. ② '-았/었-'이나 '-겠-' 등의 시제가 올 수 있다. ③ 주관적인 이유를 말하거나 어떤 근거를 제시해서 이유를 밝힐 때 또, 상대방도 알고 있는 내용을 말할 때 주로 쓰인다. ④ '반갑다', '고맙다', '감사하다', '미안하다' 등과 함께 쓰이는 인사말과 쓸 수 없다.

03 N 때문에, A/V-기 때문에

- 후행절의 이유나 원인을 나타내는 표현으로 중국어의 '因为/因此'에 해당한다. '-기 때문에'는 확실한 이유를 표현할 때 쓰이며 '-아/어서'나 '-(으)니까'와 비교했을 때 문어체에서 주로 쓰인다. 앞에 명사가 올 경우 '때문에'와 결합하고 동사나 형용사가 올 경우 '-기 때문에'와 결합한다.
- '-기 때문에'는 명령문이나 청유문에는 쓸 수 없다.

- N 때문에: 아기 때문에 밥을 못 먹어요. (아기가 잠을 안 자고 계속 우는 등의 이유로 (내가) 밥을 못 먹어요.)
- 학생 때문에 선생님이 화가 나셨어요. (학생이 거짓말을 했어요. 그래서 선생님이 화가 나셨어요.)

Unit 10. 요청하기와 도움 주기

01 V-아/어 주세요, V-아/어 주시겠어요?

다른 사람에게 어떤 행동을 해 줄 것을 요청함을 나타내며 중국어의 '能帮忙……吗? /请(帮我)……'에 해당한다. '-아/어 주시겠어요?'가 '-아/어 주세요'보다 상대방을 좀 더 배려하는 공손한 느낌의 표현이다. 도움의 행위를 받는 대상이 윗사람이나 공손하게 대해야 할 사람인 경우 '-아/어 드리세요'를 사용한다. 어간의 모음이 'ㅏ, ㅗ'로 끝나면 '-아 주세요/주시겠어요?', 그 외의 모음으로 끝나면 '-어 주세요/주시겠어요?'가 오며, '하다'로 끝난 동사는 '-해 주세요/주시겠어요'로 바뀐다.

'-아/어 주다, 드리다'는 문장의 주어나 화자가 청자 또는 행위를 받는 대상에게 도움이 되는 행동을 할 때 사용하는데 도움을 이미 준 상태에서는 '-아/어 줬어요'나 '-아/어 드렸어요'가 쓰인다.

02 V-아/어 줄게요, V-아/어 줄까요?

다른 사람에게 도움을 주려고 할 때의 표현이며 중국어의 '我帮你……'에 해당한다. 행위를 받는 대상이 윗사람인 경우 '-아/어 드릴게요'나 '-아/어 드릴까요?'를 사용한다. 어간의 모음이 'ㅏ, ㅗ'로 끝나면 '-아 줄게요/줄까요?', 그 외의 모음으로 끝나면 '-어 줄게요/줄까요?'가 오며, '하다'로 끝난 동사는 '해 줄게요/줄까요?'로 바뀐다.

- -(으)세요: 단순히 명령하거나 듣는 사람을 위해서 어떤 행동을 할 것을 요구한다.
- -아/어 주세요: 말하는 사람을 위해 어떤 행동을 할 것을 요청한다.

Unit 11. 시도와 경험

01 V-아/어 보다

어떤 행동을 시도하거나 경험함을 나타내는 표현으로 중국어의 '曾经/尝试……'에 해당한다. 어간의 모음이 'ㅏ, ㅗ'로 끝나면 '-아 보다', 그 외의 모음으로 끝나면 '-어 보다'를 쓰며, '하다'로 끝난 동사는 '해 보다'로 바뀐다. 보통 현재 시제로 쓰이면 '시도'를, 과거 시제로 쓰이면 '경험'을 나타낸다.

'-아/어 보다'는 경험의 뜻을 나타낼 때는 동사 '보다'와는 결합하지 않는다.

02 V-(으)ㄴ 적이 있다/없다

- 과거에 어떤 행동을 경험한 일이 있고 없음을 나타내는 표현으로 중국어의 '曾经……过'에 해당한다. 경험이 있을 때는 '-(으)ㄴ 적이 있다'를 쓰고, 경험한 일이 없으면 '-(으)ㄴ 적이 없다'를 쓴다. 어간이 모음으로 끝나면 '-ㄴ 적이 있다/없다'를, 어간이 자음으로 끝나면 '은 적이 있다/없다'를 붙인다. '-(으)ㄴ 일이 있다/없다'도 같은 뜻으로 쓰이나 주로 '-(으)ㄴ 적이 있다/없다'가 많이 쓰인다.
- '-(으)ㄴ 적이 있다'는 '-아/어 보다'와 결합하여 '-아/어 본 적이 있다'의 형태로도 많이 쓰이는데 그 의미는 어떤 시도를 해 본 경험을 나타낸다.

'-(으)ㄴ 적이 있다'는 항상 반복되거나 일반적인 일에는 쓰지 않는다.

Unit 12. 의견 묻기와 제안하기

01 V-(으)ㄹ까요? ①

말하는 사람이 듣는 사람에게 어떤 것을 같이 할 것을 제안하거나 의향을 물을 때 사용한다. 주어로는 '우리'가 오는데 보통 생략이 많이 된다. 중국어의 '(一起)……怎么样/如何?'에 해당한다. 대답은 청유 형태인 '-(으)ㅂ시다'나 '-아/어요'가 온다. (참고 12. 의견 묻기와 제안하기 03 V-(으)ㅂ시다) 어간이 모음이나 'ㄹ'로 끝나면 '-ㄹ까요?', 자음으로 끝나면 '-을까요?'가 온다.

02 V-(으)ㄹ까요? ②

듣는 사람에게 말하는 사람의 의견을 제시하거나 혹은 듣는 사람의 의견을 물어볼 때 사용하는데 주어는 '제가'나 '내가'가 되며 생략할 수 있다. 중국어의 '……怎么样?'에 해당한다. 대답은 명령 형태인 '-(으)세요'나 '-(으)지 마세요'가 온다. 어간이 모음이나 'ㄹ'로 끝나면 '-ㄹ까요?', 'ㄹ' 이외의 자음으로 끝나면 '-을까요?'가 온다.

03 V-(으)ㅂ시다

어떤 일을 같이 하자고 제안하거나 제의할 때 사용하는데 중국어의 '一起……吧'에 해당한다. '-아/어요'로도 말할 수 있다. 어간이 모음이나 'ㄹ'로 끝나면 '-ㅂ시다', 'ㄹ' 이외의 자음으로 끝나면 '-읍시다'를 붙인다. 한편, 어떤 것을 하지 말자고 제안할 때는 '-지 맙시다' 혹은 '-지 마요'로 말한다.

'-(으)ㅂ시다'는 공식적인 자리에서 여러 사람에게 요청·권유할 때 사용하거나 상대방이 말하는 사람보다 나이나 지위가 손아래이거나 비슷한 경우에 사용할 수 있고, 윗사람에게는 사용할 수 없다. 윗사람에게 사용하면 예의에 어긋난 표현이 된다. 윗사람에게는 '같이 -(으)세요' 정도가 적당하다.

04 V-(으)시겠어요?

정중하게 상대방에게 권하거나 상대방의 의향이나 의도를 물어보는 데 사용한다. 중국어의 '要不要……?/……行吗?'에 해당한다. '-(으)ㄹ래요?/-(으)실래요?'보다 상당히 격식적이고 정중한 느낌을 준다. 동사의 어간이 모음으로 끝나면 '-시겠어요?', 자음으로 끝나면 '-으시겠어요?'를 붙인다.

05 V-(으)ㄹ래요? ①

듣는 사람의 의견이나 의도를 물어보거나 가볍게 부탁할 때 사용한다. 구어에서 많이 쓰이는 말로 친근한 사이에서 많이 사용하며 '-으시겠어요?'보다 정중한 느낌을 주지는 않는다. 중국어의 '(一起)……怎么样/如何?'에 해당한다. '-(으)ㄹ래요?'로 질문을 한 경우 '-(으)ㄹ래요', '-(으)ㄹ게요'로 대답할 수 있으며 '-(으)ㄹ래요?' 대신 '-지 않을래요? (안 -(으)ㄹ래요?)'로도 질문할 수 있는데, 부정 형태이지만 '-(으)ㄹ래요?'와 뜻은 같다. 친근하지만 좀더 공손하게 말을 하고 싶으면 '-(으)실래요?'로 하면 좋다. 동사의 어간이 모음이나 'ㄹ'로 끝나면 '-ㄹ래요?', 'ㄹ' 이외의 자음으로 끝나면 '-을래요?'를 붙인다.

01 A/V–겠어요 ①

1 동사 뒤에 붙어서 말하는 사람이 어떤 것을 할 것이라는 의지나 의도를 나타낸다. 중국어의 '将/打算……'에 해당한다. 동사 어간에 '–겠어요'를 붙여 사용하며 부정 형태는 '–지 않겠어요' 나 '안 –겠어요'가 된다. '–겠어요'가 의도나 의지를 나타날 때 주어로 3인칭이 올 수 없다.

2 어떠한 일이 곧 일어날 것이라는 정보를 줄 때 사용한다. 중국어의 '将要/即将……'에 해당한다.

请注意!

① 아래와 같은 상황에서 관용적으로 '–겠–'이 쓰인다.

　: 처음 뵙겠습니다. 이민우입니다. / 잘 먹겠습니다. / 어머니, 학교 다녀오겠습니다.

② 말하는 사람의 생각을 단정적으로 말하지 않고 부드럽고 공손하게 말할 때 쓴다.

02 V–(으)ㄹ게요

• 말하는 사람이 자신의 결심이나 다짐, 의지를 상대방에게 약속하듯 이야기할 때 혹은 상대방과 어떤 것을 약속할 때 사용한다. 또한 말하는 사람이 무엇을 하겠다는 것을 말하기도 한다. 중국어의 '将……'에 해당한다. 구어에서 쓰며 비교적 친한 사이에서 많이 쓴다. 동사의 어간이 모음이나 'ㄹ'로 끝나면 '–ㄹ게요', 자음으로 끝나면 '–을게요'를 붙인다.

• 주어의 의지를 나타내는 동사와만 쓸 수 있다.

• 일인칭 주어만 가능하다.

• 질문에는 쓰지 않는다.

有什么不同?

• –(으)ㄹ게요: 듣는 사람과 관계가 있어서 상대방을 고려한 주어의 의지와 생각을 말한다.

• –(으)ㄹ 거예요: 듣는 사람과 상관없는 일방적인 주어의 생각이나 의지, 계획을 말한다.

03 V–(으)ㄹ래요 ②

• 말하는 사람이 어떤 일을 하겠다는 의지, 의향, 의사가 있음을 나타낸다. 구어에서 많이 쓰이는 말로 친근한 사이에서 많이 사용하며 정중한 느낌을 주지는 않는다. 중국어의 '想要……'에 해당한다. 의문형으로 쓰면 상대방의 의향을 물어보는 것이다. (참고 12. 의견 묻기와 제안하기 05 V–(으)ㄹ래요? ①) 동사의 어간이 모음이나 'ㄹ'로 끝나면 '–ㄹ래요', 'ㄹ' 이외의 자음으로 끝나면 '–을래요'를 붙인다.

1 동사와만 쓸 수 있다.

2 일인칭 주어만 가능하다.

01 A/V–(으)ㄴ/는데 ②

후행절에 대한 배경이나 상황을 나타내거나, 후행절의 소개에 대한 내용을 선행절에서 제시할 때 사용한다. 형용사(현재)와 결합할 때 어간이 모음이나 'ㄹ'로 끝나는 경우는 '–ㄴ데', 어간이 'ㄹ' 이외의 자음으로 끝나는 경우는 '–은데'와 결합한다. 동사의 경우에는 '–는데'와 결합한다.

02 V–(으)니까 ②

• 선행절의 행위를 한 결과 후행절의 사실을 발견하게 됨을 나타낸다. 중국어의 '一……发现/……之后发现……'에 해당한다. 어간이 모음이나 'ㄹ'로 끝나면 '–니까'를, 어간이 'ㄹ' 이외의 자음으로 끝나면 '–으니까'를 쓴다. 발견의 '–(으)니까'는 동사하고만 결합한다.

• 결과(발견)를 나타내는 '–(으)니까' 앞에는 '–았–'이나 '–겠–' 등이 올 수 없다.

01 V–(으)러 가다/오다

• 앞의 행동을 이룰 목적으로 뒤의 장소에 가거나 오는 것을 나타낸다. 중국어로는 '为了……而去/来……'의 뜻이다. 동사가 모음이나 'ㄹ'로 끝날 때는 '–러 가다/오다'를, 'ㄹ' 이외의 자음으로 끝날 때는 '–으러 가다/오다'를 쓴다.

• '–(으)러'는 항상 뒤에 '가다, 오다, 다니다' 같은 이동 동사와 사용한다.

• 앞 문장의 동사로는 '가다, 오다, 올라가다, 내려가다, 들어가다, 나가다, 여행하다, 이사하다' 같이 이동을 나타내는 동사를 쓸 수 없다.

02 V–(으)려고

• 말하는 사람의 의도나 계획을 나타낸다. 선행절의 행동을 할 의도를 가지고 후행절의 행동을 한다는 뜻이다. 중국어의 '为了……而……'에 해당한다. 동사의 어간이 모음이나 'ㄹ'로 끝날 때는 '–려고'를, 자음으로 끝날 때는 '–으려고'를 쓴다.

有什么不同?

• –(으)러: ① '가다, 오다, 다니다, 올라가다, 나가다' 같은 이동동사와 사용한다. ② –(으)러 다음에 오는 동사에는 현재, 과거, 미래 시제를 다 사용할 수 있다. ③ –(으)ㅂ시다, –(으)세요'와 같이 쓸 수 있다.

• –(으)려고: ① 모든 동사와 사용할 수 있다. ② 뒤에 오는 동사에는 현재, 과거와 사용할 수 있지만, 의미상으로 볼 때 미래와 사용하면 어색한 문장이 된다. ③ –(으)ㅂ시다, –(으)세요'와 어울리지 않는다.

03 V-(으)려고 하다

주어가 어떤 일을 하고자 하는 의도나 계획이 있으나 아직 행위로 옮기지 않은 상태를 나타낸다. 중국어의 '想/计划/打算……'에 해당한다. 동사의 어간이 모음이나 'ㄹ'로 끝날 때는 '-려고 하다', 'ㄹ' 이외의 자음으로 끝날 때는 '-으려고 하다'를 쓴다. 한편 '-(으)려고 했다'는 '-(으)려고 하다'의 과거형인데 어떤 일을 계획했지만 그 계획이 실현되지 않았을 때 사용한다.

04 N을/를 위해(서), V-기 위해(서)

- 앞의 행위를 목적으로 뒤의 동작을 할 때 사용한다. 명사의 경우에는 '을/를 위해서'라고 쓴다. '위해서'는 '위하여서'의 준말인데 '서'를 빼고 '위해'라고 쓰기도 한다. 중국어의 '为了……'에 해당한다. 동사일 경우에는 어간에 '-기 위해서'를 붙여 사용한다.
- '-기 위해서'는 형용사와 쓸 수 없다. 그러나 형용사에 '-아/어지다'가 붙어 동사가 되면 '-기 위해서'와 쓸 수 있다.

> **有什么不同?**
> - -(으)려고: '-아/어야 해요', '-(으)ㅂ시다', '-(으)세요', '-(으)ㄹ까요?' 와 사용할 수 없다.
> - -기 위해서: '-아/어야 해요', '-(으)ㅂ시다', '-(으)세요', '-(으)ㄹ까요?' 와 사용할 수 있다.

05 V-기로 하다

1. 다른 사람과 약속한 것을 나타낸다. 동사의 어간에 '-기로 했다'를 붙여 사용한다.
2. 자신과의 약속 즉, 결심, 결정을 나타낼 때 쓰인다. 동사의 어간에 '-기로 했다'를 붙여 사용한다.

> **请注意!**
> '-기로 하다'는 주로 '-기로 했어요/했습니다' 같은 과거형으로 쓰이지만 현재형인 '-기로 해요'로 쓰이는 경우가 있다. 이때는 대화에서 어떤 내용을 약속하자는 뜻일 경우이다.

Unit 16. 조건과 가정

01 A/V-(으)면

- 뒤의 내용이 사실적이고 일상적이고 반복적인 것에 대한 조건을 말할 때나, 불확실하거나 이루어지지 않은 사실을 가정할 때 쓴다. 중국어로는 '如果'의 뜻이다. 가정을 나타낼 때는 '혹시', '만일' 과 같은 부사와 쓸 수 있다. 동사의 어간이 모음이나 'ㄹ'로 끝나면 '-면', 자음으로 끝나면 '-으면'을 붙인다.
- '-(으)면' 앞에는 과거의 내용을 쓸 수 없다. 그리고 어떤 행동이 한 번 일어나는 경우일 때는 '-(으)ㄹ 때'를 쓴다.

> **请注意!**
> 선행절의 주어가 후행절의 주어와 다를 때 선행절의 주어에는 '은/는' 대신 '이/가'를 쓴다.

02 V-(으)려면

'-(으)려고 하면'의 준말이다. 동사와 함께 사용하며 앞 문장의 동작을 할 생각이나 의도가 있으면 뒤 문장의 동작이 전제되어야 함을 나타낸다. 그러므로 보통 뒤에 '-아/어야 해요/돼요', '-(으)면 돼요', '-(으)세요', '이/가 필요해요' '-는 게 좋아요' 같은 문법 형태가 많이 쓰인다. 중국어로는 '要是/如果想……'의 뜻이다. 동사의 어간이 모음이나 'ㄹ'로 끝나면 '-려면', 자음으로 끝나면 '-으려면'을 사용한다.

03 A/V-아/어도

- 선행절의 행동이나 상태와 관계없이 후행절의 내용이 나타남을 뜻한다. 중국어로는 '即使/就算……'의 뜻이다. 어간의 모음이 'ㅏ, ㅗ'로 끝나면 '-아도', 나머지 모음으로 끝나면 '-어도'를 붙이며 '하다'로 끝난 동사는 '해도'로 바뀐다.

> **请注意!**
> '-아/어도' 앞에 '어떻게 해도'의 뜻인 '아무리'를 써서 강조를 하기도 한다.

Unit 17. 추측

01 A/V-겠어요 ②

말할 때의 상황이나 상태를 보고 추측하는 표현으로 중국어의 '应该(挺)……'에 해당한다. 동사와 형용사의 어간에 '-겠어요'을 붙여서 활용한다. 과거 추측의 경우 '-겠-' 앞에 '-았/었-'을 결합하여 '-았/었겠어요'가 된다.

02 A/V-(으)ㄹ 거예요 ②

- 근거가 되는 것을 보거나 듣거나 경험한 것을 바탕으로 말하는 사람의 추측을 나타내는 표현이다. 중국어로는 '应该/会……'에 해당한다. 형용사와 동사의 어간이 모음이나 'ㄹ'로 끝나면 '-ㄹ 거예요', 자음으로 끝나면 '-을 거예요'를 붙인다. 과거 추측의 경우 '-(으)ㄹ 거예요' 앞에 '-았/었-'을 결합하여 '-았/었을 거예요'를 쓴다.
- 추측을 나타내는 '-을 거예요'는 의문문으로 쓸 수 없다. 의문문으로 나타낼 때는 '-(으)ㄹ까요?'를 사용한다.

03 A/V-(으)ㄹ까요? ③

아직 일어나지 않은 상태나 행동에 대해 추측하며 질문할 때 쓰는 표현이다. 중국어의 '会……吗?'에 해당한다. 대답으로는 '-(으)ㄹ 거예요', '-(으)ㄴ/는 것 같아요'를 많이 쓴다. 형용사와 동사의 어간이 모음이나 'ㄹ'로 끝나면 '-ㄹ까요?', 자음으로 끝나면 '-을까요?'를 붙인다. 과거 추측의 경우, '-(으)ㄹ까요?' 앞에 '-았/었-'을 결합한 형태인 '-았/었을까요?' 쓴다.

04 A/V-(으)ㄴ/는/(으)ㄹ 것 같다

1 여러 상황으로 미루어 과거에 일어났다고 추측하거나 아직 일어나지 않은 상태나 행동에 대해 추측할 때 쓰는 표현이다. 중국어의 '如果/似乎……'에 해당한다. 형용사 현재와 동사 과거는 '-(으)ㄴ', 동사 현재는 '-는', 동사 미래는 '-(으)ㄹ'과 각각 결합한다.

2 화자의 생각이나 의견을 완곡하게 말하는 표현으로 강하거나 단정적으로 말하지 않고 부드럽고 공손하게 표현할 때 사용한다.

请注意!

- '-(으)ㄴ 것 같다'는 '-(으)ㄹ 것 같다'보다 좀 더 직접적이고 확실한 근거가 있을 때 사용하고 '-(으)ㄹ 것 같다'는 간접적이고 막연한 추측일 때 사용한다.
- 오늘 날씨가 더운 것 같아요. (사람들이 더워하는 모습을 보거나 자신이 밖의 더위를 경험하고 나서 말하는 추측)
- 오늘 날씨가 더울 것 같아요. (어제 날씨가 더웠으니 오늘도 더울 것 같다든지 하는 막연한 추측)

有什么不同?

- -겠어요: 근거나 이유 없이 그 상황에서의 직관적이고 순간적인 추측
- -(으)ㄹ 거예요: 근거가 있는 추측으로 화자만 추측에 대한 정보를 가지고 있을 때 사용한다.
- -(으)ㄴ/는/(으)ㄹ 것 같다: 직관적이고 주관적인 추측으로 근거나 이유가 있을 때와 없을 때 모두 사용 가능하다. 어떤 것을 단정적으로 말하지 않고 완곡하게 말할 때 사용한다.

Unit 18. 품사 변화

01 관형형 -(으)ㄴ/-는/-(으)ㄹ N

동사나 형용사에 붙어 명사를 꾸며 주는 역할을 한다. 중국어의 '的'에 해당한다. 형용사 현재와 동사 과거에는 '-(으)ㄴ', 동사 현재에는 '-는', 동사 미래에는 '-(으)ㄹ'이 각각 온다. 부정형 현재의 경우 형용사는 '-지 않은'과 결합하고 동사의 경우 '-지 않는'과 결합한다.

请注意!

형용사를 두 개 이상 연결할 때는 마지막에 나오는 형용사만 관형형으로 바꾼다.

02 A/V-기

동사와 형용사 뒤에 붙어 명사로 만드는 역할을 한다. 문장 안에서 주어나 목적어 등 다양한 문장 성분으로 쓰일 수 있다. 동사나 형용사 어간에 '-기'를 붙여서 명사형으로 만든다.

请注意!

'-기'는 몇몇 조사와 결합하여 문장에서 주어, 목적어, 부사어 등으로 쓰인다.

03 A-게

뒤에 나오는 행위에 대한 목적이나 기준, 정도, 방식, 생각 등을 나타내며 문장에서 부사의 기능을 한다. 중국어

의 '地'에 해당한다. 형용사 어간에 '-게'를 붙여서 부사로 만든다.

请注意!

① 일반적으로 형용사의 부사형은 어간에 '-게'를 붙여 만드는데, '많다'와 '이르다'는 '많게', '이르게'보다는 '많이'와 '일찍'을 주로 쓴다.

② 부사로 만들 때 '-게' 형태와 또 다른 형태 두 가지를 다 사용하는 것도 있다.

04 A-아/어하다

- 일부 형용사 뒤에 붙어 그 형용사를 동사로 만드는 역할을 하는데 화자의 심리나 느낌이 행동이나 겉모습으로 표현된다. 중국어의 '觉得/感到……'에 해당한다. 어간의 모음이 'ㅏ, ㅗ'로 끝나면 '-아하다', 그 외의 모음으로 끝나면 '-어하다'가 오며, '하다'로 끝난 동사는 '-해하다'로 바뀐다.
- 형용사 어간에 '-지 마세요'가 붙는 경우 '-아/어하지 마세요'의 형태가 된다.

请注意!

'예쁘다', '귀엽다'에 '-아/어하다'를 결합한 형태인 '예뻐하다', '귀여워하다'는 아끼고 좋아한다는 의미이다.

Unit 19. 상태를 나타내는 표현

01 V-고 있다 ②

'입다, 신다, 쓰다, 끼다, 벗다' 등의 착용동사에 붙어 그러한 행동이 끝난 결과가 현재 계속되고 있는 상태임을 나타낸다. 중국어의 '正在'에 해당한다. 같은 의미로 완료 상태를 나타내는 과거형 '-았/었어요'를 사용하기도 한다.

02 V-아/어 있다

동작이 끝난 후에 그 상태가 계속되고 있음을 나타낸다. 중국어의 '正在……着'에 해당한다. '열리다, 닫히다, 켜지다, 꺼지다, 떨어지다, 놓이다' 등의 피동사와 결합되어 사용되는 경우가 많다.

请注意!

① '입다, 신다, 쓰다 ……'와 같은 착용동사일 경우에는 '입어 있다, 신어 있다, 써 있다 ……'라고 하지 않고 이때는 '-고 있다'를 사용해서 '입고 있다. 신고 있다. 쓰고 있다'라고 한다. ② '-아/어 있다'는 목적어가 필요 없는 동사와만 쓴다.

有什么不同?

- -고 있다: 지금 동작이 진행되고 있음을 나타낸다.
- -아/어 있다: 동작이 끝난 후에 그 상태가 계속됨을 나타낸다.

03 A-아/어지다

시간이 지나면서 어떤 상태로 변화함을 나타낸다. 중국어의 '变……'에 해당한다. 어간이 'ㅏ, ㅗ'로 끝날 때는 '-아지다'를, 그 외의 모음으로 끝날 때는 '-어지다'를, '하다'로 끝날 때는 '해지다'를 붙인다.

① 항상 형용사와 함께 쓴다. 동사와는 같이 사용하지 않는다.
② 과거의 어떤 행동 결과 변화된 현재의 상태를 나타낼 때는 과거형 '-아/어졌어요' 를 쓰고, 일반적으로 어떤 행동을 할 경우 변화된다는 뜻일 때는 현재형 '-아/어져요'를 쓴다.

04 V-게 되다

어떤 상태에서 다른 상태로 변화하거나 주어의 의지와 관계없이 다른 사람의 행위나 환경에 의해서 어떤 상황이 됨을 나타낸다. 동사 어간에 '-게 되다'를 붙여 사용한다. 중국어의 '变得……'에 해당한다.

Unit 20. 정보 확인

01 A/V-(으)ㄴ/는지

- 어떤 정보를 필요로 하는 문장과 뒤의 동사를 결합할 때 사용하는 연결어미이다. 이때 뒤에는 주로 '알다, 모르다, 궁금하다, 질문하다, 조사하다, 알아보다, 생각나다, 말하다, 가르치다 ……' 등의 동사가 온다.
- 형용사 현재일 때 어간이 모음이나 'ㄹ'로 끝나면 '-ㄴ지' 자음으로 끝나면 '-은지'를 쓴다. 동사 현재일 때는 동사 어간에 '-는지'를 붙인다. 형용사나 동사의 과거일 경우에는 '-았/었는지'를 동사 미래의 경우에는 '-(으)ㄹ 건지'를 붙인다.

'-는지'는 다음과 같은 여러 형태로 쓰인다.
① '의문사+V-(으)ㄴ/는지'의 형태
② 'V1-(으)ㄴ/는지 V2-(으)ㄴ/는지'의 형태
③ 'V1-(으)ㄴ/는지 안 V1-(으)ㄴ/는지'의 형태

02 V-는 데 걸리다/들다

동사 뒤에 붙어 어떤 일을 할 때 돈, 시간, 노력이 쓰이는 것을 나타낼 때 사용한다. 중국어로는 '做……花了……'의 뜻이다. 동사의 어간에 '-는 데 들다/걸리다'를 붙여 사용한다. 소요 시간을 나타낼 때는 '-는 데 걸리다', 소요 비용을 나타낼 때는 '-는 데 들다'를 사용한다.

03 A/V-지요?

화자가 알고 있는 사실을 청자에게 다시 물어서 확인하거나 동의를 구하기 위해 물어볼 때 사용하는 표현이다. 중국어로는 '……吧?'의 뜻이다. 형용사, 동사 현재일 때는 '-지요?' 형용사, 동사 과거일 때는 '-았/었지요?' 동사 미래일 때는 '-(으)ㄹ 거지요?'를 쓴다. 구어체에서 '-지요?'를 줄여 '-죠?'라고 말하기도 한다.

Unit 21. 사실 발견과 감탄

01 A-군요, V-는군요

자신이 직접 경험하거나 다른 사람에게서 들어 새롭게 알게 된 사실에 대해 그 상황에서 감탄이나 놀라움을 표현할 때 사용한다. 중국어의 '……啊/呀'에 해당한다. 형용사와 결합할 때는 '-군요'가 오고, 동사와 결합할 때는 '-는군요'가 오며 명사와 결합할 때는 '-(이)군요'가 온다. 과거의 경우에는 '-았/었군요'와 결합한다.

'-군요'의 반말 형태로는 형용사일 경우, '-구나/-군'을 쓰고 동사일 경우, '-는구나/-는군'를 쓴다. 또, 명사일 경우는 '-(이)구나/(이)군'과 결합한다.

02 A/V-네요

- 자신이 직접 경험한 것을 통해 새롭게 알게 된 사실에 대해 감탄이나 놀람을 나타내거나 다른 사람의 이야기를 듣고 동의할 때 나타내는 표현이다. 형용사, 동사 어간에 '-네요'가 결합한다. 중국어의 '……啊/呀'에 해당한다.

- -군요: ① 주로 책이나 글 등 문어체에서 사용한다. ② 자신이 직접 경험하거나 다른 사람에게서 들어 새롭게 알게 된 사실에 대해 감탄이나 놀라움을 표현할 때 사용한다.
- -네요: ① 주로 일상 대화에서 많이 쓰인다. ② 나의 직접 경험을 통하여 새롭게 알게 된 사실이 아닌 경우에는 쓸 수 없다.

Unit 22. 다른 종결 표현

01 A-(으)ㄴ 가요?, V-나요?

상대방에게 친절하고 부드럽게 질문할 때 쓰는 표현이다. 중국어의 '……吗?'에 해당한다. 형용사의 경우, 형용사의 어간이 모음으로 끝나면 '-ㄴ가요?', 자음으로 끝나면 '-은가요?'와 결합하고, 동사의 경우 어간에 '-나요?' 를 결합한다.

02 A/V-(으)ㄴ/는데요

1 대화에서 상대방의 말에 대해 동의하지 않거나 반대되는 생각을 나타낼 때 사용한다. 중국어의 '我觉得……'에 해당한다. 형용사의 경우, 어간이 모음으로 끝나면 '-ㄴ데요', 자음으로 끝나면 '-은데요'와 결합하고, 동사의 경우 '-는데요' 와 결합한다.

2 어떤 상황에서 상대방의 반응을 기다리거나 기대하며 말할 때 사용한다. 중국어의 '……吗/呢? '에 해당한다.

3 어떤 장면을 보면서 알게 되거나 느낀 사실에 대해 다소 놀랍거나 의외라는 뜻으로 감탄하듯이 말할 때 사용한다. 중국어의 '……啊'에 해당한다.

Unit 23. 인용문

01 직접 인용

- 직접 인용은 글이나 생각 혹은 누군가의 말을 따옴표(双引号 " ") 안에 넣어 그대로 인용하는 것을 말한

다. 따옴표 다음에는 '하고/라고 동사'가 온다. 질문을
할 때는 "무엇을 말했어요?, 무엇을 썼어요?"와 같이
'무엇을'이라고 하지 않고 '뭐라고'라고 한다. 즉, "카
일리 씨가 뭐라고 말했어요?"와 같이 쓴다. '하고/라
고' 다음에는 '이야기하다, 물어보다, 말하다, 생각하
다, 쓰다' 등이 오는데 이와 같은 동사 대신 '하다'나
'그러다'로 쓸 수 있다.

请注意!

① 따옴표 안의 말이 '하다'로 끝났을 때 뒤에는 '하고 했어요'를 쓰
지 않는다. 또한 '하고' 다음에 오는 동사도 '하다'를 피하는 것이
좋다. 이는 '하다'가 여러 번 중복되면 어색하게 들리기 때문이
다.

② 인용되는 문장 다음에 오는 '하고'와 '라고'는 같이 쓰이지만 약
간의 뉘앙스 차이가 있다. '하고'가 붙은 인용 문장은 '라고'의 경
우와는 달리 억양이나 표정, 감정까지 그대로 인용되는 느낌이
있다. 따라서 의성어나 동화·옛날이야기와 같이 생생한 느낌을
전달해야 하는 경우 '하고'가 쓰인다. 일상적인 대화나 글에서는
대체로 '라고'가 많이 쓰인다.

02 간접 인용

- 간접 인용은 글이나 생각 혹은 누군가의 말을 따옴표
  (双引号 " ") 없이 인용하는 것으로, 따옴표 안의 문장
  의 종류, 시제, 품사 등에 따라 형태가 달라진다. 따라
  서 직접 인용보다 형태가 많고 복잡하다. 인용하고자
  하는 문장의 형태를 바꾼 후 '-고'를 붙이고 '말하다,
  물어보다, 전하다, 듣다' 등의 동사를 쓴다. 이때 이들
  동사는 '하다'나 '그러다'로 대신할 수 있다.
- 청유형과 명령형의 간접 인용문의 부정형은 각각
  '-지 말자고 하다', '-지 말라고 하다'가 된다.
- 1인칭의 '나/내' 혹은 '저/제'는 인용문에서 '자기'로
  바뀐다.

请注意!

인용되기 전의 원래 문장이 '주세요' 혹은 '-아/어 주세요'로 끝나
면 간접 인용문은 '달라고 하다', '-아/어 달라고 하다'나 '주라고 하
다', '-아/어 주라고 하다'가 된다. 말하는 사람이 자신에게 해 줄 것
을 부탁하는 경우에는 '달라고 하다'나 '-아/어 달라고 하다'가 되
고 말하는 사람이 듣는 사람에게 제3자를 도와줄 것을 부탁하는 경
우 '주라고 하다'나 '-아/어 주라고 하다'가 된다.

03 간접 인용 준말

간접 인용은 줄어든 형태로도 많이 쓰이는데, 보통 구어
에서 많이 사용한다.

Unit **24.** 불규칙용언

01 '_' 불규칙

어간이 '_'로 끝나는 동사나 형용사는 모음 '-아/어'로
시작하는 어미가 올 때 예외 없이 '_'가 탈락한다. '_'
가 탈락하고 나면 '_' 앞의 모음이 무엇이냐에 따라 뒤
에 오는 모음도 달라진다. 즉, '_' 앞의 모음이 'ㅏ, ㅗ'
이면 'ㅏ'가 오고, 그 외의 모음은 'ㅓ'가 연결된다. 그리
고 어간이 한 음절인 경우 '_'가 탈락하고 'ㅓ'가 온다.

02 'ㄹ' 불규칙

- 어간이 'ㄹ'로 끝나는 동사나 형용사는 예외 없이 'ㄴ,
  ㅂ, ㅅ' 앞에서 'ㄹ'이 탈락한다. 'ㄹ'로 끝나는 동사와
  형용사는 '-으'로 시작하는 어미와 결합할 때 'ㄹ'이
  받침으로 있지만 'ㄹ'은 자음보다는 모음으로 취급되
  어 '-으'가 오지 않는다.
- 'ㄹ'로 끝나는 동사 다음에 '-(으)ㄹ 때, -(으)ㄹ게요,
  -(으)ㄹ래요?' 등과 같이 '-(으)ㄹ'이 올 때, '-(으)ㄹ'
  이 없어지고 어미가 결합한다.

03 'ㅂ' 불규칙

- 'ㅂ'으로 어간이 끝나는 일부 동사와 형용사가 모음으
  로 시작하는 어미를 만나면 'ㅂ'이 '오'나 '우'로 바뀐
  다. '-아/어'가 올 때 '오'로 바뀌는 동사는 '돕다, 곱
  다' 두 개만 있고 다른 단어는 모두 '우'로 바뀐다.
- 어간이 'ㅂ'으로 끝나지만 '좁다, 입다, 씹다, 잡다' 등
  은 규칙 활용을 한다.

04 'ㄷ' 불규칙

- 어간이 'ㄷ'으로 끝나는 일부 동사 다음에 모음으로
  시작하는 어미가 올 경우 'ㄷ'이 'ㄹ'로 바뀐다.
- 어간이 'ㄷ'으로 끝나지만 '닫다, 받다, 믿다'는 규칙이
  다.

05 '르' 불규칙

어간이 '르'로 끝나는 대부분의 동사와 형용사 다음에 모
음 '-아/어'로 시작하는 어미가 오면 '르'의 '_'가 탈락하
고 'ㄹ'이 붙어 'ㄹ ㄹ'이 된다.

06 'ㅎ' 불규칙

- 어간이 'ㅎ'으로 끝나는 형용사가 뒤에 모음으로 시작
  하는 어미 앞에서 'ㅎ'이 탈락하는 현상이다.
1 'ㅎ' 형용사의 어간이 뒤에 '-으'로 시작하는 어미가
  오면 'ㅎ'이 탈락한다.
2 'ㅎ' 형용사의 어간 뒤에 '-아/어'로 시작하는 어미가
  오면 'ㅎ'은 없어지고 어간에 'ㅣ'가 덧붙는다. '좋다,
  많다, 낳다, 놓다, 넣다' 등은 어간이 'ㅎ'으로 끝나지
  만 규칙 활용을 한다.

请注意!

'이렇다, 그렇다, 저렇다, 어떻다' 다음에 '-아/어'로 시작하는 어미
가 오면 '이레, 그레, 저레, 어떼'가 되지 않고 '이래, 그래, 저래, 어
때'처럼 활용한다.

07 'ㅅ' 불규칙

- 어간이 'ㅅ'으로 끝나는 일부 동사와 형용사 다음에
  모음으로 시작하는 어미가 올 경우 'ㅅ'이 탈락한다.
- 어간이 'ㅅ'로 끝나지만 '벗다, 웃다, 씻다' 등은 규칙
  이다.

请注意!

한국어에서 모음이 겹쳐질 때는 대부분 축약을 한다. (배우+어요 →
배워요) 그러나 'ㅅ' 불규칙의 경우 'ㅅ'이 탈락하고 나면 모음이 겹
쳐지는데 이 경우에는 모음 축약되지 않는다.